Albert Thiele

Argumentieren unter Stress

Albert Thiele

Argumentieren unter Stress

Wie man unfaire Angriffe
erfolgreich abwehrt

- In Stress-Situationen gelassen bleiben
- Selbstbewusst auftreten – Stärke signalisieren
- Argumentations-AIKIDO – Aggressionen
  umlenken
- Schlagfertig kontern und im Dialog bleiben
- Dialektische Strategien für schwierige
  Situationen nutzen

Mit Trainingsprogamm zu Dialektik und Eristik

Frankfurter Allgemeine Buch

Bibliografische Information der Deutschen Nationalbibliothek
Die Deutsche Nationalbibliothek verzeichnet diese Publikation
in der Deutschen Nationalbibliografie; detaillierte bibliografische
Daten sind im Internet über http://dnb.d-nb.de abrufbar.

Albert Thiele

Argumentieren unter Stress

Wie man unfaire Angriffe erfolgreich abwehrt

Frankfurter Societäts-Medien GmbH
Frankenallee 71–81
60327 Frankfurt am Main
Geschäftsführung: Hans Homrighausen

8., ergänzte Auflage
Frankfurt am Main 2013

ISBN 978-3-89981-307-4

Copyright	Frankfurter Societäts-Medien GmbH Frankenallee 71–81 60327 Frankfurt am Main
Umschlag	Anja Desch, F.A.Z.-Institut für Management-, Markt- und Medieninformationen GmbH, 60327 Frankfurt am Main
Satz	Jan Hofmann
Titelbild	© Thinkstock
Druck	CPI Moravia Books s.r.o., Brněnská 1024, CZ-691 23 Pohořelice

Printed in EU

myclimate
neutral

Inhaltsverzeichnis

Vorwort

Unfaire Angriffe haben in wirtschaftlich angespannten Zeiten Konjunktur. Wenn die Spielräume enger und brisante, emotional aufgeladene Themen diskutiert werden, führt das häufig zu aggressiven Auseinandersetzungen.

Zu den Spielarten, die als stressig erlebt werden, gehören persönliche Angriffe, Dominanzgebärden und Killerphrasen genauso wie Polemik, Schwarze-Peter-Spiele und Drohungen. „Argumentieren unter Stress" gibt einen Überblick der wichtigsten Methoden unfairer Dialektik und zeigt Ihnen Erfolg versprechende Reaktionsmöglichkeiten. Darüber hinaus sensibilisiert das Werk für subtile und verdeckte Machtspiele, einschließlich sogenannter Dirty Tricks, die der Einschüchterung dienen. Im Mittelpunkt steht die Frage, wie man offene und verdeckte unsachliche Spielarten früh erkennt, geschickt abwehrt und gleichzeitig den Dialog aufrechterhält.

Bei den empfohlenen Abwehrstrategien geht es um intelligente Reaktionen, die den betreffenden Kontext und die psychologischen Konsequenzen berücksichtigen. Einfache Schlagfertigkeitstechniken reichen hierbei nicht aus: Was nutzt es Ihnen langfristig, wenn Sie einen anderen Menschen verbal „ausknocken", indem Sie ihn vor dem gesamten Führungskreis blamieren?

Dialektiktraining für Stress-Situationen geht in diesem Ratgeber weit über die Vermittlung von Techniken hinaus und berücksichtigt alle Faktoren, die auf Ihr Gegenüber einwirken. Je mehr persönliche Autorität und Sicherheit Sie ausstrahlen, umso eher signalisieren Sie einem Angreifer, dass Sie auf gleicher Augenhöhe kommunizieren und bei Einwänden und Unfairness dieses Gleichgewicht halten werden. Zum Dialektiktraining gehört somit auch die Entwicklung einer inneren Haltung, die Selbstzweifel überwindet und von Selbstvertrauen und Gelassenheit geprägt ist.

„Keine Kunst ohne Übung." Dieses Motto gilt auch für die Kunst des Argumentierens. Der Schlüssel für die kontinuierliche Verbesserung

Ihrer Argumentationsfähigkeit liegt somit in der Praxis. In allen Kommunikationssituationen – in Gesprächen und Verhandlungen genauso wie in Besprechungen und Diskussionen – bietet sich die Chance, dazuzulernen, Neues auszuprobieren und die eigenen Fähigkeiten gezielt weiterzuentwickeln.

Dieses Buch bietet neben dem dialektischen Know-how ein korrespondierendes Trainingsprogramm, das Sie zur Vervollkommnung Ihrer Argumentationsfähigkeit nutzen können. Dieses Angebot hilft Ihnen, relevante Techniken selbstgesteuert einzuüben und so den Transfer in die Praxis zu begünstigen. Sie können die Übungen allein, zu zweit oder mit mehreren Lernpartnern ausprobieren. Mit Hilfe dieses Übungsprogramms können Sie zum Beispiel Ihre Fähigkeit verbessern,

- Ihren Standpunkt knapp, klar und strukturiert zu formulieren,
- aus dem Stegreif zu argumentieren,
- unfaire Angriffe zu stoppen und den Dialog aufrechtzuerhalten,
- auf sachliche Einwände gekonnt zu reagieren.

Betrachten Sie die Anregungen dieses Buches als Angebote: Suchen Sie sich diejenigen Empfehlungen heraus, die zu Ihren Anwendungssituationen, zu Ihrer Persönlichkeit und zu Ihren Karrierezielen passen.

Mein besonderer Dank gilt meinen Trainerkollegen, die mich in vielfältiger Weise unterstützt haben. Hervorheben möchte ich zunächst meinen langjährigen Partner Siegmar Saul, der durch zahlreiche Verbesserungsvorschläge zur Qualität und zum Praxisbezug dieses Buches wesentlich beigetragen hat. Zu Dank verpflichtet bin ich darüber hinaus meinen Co-Trainern Helmut Rehmsen und Ulrich Kienzle, mit denen ich gemeinsam viele Fernseh- und Medientrainings durchgeführt habe. Wichtige Praxistipps dieser Medienseminare wie zum Beispiel das Konzept „Blocken, Überbrücken, Kreuzen" findet der Leser im Kapitel „Schwierige Situationen bei Auftritten in Funk und Fernsehen".

Für die Lektüre dieses Ratgebers und für die Arbeit mit dem Trainingsprogramm wünsche ich Ihnen viel Freude und zahlreiche Heureka-Erlebnisse. Möge es Ihnen immer häufiger gelingen, unfaire Angriffe gelassen und souverän abzuwehren und dem besseren Sachargument zum Durchbruch zu verhelfen.

Düsseldorf, im Juni 2013

Dr. Albert Thiele

Einführung

Wer den Buchtitel „Argumentieren unter Stress" auf sich wirken lässt, wird spontan an sehr unterschiedliche Situationen denken. Private Streitgespräche und Konflikte können genauso dazu gehören wie Killerphrasen und Verbalattacken im Beruf oder hitzige Debatten in Politik und Fernsehen. Stress erleben wir in täglichen Auseinandersetzungen vor allem dann, wenn wir Situationen oder Ereignisse als bedrohlich und schwierig erleben. Als besonders stressig empfinden Führungs- und Fachkräfte die Abwehr unfairer Angriffe, die Konfrontation mit kritischen Einwänden sowie Dominanzgebärden und Psychotricks, die auf den ersten Blick nicht zu durchschauen sind. Aggressive und boshafte Spielarten der Dialektik werden vor allem dann eingebracht, wenn brisante und emotional aufgeladene Themen diskutiert werden und die Fronten verhärtet sind. Darüber hinaus haben unfaire Taktiken noch eine andere Funktion: Der Angreifer möchte von den eigenen schwachen Sachargumenten ablenken und in jedem Falle recht behalten, auch wenn er objektiv nicht im Recht ist.

Wie die tägliche Erfahrung zeigt, kann man in jeder beruflichen Kommunikation durch offene und verdeckte unfaire Spielarten unter Stress geraten. Solche Stress-Situationen können in Gesprächen und Verhandlungen auftreten wie auch in Diskussionsrunden, bei Präsentationen oder in TV-Interviews. Hier typische Beispiele zur Veranschaulichung:

- Wegen gravierender Qualitätsmängel der ausgelieferten Produkte kommt es zu einer lautstarken Diskussion. Der Vertriebschef greift Sie persönlich an und macht Ihnen heftige Vorwürfe: „Als Leiter des Qualitätsmanagements tragen Sie die alleinige Schuld für die schlechte Qualität der Chargen, die rausgegangen sind. Sie sind doch völlig überfordert und haben Ihr Team überhaupt nicht im Griff ..." Weitere Verbalattacken und Beleidigungen schließen sich an. Sie geraten unter Stress. Was tun?
- Sie sind in einer harten Preisverhandlung bei einem wichtigen Kunden. Ihr neuer Verhandlungspartner entpuppt sich als „schwierig": Er setzt Sie unter Druck, unterbricht ständig und spricht Ih-

nen durch Formulierungen wie „Wie lange sind Sie eigentlich im Vertrieb?" unterschwellig die Kompetenz ab. In der entscheidenden Phase der Verhandlung konfrontiert Sie Ihr Gesprächspartner mit einem Wettbewerbsangebot, das um 25 Prozent unter Ihrem Preis liegen soll. Die Zahlen sind vermutlich „fingiert". Was tun?

- Ihre Geschäftsführung hat die strategische Neuausrichtung des Unternehmens beschlossen. Als Projektmanager haben Sie die Aufgabe, den kritischen Mitarbeitern der Produktion das neue Konzept vorzustellen. Sie sehen sich heftigen persönlichen Angriffen und Killerphrasen ausgesetzt. Besonders lautstark meldet sich der informelle Führer der Gruppe zu Wort: „Wir lehnen das neue Modell vollkommen ab. Unser Team kennt die Abläufe am besten. Trotzdem hat uns niemand gefragt. Die beteiligte Unternehmensberatung verdient sich mit dem Projekt doch nur eine goldene Nase." Und ein wenig später: „Ihnen geht es doch nur um Ihre Karriere, und zwar zulasten meiner Abteilung ..." Was tun?
- In einer Konferenz bittet Sie der Geschäftsführer unerwartet um Ihre Einschätzung der Marktentwicklung. Zur Vorbereitung bleibt Ihnen keine Zeit. Die plötzliche Aufforderung des Chefs löst bei Ihnen eine Stress-Reaktion aus. Was tun?
- Als weibliche Führungsnachwuchskraft haben Sie vor der männerdominierten Unternehmensleitung das neue Weiterbildungskonzept zu präsentieren. Allein der Gedanke an die statushohen und dominanten Manager löst in Ihnen Unwohlsein und Selbstzweifel aus. Es sind immer wieder diese selbstkritischen Fragen, die Sie beschäftigen: Haben Sie als junge Frau überhaupt die Kompetenz, um sich in diesem Kreis zu behaupten? Wird man Ihre Unsicherheit bemerken? Was machen Sie, wenn Ihre Zuhörer mit Desinteresse reagieren? Wie reagieren Sie, wenn Sie von Alphatieren mit Killerphrasen oder pauschalen Abwertungen angegriffen werden? Was machen Sie, wenn Teilnehmer Sie unterbrechen oder Monologe halten? Sie haben Angst davor, von den erfahrenen Führungskräften nicht ernst genommen zu werden. Wie können Sie diese mentalen Blockaden überwinden und mit Auftrittsfreude vor den Führungskreis treten?
- In der Nordsee ist es zu einem Tankerunglück gekommen. Als Firmensprecher müssen Sie kurzfristig in einer Fernsehsendung die Sicht Ihres Unternehmens darstellen. In der ungewohnten Studioatmosphäre mit Kamera und Mikrofon haben Sie mit Lampenfieber und Schweißausbrüchen zu kämpfen. Innere Dialoge verstärken Ihre Unsicherheit: Wie werden Sie rüberkommen? Werden Sie den

Erwartungen Ihres Unternehmens genügen? Was machen Sie, wenn Sie einen Blackout haben oder der Journalist unsachlich wird? Werden die Zuschauer an Ihrer Körpersprache und an Ihrer Stimme erkennen, wie nervös Sie sind? Was tun?

Sicherlich könnten Sie diese Beispiele problemlos erweitern durch Situationen und Ereignisse, in denen Sie mit ähnlichen oder anderen Spielarten unfairer Dialektik konfrontiert worden sind. In diesem Buch lernen Sie das breit gefächerte Spektrum unfairer und manipulativer Taktiken kennen und erhalten dabei auch das Rüstzeug, um die dialektischen Stress-Situationen zu meistern.

Die Inhalte dieses grundlegenden Teils:

1   Nutzen und Aufbau des Buches
2   Wie Sie dieses Buch bestmöglich nutzen
3   Ursachen unfairer Angriffe
4   Grundbegriffe

1   Nutzen und Aufbau des Buches

Dieses Buch hilft Ihnen, mit schwierigen Situationen in der täglichen Argumentation besser zurechtzukommen, unfaire Angriffe zu neutralisieren und – falls notwendig – zielwirksam und geschickt zu kontern. Es geht nicht darum, Schlagfertigkeitstechniken undifferenziert und schematisch einzusetzen. Vielmehr sind stets auch die psychologischen Konsequenzen zu bedenken. Wem ist damit geholfen, wenn Sie eine Redeschlacht mit einem Kunden gewinnen, dadurch aber gleichzeitig die Beziehung zu ihm belasten? Es ist ratsam, das eigene Verhaltensrepertoire dahingehend zu erweitern, dass man

- gelassen auf unsachliche Spielarten oder verbale Angriffe reagiert,
- wirkungsvolle Reaktionen verfügbar hat,
- Strategien für festgefahrene Situationen und schwierige Gesprächspartner kennt und
- je nach Situation und Bedarf schlagfertig kontern kann.

Die leitende Orientierung bei der Arbeit mit diesem Buch besteht darin, sich für eine Gesprächs- und Argumentationskultur zu entscheiden, die Erfolg versprechend ist und die zu Ihrer Persönlichkeit passt. Der

Nutzen liegt dabei auf der Hand: Sie werden Ihre Energie wirkungsvoller auf die wichtigen Themen lenken und an Souveränität gewinnen. Sie werden sich das Heft des Handelns nicht so leicht von denjenigen aus der Hand nehmen lassen, die geringes Wissen mit rhetorischer Aggressivität verknüpfen. Wenn Sie beim Argumentieren unter Druck geraten, stehen Ihnen „Überlebensstrategien" zur Verfügung, um gelassen und sicher zu agieren. Die Empfehlungen helfen Ihnen, das persönliche Stress-Niveau bei Vorträgen und Argumentationen optimal zu justieren. Sie lernen dabei dialektische Selbstverteidigungstechniken kennen, die – vergleichbar dem AIKIDO – zum Ziel haben, die Situation zu kontrollieren, den Angriff abzuwehren und die Energie des Angreifenden auf das Sachthema zu lenken.

Dieses Buch ist ein Leitfaden für die Stress-Argumentation. Theoretische Ausführungen sind zugunsten umsetzbarer Handlungsempfehlungen auf ein Mindestmaß beschränkt worden.

Argumentieren unter Stress		
Unfaire Angriffe erfolgreich abwehren		
I. Grundlagen erfolgreicher Stress-Argumentation		
1. Wege zur inneren Gelassenheit	2. Zielwirksame Vorbereitung	3. Selbstbewusst auftreten
4. Unfaire Angriffe abwehren	5. Manipulation & Psychotricks	6. Schlagfertigkeitstechniken
7. Fünfsatztechnik	8. Einwände behandeln	9. Basic Skills
II. Strategien für spezielle Stress-Situationen		
10. Besprechungen und Diskussionen	11. Kritikgespräche	12. Verhandlungen
13. Auftritte in Funk und Fernsehen	14. Präsentationen	15. Stress-Rhetorik für Frauen
III. Transfer- und Trainingsteil		
16. Transferhilfen	17. Trainingsprogramm	

Die Übersicht zeigt den konzeptionellen Bezugsrahmen des Ratgebers. In den Kapiteln 1 bis 9 finden Sie die wichtigsten Voraussetzungen und Techniken für die optimale Bewältigung von Stress-Situationen, in denen Sie argumentieren. Hierbei geht es im Wesentlichen um allgemeine Empfehlungen, die Sie im Regelfall in allen Kommunikationssituationen anwenden können.

In den Bausteinen 10 bis 14 stehen konkrete Anwendungssituationen im Mittelpunkt. Die Ausführungen konzentrieren sich auf schwierige Passagen, die erfahrungsgemäß ein erhöhtes Stress-Niveau mit sich bringen. In Kapitel 15 geht es um spezielle Hinweise für weibliche Führungskräfte zur Weiterentwicklung ihrer Stress-Rhetorik. Zwei ergänzende Teile befassen sich mit dem erfolgreichen Transfer (Kapitel 16) und dem Training der beschriebenen Techniken (Kapitel 17).

Zur besseren Orientierung zunächst einige Details zu den einzelnen Kapiteln.

I. Grundlagen erfolgreicher Stress-Argumentation

Das *Kapitel 1* behandelt Erfolg versprechende Wege zu einer gelassenen und positiven *inneren* Haltung, damit Sie bei unfairen Angriffen und in Stress-Situationen nicht in Panik geraten. Im Mittelpunkt steht hier die Frage, wie man am besten mit Ängsten umgeht, die unser Denken blockieren und die uns im Worst Case einen Blackout bescheren.

Gegenstand des *2. Kapitels* ist die zielgerichtete Vorbereitung auf das Argumentieren. Hierdurch können Sie zusätzlich Ihre Sicherheit und Erfolgszuversicht fördern, weil Sie Ihre Argumentationsstrategie optimiert und präventiv Reaktionen für mögliche schwierige Situationen entwickelt haben.

In *Kapitel 3* lernen Sie die wichtigsten Voraussetzungen für den überzeugenden Auftritt kennen. Sie erfahren hier, wie Sie Ihrem Gegenüber durch Ihre *äußere* Haltung Selbstsicherheit und persönliche Stärke signalisieren.

Die *Kapitel 4 und 5* zeigen Ihnen, wie Sie sich vor unfairen Angriffen sowie Spielarten subtiler Manipulation und Psychotricks schützen können. Dieser Teil behandelt auch die nonverbalen Dominanz- und Kampfsignale, die ein Manipulator nutzt, um bei Ihnen Unterlegenheitsgefühle zu provozieren.

In *Kapitel 6* werden die 10 wichtigsten Schlagfertigkeitstechniken vorgestellt. Der Fokus liegt auf den weichen, deeskalierend wirkenden Techniken.

Die *Kapitel 7 bis 9* behandeln elementare Fähigkeiten, die für die erfolgreiche Überzeugungsarbeit notwendig sind. Im Einzelnen erhalten Sie Tipps zur Fünfsatztechnik (*Kapitel 7*), zur Einwandbehandlung *(Kapitel 8)* sowie zu weiteren speziellen Basistechniken (*Kapitel 9*).

II. Strategien für spezielle Stress-Situationen

In den *Kapiteln 10 bis 14* geht es um dialektische Anwendungssituationen, in denen Sie konkret unter Argumentationsdruck geraten können. Handlungsempfehlungen werden formuliert für besonders schwierige Situationen

- in Besprechungen und Diskussionen (Kapitel 10),
- in Kritikgesprächen (Kapitel 11),
- in Verhandlungen (Kapitel 12),
- bei Auftritten in Funk und Fernsehen (Kapitel 13),
- bei Präsentationen (Kapitel 14).

Im Mittelpunkt des *15. Kapitels* stehen besondere Schwerpunkte für das Argumentationstraining von Frauen. Ausgangspunkt sind Lernwünsche und Erwartungen, die Frauen in unseren Seminaren und in empirischen Untersuchungen für besonders wichtig und dringlich halten. Die Praxistipps kommen der Aufstiegskompetenz von Frauen zugute und erleichtern es, in männlich dominierten Gremien auf Augenhöhe zu argumentieren.

III. Transfer- und Trainingsteil

Kapitel 16 zeigt Ihnen, was aus lernpsychologischer Sicht sinnvoll ist, um neue Gewohnheiten im Alltag aufzubauen. Im abschließenden *Kapitel 17* finden Sie ein Trainingsprogramm zum selbstgesteuerten Einüben der wichtigsten dialektischen Techniken.

2 Wie Sie dieses Buch bestmöglich nutzen

Dieser Ratgeber zielt darauf, Ihre dialektischen Fähigkeiten nachhaltig zu verbessern. Die folgenden Arbeitshinweise helfen Ihnen, die Praxistipps und Inhalte rasch herauszufinden, die zu Ihren Anwendungssituationen passen:

- Aufgrund der modularen Struktur des Buches können Sie sich bei Bedarf ein einzelnes Kapitel ohne Rücksicht auf die Reihenfolge herausgreifen und durcharbeiten.
- In *Kapitel 17* finden Sie ein Trainingsprogramm mit Übungsangeboten und Lösungsvorschlägen zu den wichtigsten dialektischen Fähigkeiten. Die Übungen korrespondieren mit *Kapitel 7* „Fünfsatztechnik", *Kapitel 4* „Unfaire Angriffe abwehren", *Kapitel 6* „Schlagfertigkeitstechniken" sowie *Kapitel 8* „Einwände behandeln".
- Denken Sie schon während des Lesens daran, besonders hilfreiche Tipps und Anregungen herauszuschreiben und gegebenenfalls einen Anwendungsplan zu erstellen.
- Wie Sie Anwendungspläne erstellen und günstige Voraussetzungen für die nachhaltige Verbesserung Ihrer Dialektik schaffen, ist Gegenstand des *16. Kapitels*.
- Machen Sie sich zu Anfang Ihre Ziele und Ihren Lernbedarf bewusst. Der folgende Fragenkatalog hilft Ihnen, Ihre aktuellen Stärken und Ihre Verbesserungspotentiale zu erkennen:

Wie schätzen Sie Ihr Argumentationsgeschick ein?

- Wo sehen Sie Ihre besonderen dialektischen Stärken, wo Ihren Lernbedarf?
- Wie beurteilen Sie Ihre Fähigkeit, mit Einwänden, Kritik und schwierigen Fragen umzugehen?
- Inwieweit bleiben Sie sicher und souverän, wenn Sie in einem Streitgespräch sind?
- Mit welchen Formulierungen würden Sie auf diese unfairen Angriffe reagieren:
  - „Totaler Blödsinn, was Sie da erzählen."
  - „Sie haben sich wieder mal schlecht vorbereitet."
  - „Was machen wir, wenn sich Ihr Vorschlag in einem Jahr als Flop herausstellt?"
  - „Ihre Präsentation fand ich ausgesprochen langweilig."
  - „Sie sehen aber schlecht aus, Frau Schmidt. Ihnen würde eine Wellness-Kur mal wieder gut tun."
  - „Nun werden Sie mal nicht weinerlich, Frau Schumann."
- Ihr Gesprächspartner fixiert Sie die gesamte Zeit mit Blicken. Was tun Sie?
- Ihr Chef kritisiert Sie vor versammelter Mannschaft. Was tun Sie?
- Ihr Gesprächspartner schaut provokativ weg, während Sie sprechen. Wie reagieren Sie?
- Inwieweit halten Sie sich für schlagfertig?

Suchen Sie sich aus den Anregungen dieses Buches diejenigen heraus, die zu Ihrer Persönlichkeit passen und die in Ihren konkreten Anwendungssituationen den größten Erfolg versprechen. Ihre große Chance: Sie können sofort beginnen, die eine oder andere Empfehlung zu erproben. Beachten Sie, dass Sie das persönliche Stress-Niveau nur schrittweise auf das erwünschte Maß reduzieren werden. Und dass Sie bei der Anwendung der vorgestellten Techniken Erfolg und Misserfolg erleben werden. Für das Selbstwertgefühl ist es unerlässlich, Misserfolge konstruktiv zu verarbeiten und als Lernquelle umzudeuten.

3 Ursachen unfairer Angriffe

Unfaire Angriffe kommen häufig überraschend. Dies macht eine angemessene Reaktion besonders schwierig. Durch seinen Angriff bestimmt der Angreifer[1] die Art der Interaktion und beeinflusst somit auch die Emotionen, die dabei eine Rolle spielen. Die Motive für unfaire Angriffe können – je nach Situation, Gesprächspartner und Vorgeschichte – sehr unterschiedlich sein:

- *Spannungen und latente Konflikte* zwischen Personen, Abteilungen oder Unternehmen: Die Gefahr unsachlicher Interventionen ist umso größer, je frostiger das Klima und je belasteter die Beziehung ist. Die Verbalattacke eines Angreifers kann beispielsweise durch den folgenden inneren Dialog ausgelöst werden: „Heute werde ich dem Dr. Meier mal zeigen, wo es langgeht. Der versucht sowieso immer, sich auf Kosten anderer zu profilieren." Und wie aus heiterem Himmel wird ein Angriff gegen Sie gestartet. Je nach Persönlichkeitstyp: offen oder verdeckt.
- Der Angreifer will bei Ihnen direkt oder indirekt *Schuld- oder Angstgefühle* erzeugen. Beispiel: Sie sind freiberuflich in der Softwarebranche tätig und arbeiten seit drei Jahren mit einem Großunternehmen zusammen. Der Einkäufer möchte Ihr Honorar neu verhandeln und übt zu diesem Zweck unterschwellig Druck aus: „Wir haben in letzter Zeit vergleichbare Angebote hereinbekommen, die um 30 Prozent günstiger liegen. Wir sind zwar zufrieden mit Ihrer Leistung. Aber 30 Prozent sind viel Geld ..."
- *Dominanzgebärden und Imponiergehabe:* Jemand möchte durch seine unsachlichen Spielarten zeigen, wie wichtig und unentbehrlich er ist. Er hält lange Monologe, sendet durch laute Stimme und große Gestik Dominanzsignale aus und behandelt die Gesprächspartner von oben herab. Nicht die Qualität der Argumente und der Dialog stehen bei ihm im Mittelpunkt, sondern Selbstdarstellung und das Motiv, in jedem Falle recht zu behalten.
- *Unsachliche Dialektik als Mittel zum Zweck:* Hierbei versucht Ihr Gesprächspartner, Ihre Position zu schwächen und seine Interessen zu Ihren Lasten durchzusetzen. Je nach Situation werden unfaire Taktiken, subtile Manipulation oder Psychotricks eingesetzt.
- *Der Frustrations-Aggressions-Mechanismus:* Der Angreifer hat Frustrationserlebnisse im Beruf oder in anderen Lebensbereichen und reagiert darauf mit emotionalen Angriffen. Er sucht ein Ersatzobjekt, um seine aufgestauten Aggressionen abzureagieren.

---

1 Unabhängig von der männlichen Sprachform sind stets beide Geschlechter gemeint.

Häufige Fehlerquellen bei der Reaktion auf unfaire Angriffe

- Sie springen zu schnell auf den unfairen Angriff an. Dies birgt die Gefahr blinder Reizreaktionen. Je stärker die emotionale Besetzung eines Wortes (Reizwort) oder eines Themas (Reizthema), umso größer diese Gefahr.
- Sie lassen sich Emotionen und Stimmungen vom Angreifer diktieren.
- Sie übernehmen – unbewusst – seine Lautstärke, seine Sprechgeschwindigkeit und sein „Niveau".
- Sie versuchen, mit gleicher Münze zurückzuzahlen und eskalieren damit die Auseinandersetzung.
- Sie verteidigen sich, erklären langatmig den Hintergrund oder entschuldigen sich.
- Sie verlieren Ihre Gelassenheit und Souveränität und geraten in eine passive Rolle.

4 Grundbegriffe

Bei den folgenden Ausführungen und Handlungsempfehlungen tauchen einige Schlüsselbegriffe und Disziplinen immer wieder auf, die hier zum besseren Verständnis präzisiert werden sollen. Dazu gehören die Begriffe „Dialektik", „Schlagfertigkeit", „Rhetorik" sowie „Kinesik". Was mit „Stress" gemeint ist, erfahren Sie zum Ende dieses Abschnitts.

Fried- und Kampfdialektik

In einer weiten Begriffsfassung beschäftigt sich Dialektik[2] allgemein mit der Kunst des sachgerechten Argumentierens im Dialog wie auch mit der Disputierkunst, also mit der Fähigkeit, sich im kontrovers ge-

---

2 Dialektik (altgriechisch) bedeutet „sich unterhalten", „Rede und Gegenrede führen". Ursprünglich: Logik des Widerspruchs oder Methode kritischen, Gegensätze bedenkenden Philosophierens. Bei Platon soll die Dialektik den Gesprächspartner durch nachvollziehbare Beweismittel überzeugen. Dagegen geht es den Sophisten darum, andere durch faire und unfaire Mittel zu beliebigen Meinungen zu überreden. Die Eristik ist die Kunst des Streitgesprächs und die Disputierkunst, bei der es auch darum geht, unter allen Umständen recht zu behalten.

führten Gespräch zu behaupten. In der Jesuiten-Schulung gliedert sich die „ars dialectica" in zwei Bereiche: *Frieddialektik und Kampfdialektik*.

Frieddialektik
In der fairen Dialektik (= Frieddialektik) geht es um die Kunst,
1. andere zu überzeugen und
2. Sachprobleme im Dialog zielwirksam zu lösen.

Dies impliziert die Fähigkeit, komplexe Überzeugungsprozesse, die aus mehreren Gesprächen oder Verhandlungen bestehen, erfolgreich zu organisieren.

Beispiele zu 1:
- Sie wollen Ihr Team von der Richtigkeit einer neuen Vertriebsstrategie überzeugen.
- Sie wollen Ihren Vorstand für die Freigabe eines Budgets gewinnen.
- Sie wollen Ihr Unternehmen möglichst überzeugend in einem Fernsehinterview darstellen.

Beispiele zu 2:
- Sie wollen in einer Besprechung einen Kompromiss erreichen, der von allen Beteiligten oder von der Mehrheit getragen wird.
- Sie haben vor einem Kundenkreis einen Lösungsvorschlag präsentiert und wollen diesen im Dialog mit den Zuhörern weiterentwickeln, sodass am Ende eine Lösung steht, mit der beide Seiten leben können.
- Sie wollen bei den Mitarbeitern Ihrer Sparte Akzeptanz für eine strategische Neuausrichtung der Arbeitsabläufe aufbauen.

Im Rahmen der Frieddialektik kommen ausschließlich faire Mittel zum Einsatz. Diese Form des Miteinander ist durch eine konstruktive Grundhaltung auf beiden Seiten sowie durch Sachlichkeit und Dialog gekennzeichnet.

Zentrale Merkmale der Frieddialektik

- Das Regelwerk des Fair Play wird beachtet.
- Die Beteiligten suchen im Miteinander nach Lösungen.
- Andere Meinungen werden wertschätzend behandelt.
- Verbale Auseinandersetzungen gehen nicht zulasten des Gesprächsklimas.
- Die Beteiligten räumen dem besseren Argument Vorrang ein.
- Macht- und Dominanzrituale spielen keine Rolle.
- Die Beteiligten agieren auch dann fair und gelassen, wenn es zu einem Streitgespräch kommt.

Bildlich können wir uns den Kerngedanken so verdeutlichen, dass die Waage des Gesprächs oder der Disputation im Gleichgewicht ist. Alle Beteiligten gehen aufeinander zu, versuchen im Miteinander Sachprobleme zu lösen und betrachten den anderen als Partner. Dabei gehört es zu einer partnerschaftlichen Gesprächskultur durchaus, mit Leidenschaft um den besten Weg zu ringen oder den Advocatus Diaboli zu spielen. Wichtig ist, dass auch in heftiger Disputation alle Beteiligten ihr Gesicht wahren können. Bei Diskussionen und Gesprächen, die dem Regelwerk des Fair Play folgen, hält sich das erlebte Stress-Niveau in der Regel in vertretbaren Grenzen. Im betrieblichen und privaten Alltag wird zwar häufig über die Befähigung zum guten Gespräch, zum Zuhören und zur Partnerschaft gesprochen, nur fällt es vielen leichter, von der Tugend zu reden, als die Tugend selbst zu beherzigen. Jeder kennt Reizthemen, Schwarze-Peter-Spiele, persönliche Angriffe und andere subtile unfaire Tricks und Winkelzüge, die einem sachlichen Gedankenaustausch im Wege stehen können. Dieses unfaire Repertoire ist vor allem dann anzutreffen, wenn brisante und emotional aufgeladene Themen diskutiert werden und die Fronten verhärtet sind. Je nach Situation, Thema und Chemie zwischen den Beteiligten kann der Anteil der unfairen Mittel unterschiedlich groß sein.

Kampfdialektik

Im Vordergrund steht hier das Ziel, in der Argumentation zu siegen, recht zu behalten und die eigene Position unter allen Umständen durchzusetzen. In seiner „Eristischen Dialektik" spricht Schopenhauer von der Kunst, recht zu behalten (auch wenn man die schwächeren Sachargumente hat). Während es bei der Frieddialektik nur Sieger gibt, gibt es bei der Kampfdialektik Sieger und Verlierer, die Feinde werden können. Dem Kampfdialektiker sind auch boshafte Mittel willkommen, um dem Gegenüber eine Niederlage zu bereiten und seine Ziele durchzusetzen. Das Arsenal unfairer Taktiken, subtiler Manipulation und Psychotricks sowie harter Schlagfertigkeitstechniken lernen Sie in den Kapiteln 4 bis 6 kennen.

Zentrale Merkmale der Kampfdialektik
- Das Regelwerk des Fair Play wird missachtet.
- Der Gegner wird offen oder verdeckt angegriffen.
- Beim Gegner sollen gezielt Unterlegenheitsgefühle und Ängste erzeugt werden.
- Nonverbale Droh- und Kampfgebärden werden „bei Bedarf" eingesetzt.
- Das Klima ist angespannt und oft frostig (Antipathiefeld).
- Infolgedessen stellt sich beim Angegriffenen ein hohes Stress-Niveau ein.

Es lohnt sich aus verschiedenen Gründen, das Repertoire unfairer Techniken zu kennen:

1. Sie werden sich wirkungsvoll schützen können, wenn Sie unsachliche Spielarten früh erkennen. Hier liegt der Schwerpunkt dieses Buches.
2. Es gibt Situationen, in denen Kampfdialektik hilfreich oder gar geboten sein kann. Denken Sie an kontroverse Auseinandersetzungen mit (fundamental-)kritischen Umweltschützern, die Ihr Unternehmen massiv angreifen und Sie persönlich provozieren und beleidigen. In diesen Fällen kann ein rhetorischer Befreiungsschlag durch eine harte schlagfertige Retourkutsche wirkungsvoll sein. In Kapitel 5 finden Sie dazu Anregungen und Formulierungsbeispiele. Auch in politischen Debatten und Diskussionen gilt es als Zeichen von Stärke, wenn man in der Lage ist, auf Angriffe geistreich und schlagfertig zu entgegnen. Schlagfertigkeit, verknüpft mit einem Gegenangriff, ist häufig die beste Verteidigung. Wer dabei Witz und Humor einsetzen kann, hat im Regelfall die besseren Karten.

Die Risiken des Einsatzes kampfdialektischer, also auf Sieg setzender Taktiken halten sich in Grenzen, wenn Sie mit dem Gegner allein sind (Beispiel: Sie beschweren sich telefonisch bei Ihrem Automobilhersteller, dass Sie mit Ihrem neuen Fahrzeug zum dritten Mal liegen geblieben sind) oder wenn Sie die Mehrzahl der Anwesenden auf Ihrer Seite haben (Beispiel: Bei einer Präsentation reagieren Sie auf einen Zuhörer, der sich in der Rolle eines Besserwissers zum x-ten Mal zu Wort meldet und alle Beteiligten mit seinen Koreferaten nervt) und Ihnen die Qualität der emotionalen Beziehung zum Gegenüber gleichgültig ist.

Schlagfertigkeit – eine Facette der Dialektik

Stellen Sie sich vor, Sie befinden sich in einer Diskussionsrunde, in der es sehr emotional zugeht. Der eloquente Kollege aus dem Vertrieb greift Sie frontal an und schiebt Ihrer Abteilung – der Produktion – den Schwarzen Peter für Qualitätsmängel zu. Er macht Ihnen massive Vorwürfe und kritisiert Ihre Führungsfähigkeiten. Sie sind so perplex, dass Ihnen in diesem Moment die Worte fehlen, bis ein anderer Teilnehmer nach einigen Sekunden der Funkstille die Wogen glättet und zum Sachthema zurückführt. Auf der Heimfahrt fällt Ihnen eine passende Retourkutsche ein. Leider einige Stunden zu spät.

Was Ihnen in der Diskussionsrunde fehlte, ist eine schlagfertige Reaktion, also die Fähigkeit, im richtigen Moment eine passende Antwort zu bringen und sie – falls möglich – geistreich, witzig und situativ angemessen zu formulieren. Ein Gütesiegel der Schlagfertigkeit besteht darin, dass man auf eine Frage, einen Einwand oder einen Angriff schnell, treffend und originell antworten kann. Schlagfertigkeit ist damit eine Fähigkeit, die sowohl in der Fried- wie in der Kampfdialektik ihren Platz hat.

Seminare oder Bücher, die bloße Schlagfertigkeitstechniken vermitteln, greifen zu kurz. Die praktischen Anwendungssituationen sind zu komplex und vielfältig, um witzige und schlagfertige Retourkutschen schematisch einsetzen zu können. Auf Killerphrasen eines Geschäftsführers, eines wichtigen Kunden oder eines Journalisten werden Sie anders reagieren müssen als auf unsachliche Spielarten in der politischen Auseinandersetzung oder im privaten Bereich. *Nur* schlagfertig zu sein, ist also in vielen Situationen zu wenig: Ein Dialektiktraining für schwierige Szenarien sollte einerseits darauf zielen, sich vor Beleidigungen, Polemik und Rabulistik zu schützen und einem mentalen „Schachmatt-Effekt" entgegenzuwirken.

Andererseits sollte man in der Lage sein, die Kommunikation aufrechtzuerhalten, das Klima nicht unnötig zu belasten und einen Dialog weiterzuführen. Prüfen Sie also die verfügbaren Schlagfertigkeitstechniken daraufhin, inwieweit sie zum Kontext und zu Ihren übergreifenden Zielen passen. Verzichten Sie im beruflichen Bereich nach Möglichkeit darauf, *harte* Schlagfertigkeitstechniken einzusetzen. Denn sie bringen die Gefahr mit sich, dass sich die Fronten verhärten und die Beziehung dauerhaft Schaden nimmt.

Was bringt es Ihnen, wenn Sie einen anderen Menschen verbal „ausknocken", indem Sie ihn durch herabsetzende Floskeln oder unsachliche Kritik vor der ganzen Gruppe blamieren? Auch wenn es auf den ersten Blick nach einem „Sieg" für Sie aussieht, so ist es doch ein Pyrrhussieg. Denn Sie haben sich einen Feind geschaffen und damit einen negativen Multiplikator („Maulwurf") für Ihre Person. Solche Niederlagen führen in der Psyche des Angegriffenen ein Eigenleben. In meinen Seminaren erlebe ich immer wieder, dass Teilnehmer noch nach Jahren sehr emotional davon berichten, dass der Chef sie unter Missachtung des „Vier-Augen-Prinzips" vor versammelter Mannschaft massiv kritisiert habe: In der Regel lohnt es sich nicht, das Selbstwertgefühl eines anderen herabzusetzen. Rupert Lay (2003) weist zu Recht darauf hin, dass man lernen sollte, auf den Sieg zu verzichten, um gewinnen zu können! Denn: Wer immer siegt, verliert – und zwar seine Mitmenschen und Kollegen.

Dialektik ist die Kunst zu gewinnen, ohne zu siegen. Wer das dialektische Instrumentarium beherrscht, wäre zwar in der Lage zu siegen. Er verzichtet jedoch darauf, den anderen klein zu machen und „abzubügeln", damit er sich nicht ohne Not „Feinde" schafft. Bei strittigen beruflichen Disputationen fährt man am besten mit dem Grundsatz, hart um den richtigen Weg und die besten Sachargumente zu ringen und *gleichzeitig* die emotionalen Bedürfnisse der Beteiligten zu beachten. Dies verlangt auch, wirkungsvolle Argumentations- und Lenkungstechniken verfügbar zu haben, um unfaire und häufig zeitraubende Spielarten rasch neutralisieren zu können. Hierbei spielt die persönliche Schlagfertigkeit eine wichtige Rolle.

Zwei weitere Begriffe, die eng mit der praktischen Argumentation verknüpft sind:

Rhetorik

Der Brockhaus definiert diese Disziplin als die Kunst, gut zu reden (lateinisch: ars bene dicendi). Die Angewandte Rhetorik bezieht sich vor allem auf die Redepraxis in Wirtschaft, Medien, Politik und vor Gericht. Im Mittelpunkt eines Rhetoriktrainings steht die Entwicklung der Fähigkeit, vor Zuhörern überzeugend und sicher zu sprechen. Zu den rhetorischen Mitteln gehören insbesondere sprechtechnische, körpersprachliche, dramaturgische, psychologische und sprachliche Faktoren. In einer weiten Begriffsfassung bezieht sich Rhetorik nicht nur auf den Monolog, sondern auch auf den Dialog. Dieser Teil der Rhetorik wird auch als Gesprächsrhetorik bezeichnet.

Kinesik

Kinesik (griechisch: kinesis = Bewegung) ist die Lehre von der Sprache des Körpers. Sie ist angewandte Ausdruckspsychologie und beschäftigt sich mit der Beschreibung und Erklärung körpersprachlicher Signale des Menschen. Die Kinesik hat für unser Thema eine doppelte Bedeutung:

1. Zum einen für Sie als Sprecher: Was können Sie tun, um überzeugend zu wirken? Was ist im Hinblick auf Haltung, Gestik und Mimik zu bedenken, damit Sie sich in einer argumentativen Stress-Situation als sicher und souverän darstellen? Bedenken Sie, dass Ihr gesamtes nonverbales Verhalten dem Angreifer signalisiert, ob Sie sich stark und gleichberechtigt oder unterlegen und schwach fühlen.
2. Zum anderen hilft Ihnen die Lehre von der Körpersprache, bei Ihrem Gegenüber früh dessen innere Befindlichkeit zu erkennen und in geeigneter Weise darauf zu reagieren.

Zu viel Stress blockiert gelassenes Argumentieren

Eine argumentative Herausforderung erlebt man als Stress-Situation und bedrohlich, wenn man die eigenen dialektischen Fähigkeiten für die erfolgreiche Bewältigung als unzureichend einschätzt. Führungs- und Fachkräfte empfinden besonders viel Stress bei der Abwehr unfairer Angriffe, beim schlagfertigen Kontern und beim Umgang mit festgefahrenen Situationen – vor allem wenn wichtige Personengruppen involviert sind (z.B. A-Kunden, Vorstand, Entscheidungsgremien) oder wenn einem das Szenario (z.B. Fernsehauftritt, Pressekonferenz, Podiumsdiskussion) wenig vertraut ist. Das persönlich empfundene Stress-Niveau variiert allerdings je nach Persönlichkeit, dem verfügbaren dialektischen Repertoire und dem Trainingszustand.

Wir sind mit der automatischen Stress-Reaktion ausgestattet, in kritischen Situationen kämpfen oder fliehen zu können. Dieses Alarmprogramm sichert seit den Anfängen der Menschheit unser Überleben. In einer bedrohlichen Situation wird viel nervöse Energie freigesetzt und unser Denkhirn teilweise blockiert. Wir erleben subjektiv Angst. Im Grenzfall geraten wir in Panik. Gelassenheit und Sicherheit weichen, die Unsicherheit nimmt zu. Im ungünstigsten Fall geraten wir in „psychologischen Nebel" (Festinger 1957). Wie beim witterungsbedingten Nebel ist unsere Wahrnehmung dann außerordentlich eingeschränkt. Eine mentale Blockade verhindert überlegtes Handeln. Dieses Phänomen kennt wohl jeder auch aus anderen Lebensbereichen: Sie sind in einen Verkehrsunfall verwickelt und können sich an nichts erinnern; heftige Flugturbulenzen versetzen Sie in Angst; Sie werden lautstark angegriffen und fühlen sich mental schachmatt gesetzt. Ein Übermaß an Stress[3] führt zu Ängsten und zunehmender psychischer Anspannung (Distress) sowie zu physiologischen Veränderungen im eigenen Körper. Dazu gehören Schweißausbrüche, Herzklopfen, hohe Atem- und Pulsfrequenz genauso wie weiche Knie und zitternde Gliedmaßen.

Diese Zusammenhänge zeigt Abbildung 1.

---

3   Der Stress-Forscher Hans Selye unterscheidet Eustress und Distress. Eustress ist eine günstige, gesundheitsfördernde Belastung und wirkt sich auf Leistung und Motivation stimulierend aus. Distress beinhaltet demgegenüber eine schädigende Überforderung des Organismus. Wenn im Folgenden von Stress gesprochen wird, ist stets Distress gemeint.

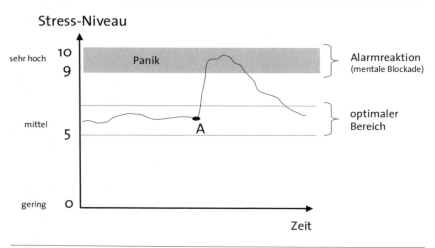

Abbildung 1: Stress-Kurve beim Argumentieren

Ein mittleres bis leicht erhöhtes Stress-Niveau ist günstig für ein sicheres und zielführendes Handeln. Skaliert man die subjektiv erlebte Erregung in einer Skala von 0 bis 10, so ist ein Erregungslevel zwischen 5 und 7 optimal. Hier verfügt unser Nervensystem über eine ausreichende Spannung, um überzeugend zu agieren und zu reagieren. Wer nicht trainiert ist, mit Angriffen, Fangfragen oder anderen unsachlichen Taktiken umzugehen, läuft Gefahr, zu stark zu reagieren und in Panik zu geraten. Dies symbolisiert der Punkt A: „Das glauben Sie doch selbst nicht, was Sie da sagen", „Völliger Nonsens, den Sie da von sich geben" oder noch härtere Angriffe können Sie in Sekundenbruchteilen schachmatt setzen. Ihre Psyche wird sozusagen in den Panikbereich katapultiert. Die Konsequenzen kennt jeder aus vergleichbaren Situationen: Die Erregung steigt, es fehlen einem die Worte; die Synapsen im Denkhirn arbeiten nicht so, wie man sich das wünscht.

Worum es beim emotionalen Distress geht, kann man mit Hilfe des ABC-Modells von Albert Ellis besser verstehen und somit die richtige Strategie für mehr Souveränität und Gelassenheit in Stress-Situationen finden:

Das ABC-Modell

A steht für Activating Event: Das ist das auslösende Moment, die potenziell stressende Situation.

B steht für Beliefs, also Ihre Wahrnehmungen, Gedanken und Annahmen über A.

C steht für Emotional Consequence, also die emotionale Konsequenz oder den Stress, der aus diesen Annahmen resultiert.

Ein Praxisbeispiel mag dies veranschaulichen:

Stress kann durch einen „persönlichen Angriff" Ihres Gegenübers verursacht werden. Der „persönliche Angriff" (oder auch nur Gesicht oder Stimme der betreffenden Person) ist Teil „A" des Modells. Inwieweit Sie wegen des persönlichen Angriffs Stress (Teil „C") erleben, hängt davon ab, wie Sie die Situation wahrnehmen – von Ihren Gedanken, Ihren Vorerfahrungen und dem Schwierigkeitsgrad, den Sie der Situation zuschreiben. Das bedeutet: „C" hängt von „B" ab.

Der Stress-Vorgang sieht also so aus: „persönlicher Angriff" → meine Gedanken über den Angriff → potenzieller Stress.

Inwieweit Sie Stress erleben, hängt also maßgeblich von Ihren Gedanken, Wahrnehmungen und Interpretationen ab. Wenn Sie sich dem Angreifer unterlegen fühlen, Ihnen keine geeignete Reaktion in den Sinn kommt oder Sie auf die Verbalattacke zu schnell anspringen, wird das Stress-Niveau mit Sicherheit steigen. Wer ein Repertoire an Reaktionsmöglichkeiten verfügbar hat und gleichzeitig hinreichend Selbstbewusstsein und Gelassenheit mitbringt, wird sich kaum aus dem Konzept bringen lassen.

Aus dem ABC-Modell lassen sich drei Ansatzpunkte zur Begrenzung des Stress-Niveaus bei schwieriger Argumentation ableiten:

1. Die Umgebung – also „A" – ändern
   Wenn Sie ein Kollege mit seinen Angriffen und dummen Sprüchen nervt, könnten Sie versuchen, ihm aus dem Weg zu gehen. In vielen Situationen ist das möglich: So können Sie zu einem Kunden, bei dem es mit der Chemie nicht stimmt, einen Kollegen schicken. Dies ist natürlich eine defensive Strategie, die bei bestimmten Anlässen nicht möglich ist. In beruflichen Besprechungen, Gesprächen

oder bei Präsentationen muss man häufig Flagge zeigen und präsent sein, wenn schwierige Kollegen oder Vorgesetzte teilnehmen. Kann man die Umwelt nicht ändern oder den Gesprächspartnern nicht aus dem Weg gehen, dann kann man das eigene Denken und die eigene Wahrnehmung der Situation beeinflussen.

2. Die Wahrnehmung der Stress-Situation – also „B" – ändern
Hierbei geht es darum, die Art und Weise, wie Sie einen unfairen Angriff oder eine andere schwierige Kommunikationssituation wahrnehmen, zu ändern. Hier einige Beispiele für eine stressreduzierende Veränderung der Wahrnehmungsperspektive:

- Der auf Seite 40 beschriebene Schutzschild kann helfen, die unfairen Attacken nicht an sich heranzulassen.
- Wenn Sie den kritischen Gesprächspartner und die unangenehme Situation als Chance interpretieren, um neue Abwehrtechniken auszuprobieren, werden Sie möglicherweise weniger Druck verspüren.
- Wenn Sie sich konsequent auf den sachlichen Gehalt des Beitrags und das Regelwerk des Fair Play als Haltepunkte konzentrieren, werden Sie den Stress nicht an sich herankommen lassen. Wie Sie diese Einstellung entwickeln, erfahren Sie im 4. Kapitel.

3. Den Stress – also „C" – selbst managen
Die meisten Empfehlungen dieses Buches setzen hier an. Sie erfahren, wie Sie mit unsachlichen Angriffen und schwierigen Einwänden besser zurechtkommen. Sie erweitern Ihr Verhaltensrepertoire, um für jede Situation eine geeignete Replik oder Lenkungstechnik zu beherrschen. Hierbei geht es beispielsweise um Brückensätze, die als psychologische Puffer fungieren und die Schärfe aus dem Angriff nehmen, genauso wie um harte und weiche Reaktionsmöglichkeiten auf boshafte Verbalattacken. Weil die eigene Überzeugungswirkung vom verbalen und vom nonverbalen Verhalten abhängt, schließt dieser Punkt auch die Frage ein, wie man körpersprachlich und stimmlich einen souveränen Eindruck hinterlassen kann.

I

Grundlagen erfolgreicher Stress-Argumentation

1 Gelassenheit und Stress-Management

„Suche redlich die Wahrheit im Stillen,
bevor Du den Marktplatz betrittst und redest.
Du weißt, dass Du kein Wort zurückholst?"

Chinesische Weisheit

In diesem Kapitel werden im Einzelnen behandelt:

Wer Techniken und schlagfertige Reaktionsmöglichkeiten für Verbal-attacken und andere Varianten boshafter Rhetorik kennt, beherrscht damit eine notwendige, aber noch keine hinreichende Bedingung für den erfolgreichen Umgang mit Stress-Situationen. Wünschenswert ist eine innere Haltung, die Selbstzweifel und Unterlegenheitsgefühle überwindet und von ausreichendem Selbstvertrauen und Gelassenheit geprägt ist. In diesem Kapitel lernen Sie bewährte Wege zur Kontrolle des erlebten Stress-Niveaus kennen. Diese schaffen die Voraussetzung für eine erfolgreiche Disputation und für den gezielten Einsatz des dialektischen Arsenals. Die folgende Abbildung zeigt die wichtigen Ansatzpunkte zu mehr innerer Gelassenheit:

Abbildung 2: Wege zur Gelassenheit auf einen Blick

Gelassenes Handeln ist dadurch gekennzeichnet, dass man die betreffende Situation unter Kontrolle hat und in der Lage ist,

- sicher, konzentriert und zielgerichtet seine Argumentation vorzutragen,
- mit kritischen Fragen und Einwänden souverän und wertschätzend umzugehen und
- auch dann die Übersicht zu behalten, wenn dialektische und manipulative Tricks eingesetzt werden.

Gelassenheit zeigt sich nicht nur in der Art und Weise, wie Sie sich in Rede und Gegenrede behaupten, sondern drückt sich vor allem in Ihrer Körperhaltung, Gestik, Mimik und Sprache aus. Gelassenheit bedeutet nicht, ohne Anspannung in wichtige Gespräche und Diskussionen zu gehen. Im Gegenteil: Eine gewisse Anspannung ist ein wichtiger Sensor, um bedrohliche Signale früh wahrnehmen und das eigene „Überleben" sichern zu können. Nehmen Sie als Beispiel eine Präsentation, bei der sich Unruhe im Auditorium breitmacht. Weil Sie sich um den Erfolg der Veranstaltung ängstigen, intervenieren Sie früh genug in geeigneter Weise: Sie fragen nach dem Verständnis der Ausführungen, eröffnen eine kleine Diskussionsrunde oder verdeutlichen noch einmal den Nutzen des vorgestellten Konzepts für die Zuhörer.

Der Dreh- und Angelpunkt sicheren Auftretens und überzeugender Argumentation liegt nicht so sehr in der mechanischen Anwendung dialektischer (äußerer) Techniken, so wichtig diese auch sind. Viel ausschlaggebender ist eine positive Einstellung zur eigenen Person, zum Thema und zum Gegenüber. Dies ist der Schlüssel zu einer selbstbewussten, gelassenen Grundhaltung.

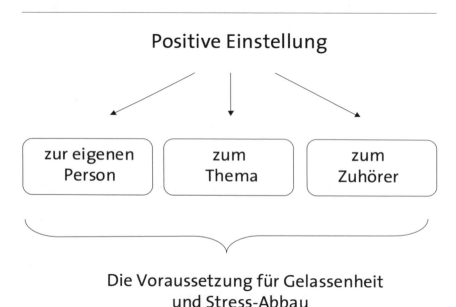

Abbildung 3: Die Voraussetzung für Gelassenheit und Stress-Abbau

Anhand der drei Dimensionen eigene Person, Thema und Zuhörer werden im Folgenden Anregungen gegeben, wie Sie Ängste und negative „innere Dialoge" überwinden und Selbstvertrauen und Gelassenheit fördern können.

1 Positive Einstellung zur eigenen Person

Ängste und Stress-Situationen werden in vielen Fällen dadurch verursacht, dass man innere Dialoge („Glaubenssätze") für sich selbst formuliert, die Selbstzweifel und Unterlegenheitsgefühle verursachen. Hier einige Beispiele für belastende Gedanken, die häufig mit überzogenen Ansprüchen an die eigene Person zu tun haben:

- „Ich muss perfekt sein. Ich darf mir keine Blöße geben."
- „Ich fühle mich meinem Gegenüber unterlegen."
- „Ich tue alles, um die Anerkennung der anderen zu bekommen."
- „Ich habe Angst, den Faden zu verlieren und einen Blackout zu haben."
- „Ich sage besser nichts, sonst könnte ich mich vor der ganzen Gruppe blamieren."
- „Ich habe Angst, von den erfahrenen Kollegen nicht ernst genommen zu werden."
- „Ich sehe heute wieder unmöglich aus und dazu noch mein schrecklicher Dialekt!"

In meinen Seminaren bestätigt sich immer wieder die These, dass sich diese und ähnliche Gedanken umso eher und extremer einstellen, je stärker die Teilnehmer mit Ängsten beim Argumentieren zu kämpfen haben.

Inwieweit kommen Ihnen negative „innere Dialoge" in den Sinn, wenn Sie an konkrete dialektische Herausforderungen Ihres Alltags denken, zum Beispiel an eine Diskussion mit einem Entscheidungsgremium, eine schwierige Preisverhandlung beim Kunden oder etwa an die Abwehr eines persönlichen Angriffs?

Wer sich von den erwähnten einschränkenden Glaubenssätzen beherrschen lässt, macht sich selbst klein und verliert an Souveränität. Er verkrampft, agiert ängstlich und wird eine Disputation als stressig erleben. Und weil sich Ängste und Selbstzweifel in Haltung, Gestik und Mimik zeigen, signalisiert er dem Gesprächspartner auch durch seine Körpersprache, dass er sich unterlegen fühlt.

Glücklicherweise ist eine negative Selbsteinstellung kein Naturgesetz. Wir haben die Chance, in einem Lernprozess und durch gleichgerichtetes Handeln eine positive Grundhaltung und ein positives Selbstkonzept zu entwickeln: Dies kann damit beginnen, dass Sie ein negatives Skript durch ein motivierendes, positives Denkmuster ersetzen, das dann dem konkreten Handeln zugutekommt. Suchen Sie sich ein Motto oder eine Formulierung, die zu Ihnen passt und von der ein motivierender, auf Agieren gerichteter positiver Schub ausgeht. Beispielsweise:

- „Ich genieße entspannt meinen Auftritt."
- „Ich habe Freude daran, in Diskussionen meine Dialektik weiterzuentwickeln."
- „Ich übernehme Verantwortung für meine Ideen und für mein Handeln."
- „Ich bin gut – daran besteht kein Zweifel."
- „Ich bin o.k. – meine Meinung ist wichtig."
- „Ich mache mit Begeisterung neue Erfahrungen."

Derartige unterstützende Glaubenssätze helfen uns dabei, unsere Wünsche und Ziele zu erreichen. Dazu gehören auch Sätze wie: „Ich werde das Beste herausholen."; „Wer nicht wagt, der nicht gewinnt."; „Wer nicht kämpft, hat schon verloren."; „Sei aktiv und tu was." Einschränkende Glaubenssätze hindern uns an der Erfüllung unserer Wünsche und Ziele.

Welches Motto, welche „inneren Dialoge" favorisieren Sie, um erfolgsmotiviertes, kraftvolles Handeln zu begünstigen? Die lernpsychologischen Ratschläge in Kapitel 16 helfen Ihnen, sich das neue Skript einzuprägen und dauerhaft zu behalten.

Praxistipps
Entwickeln Sie eine positive Meinung von sich selbst. Akzeptieren Sie zunächst Ihre Stärken und Schwächen und versuchen Sie dann schrittweise, die eigenen Stärken auszubauen und die Schwachstellen zu überwinden. Wenn Sie sich selbst nicht akzeptieren, können Sie nicht erwarten, dass andere Sie annehmen! Nur ein Mensch, der Selbstvertrauen hat, kann das Vertrauen anderer erwerben.

Machen Sie sich von Zeit zu Zeit bewusst, was Ihre besonderen Stärken sind, worauf Sie stolz sind und worauf Sie bauen können, wenn Sie Ihre „Bühnen" betreten. Solche Ermutiger können sehr unterschiedliche Faktoren sein, zum Beispiel:

- Ihr Beruf, Ihre Karriere und Ihre Fachkompetenz,
- Ihre Fähigkeit, zu motivieren und für Ideen zu begeistern,
- Ihre Fähigkeit, komplexe Zusammenhänge verständlich darzustellen,
- Ihre Studienabschlüsse,
- Erfolgsgeschichten und Aufgaben, die Sie mit Bravour gemeistert haben,
- Ihre kommunikativen Fähigkeiten wie Empathie, zuhören können, Kontaktfähigkeit,
- Ihr sicheres Auftreten, Ihr rhetorisches Können, Ihre Stimme,
- Ihre Fähigkeit, rasch auf den Punkt zu kommen,
- Ihre körperliche Fitness und Ihr Aussehen,
- Ihre Familie und Ihr Freundeskreis,
- positives Feedback des Chefs und anderer Führungskräfte,
- Ihr Eigenheim, Ihre finanzielle Situation und andere materielle Faktoren.

Vermeiden Sie es, sich immer nur Ihre Minuspunkte und das, was schiefgehen könnte, vor Augen zu halten. Es gibt so etwas wie eine sich selbst erfüllende Prophezeiung: Wer sein Gehirn nur mit dem beschäftigt, was alles schiefgehen könnte, provoziert leicht Misserfolg. Daher der Rat, an ein Gelingen zu glauben und dies durch inneres positives Sprechen zu verstärken.

Je mehr Selbstakzeptanz Sie aufbauen, umso weniger Angst werden Sie in der Kommunikation empfinden. Dazu gehört auch, sich mit der eigenen Stimme und Körpersprache anzufreunden. In meinen Seminaren zeigt sich immer wieder, dass sich Angst und Selbstablehnung wechselseitig bedingen. Je mehr ein Teilnehmer glaubt, die Art und Weise seines Sprechens und Argumentierens sei ungenügend und schwach, umso mehr Angst wird er vor einem Wortbeitrag haben. Trainieren Sie daher, so oft es geht, mit einem Aufzeichnungsgerät und freunden Sie sich schrittweise mit Ihrem persönlichen Sprechstil sowie Ihrer Gestik und Mimik an. Das heißt nicht, auf Selbstkritik zu verzichten. Nur: Es ist wichtig, sich über die eigenen Stärken zu freuen und gleichzeitig Lernziele zur Verhaltensverbesserung zu formulieren (siehe hierzu Kapitel 16).

Die Empfehlungen zu mehr Gelassenheit und Selbstsicherheit in der Kommunikation lassen sich auf diesen Kernsatz bringen:

Richten Sie Ihre Aufmerksamkeit stärker auf die Qualität der Sachargumente, auf Ihre Freude am Sprechen und auf Ihre Gesprächspartner und nicht so sehr auf die Wirkung der eigenen Persönlichkeit!

2 Positive Einstellung zum Thema

Ähnlich wie bei den inneren Dialogen zur eigenen Person gibt es auch bei Ihrer Einstellung zum Sachthema Gedanken, die Ihr Selbstvertrauen hemmen und Ängste erzeugen. Beispielsweise:

- „Ich bin in dem Thema gar nicht kompetent."
- „Ich habe viel zu wenig Zeit für die Vorbereitung gehabt."
- „Meine Argumente sind zu dünn."
- „Die erfahrenen Manager wollen nur meine Schwachstellen und Defizite aufdecken."
- „Ich will mich mit meinem Halbwissen nicht blamieren."

Zunächst kann man einen großen Teil dieser Befürchtungen durch eine sorgfältige Vorbereitung (siehe nächstes Kapitel) abbauen: Strukturierte Vorüberlegungen tragen wesentlich zur inneren Sicherheit bei, um sich in Rede und Gegenrede zu behaupten und mit Einwänden, Kritik und unfairen Attacken souverän umzugehen. Eine Reihe von Tipps und Techniken stehen ergänzend zur Verfügung, um mit überraschenden Fragen und Stegreif-Beiträgen auch dann zurechtzukommen, wenn die Informationsdecke dünn ist.

Wenn Sie argumentieren, sollte Ihr Gegenüber spüren, dass Sie sich mit dem Thema identifizieren und dass Sie von Ihren Ideen und Lösungsvorschlägen überzeugt sind. Wenn Sie selbst nicht hinter Ihren Ideen und Argumenten stehen, können Sie nicht erwarten, dass Ihr Partner Ihre Ausführungen akzeptiert. Wer Überzeugungsarbeit zu leisten hat, sollte daher von Zeit zu Zeit überprüfen, inwieweit er eine positive Einstellung zu seinem Unternehmen, seinem Verantwortungsbereich und seinen Arbeitsergebnissen hat. Im Kundenkontakt erhöht man die Chancen in der Überzeugungsarbeit, wenn der Partner spürt, dass man auf die eigenen Produkte und Dienstleistungen aus guten Gründen stolz ist.

Vergessen Sie nicht, Ihre Argumente durch Ihre eigenen Erfahrungen, Beispiele, Untersuchungen und Referenzprojekte anzureichern. Geben Sie also viel von sich selbst in die Beweisführung. Sie haben größere Überzeugungswirkung und Souveränität, wenn Sie nicht aus zweiter Hand argumentieren, also mit Daten, Zahlen und Fakten aus fremden Quellen, die mit Ihnen persönlich wenig zu tun haben. Sie hinterlassen beim Zuhörer den stärksten Eindruck, wenn Sie Erfahrungen aus erster Hand, also persönliche Gedanken und Bewertungen einbringen.

Praxisbeispiel
In meinen Seminaren erlebe ich oft, dass erfahrene Manager, Ingenieure oder andere Fachexperten in der beruflichen Überzeugungsarbeit zu einer sehr abstrakt-rationalen Argumentation neigen. Die Inhalte werden dann fast gleichgültig und mit wenig Enthusiasmus vorgetragen. Die Videokontrollen machen die Betroffenen häufig sehr nachdenklich.

Wie ausgewechselt ist oft die persönliche Wirkung *derselben* Teilnehmer, wenn sie über ein Thema sprechen, das sie selbst begeistert! Dies kann zum Beispiel ein persönliches Steckenpferd, ein Reiseland, ein Hobby, eine Vision, eine neue Technologie oder etwas anderes sein. Es ist hoch interessant und lehrreich zu sehen, wie sich Gestik, Mimik und Persönlichkeit aufhellen, wie Dynamik und Modulation in die Stimme kommen. Gerade für technisch und eher sachlich orientierte Menschen bringt es einen hohen Lernertrag, die eigene Körpersprache und Stimme gerade dann auf Video zu erleben, wenn sie etwas vorstellen, wovon Sie selbst begeistert sind. Sie werden erstaunt sein, wenn Sie diese Übung im privaten Alltag mit Ihrem Partner, Freunden oder Bekannten machen.

3 Positive Einstellung zum Gegenüber

Zeigen Sie durch Ihr Auftreten und Ihre rhetorische Darstellung, dass die Beziehung zum Gegenüber auf gleicher Augenhöhe stattfindet. Positiv ist grundsätzlich ein partnerschaftliches, wertschätzendes Miteinander. Wenn ich mich a) „mental" klein und das Auditorium groß mache, dann ist das ebenso ungünstig, als wenn ich mich b) groß (dominant) und die Zuhörer klein mache. Korrespondierende „innere Dialoge", die im ersten Fall Unterlegenheits-, im zweiten Fall Überlegenheitsgefühle auslösen, sind etwa:

zu a)

- „Es wartet eine gemischte Raubtiergruppe auf mich."
- „Mein Gegenüber hat nur ein Ziel: mich schlecht aussehen zu lassen."
- „Meine Zuhörer sind mir fachlich haushoch überlegen."
- „Meine Zuhörer lauern nur darauf, meine Achillesferse zu finden."
- „Meine Zuhörer haben mein Schicksal in ihren Händen."

zu b)

- „Meine Zuhörer haben doch keine Ahnung."
- „Da sitzen wieder diese Analphabeten vor mir."
- „Die Zuhörer haben alle eine weitaus schlechtere Ausbildung als ich."
- „Ob die Zuhörer meiner Präsentation folgen können, möchte ich stark bezweifeln."

Bei der Situation a) fühle ich mich unterlegen. Konsequenz: Ich werde die Zuhörer als Bedrohung erleben. In diesem Falle ist die Gefahr groß, dass ich mir in Diskussionen den Schneid abkaufen lasse und in eine reagierende, passive Rolle gerate.

Die Situation b) bringt die Gefahr mit sich, dass ich dominant und überlegen wirke. Konsequenz: Mein Sympathiewert sinkt, die Zuschauer fühlen sich unterlegen und sperren sich. Dies ist eine denkbar ungünstige Situation, um Menschen für die eigene Position zu gewinnen.

Sie schaffen die beste Basis für Ihre Überzeugungsarbeit und für den Abbau von Lampenfieber, wenn Sie positiv über Ihren Partner denken, aber gleichzeitig auf der Hut sind, um subtile Spielarten erkennen zu können. Der zentrale Gedanke des Harvard-Konzepts (siehe Kapitel 12) bietet eine gute Basis dafür, dass Ihr Gegenüber Sie stark und selbstsicher und nicht schwach und unsicher wahrnimmt:

Der zentrale Gedanke des Harvard-Konzepts
Verknüpfe eine kooperative Grundhaltung mit Konsequenz in der Sache.

4 Mentales Training

Vor besonders stressigen Situationen kann ein Mentaltraining zu selbstsicherem und erfolgsmotiviertem Auftreten hilfreich sein. Als wirkungsvoll haben sich diese Wege herausgestellt:

Simulation der Stress-Situation

Hierbei geht es darum, besonders „kritische" Punkte des Auftritts gedanklich durchzuspielen (zu simulieren). Vor einer Diskussionsrunde könnten Sie sich beispielsweise innerlich (mit geschlossenen Augen) vorstellen,

- was Ihre Kernbotschaften und Ihre anschaulichen Beispiele sind (als „Inseln im Wasser"),
- wie Sie diese überzeugend (verbal und nonverbal) Ihrem Gegenüber darlegen,
- wie Sie auf sachliche Einwände reagieren,
- wie Sie mit persönlichen Angriffen und anderen unfairen Taktiken umgehen.

Die Erfahrung zeigt, dass es leichter fällt, bestimmte Vorsätze umzusetzen, wenn sie das erwünschte Verhalten möglichst oft simulieren. Dabei ist der Effekt größer, wenn Sie die innere Visualisierung an eine Entspannungsphase (beruhigende Musik, Autogenes Training, Spaziergang im Grünen o.Ä.) anschließen. Diese Form des gedanklichen Probehandelns wird seit Jahren mit Erfolg im Hochleistungssport eingesetzt, beispielsweise beim alpinen Ski, beim Rodeln im Eiskanal oder in der Leichtathletik beim Hochsprung. Spitzensportler bestätigen, dass komplexe Handlungsabläufe mit Hilfe des Mentaltrainings schneller erlernt oder vervollkommnet werden können.

Visualisierung Ihres rhetorischen Leitbildes

Entwerfen Sie mit Hilfe Ihrer Vorstellungskraft das überzeugendste rhetorische Leitbild von sich selbst: So möchte ich vor die Gruppe treten bzw. so möchte ich „rüberkommen", wenn ich vor Kunden präsentiere oder wenn ich mich gegen einen schwierigen Gesprächspartner behaupten muss. Sie stellen sich also via „Kopfkino" vor, wie Sie überzeugend auftreten und sprechen. Sie koppeln damit die Vorstellung, dass es Ihnen Freude und Lust bereitet, die „Bühne" zu betreten und mit Engagement und Begeisterung die Inhalte darzustellen. Halten Sie Ihr rhetorisches Leitbild fest und definieren Sie kleine Lernschritte, um sich diesem Bild anzunähern.

Eigene Erfolgserlebnisse bewusst machen

Das Ziel dieser Technik besteht darin, in einen „Zustand der besten persönlichen Ressourcen" zu gelangen. Dieser lässt sich mit den Eigenschaften *energiegeladen, erfolgsmotiviert, kraftvoll* und *selbstsicher* kennzeichnen. Dieser Zustand kann auch als freies Fließen der Energien interpretiert werden und wird daher als „Flow" bezeichnet (siehe zum Beispiel Csikszentmihalyi 2010). Hierbei versetzen Sie sich mit geschlossenen Augen in konkrete Situationen zurück, die Ihnen besonders gut gelungen sind, zum Beispiel bestimmte Verhandlungen oder Gespräche, Präsentationen oder Diskussionsrunden bis hin zu Hörfunk- oder Fernsehinterviews mit sehr guter Resonanz. Sie stellen sich plastisch-anschaulich vor, wie Sie sich in der betreffenden Situation gefühlt und wie Sie körpersprachlich und stimmlich gewirkt haben.

Die Hypothese: Wenn Sie sich eine Weile persönliche Erfolgserlebnisse bewusst machen, gehen Sie mit mehr Ausstrahlung und Zuversicht in die anstehende Argumentation, als wenn Sie sich von negativen, misserfolgsorientierten Gedanken dominieren lassen.

Stress abwehren durch einen virtuellen Schutzschild

Wer zu schnell auf Reizthemen und auf emotionale Angriffe anspringt, ist in der Regel taktisch im Nachteil. Er kann emotionalisiert werden, gerät aus dem Gleichgewicht und verliert die Kontrolle über die Situation. Streitgespräche im beruflichen wie privaten Alltag belegen immer wieder, dass oft ein kleiner Anlass – vielleicht eine ironische Bemerkung, eine Killerphrase oder ein Reizthema – ausreicht, um das besagte Fass zum Überlaufen zu bringen.

Wer Gelassenheit und Souveränität anstrebt, muss nach Wegen suchen, um die unfairen Angriffe der Umwelt nicht an sich herankommen zu lassen. Hilfreich ist es hierbei, einen virtuellen (mentalen) Schutzschild in Form räumlicher Distanz von etwa einer Armlänge um sich herum aufzubauen. Hinter diesem „persönlichen Airbag" (Berckhan 2001) sind Sie gut geschützt. Die Stimmungen und Angriffe anderer treffen Sie weniger. Sie haben einen persönlichen Raum, in dem Sie gelassener, freundlicher und sicherer agieren können.

Ein Schutzschild wirkt wie ein psychologischer Puffer, der es Ihnen gestattet, überlegt zu reagieren. Sie schotten sich ab nach dem Motto: Ich werde mir mein Nervensystem von dem Aggressor nicht beschädigen und mich nicht zu unüberlegten Reaktionen provozieren lassen. Ich werde nicht zulassen, dass mir eine unsachlich agierende Person meine Energie raubt und mir eine negative Stimmung aufdrängt.

Details hierzu finden Sie im 4. Kapitel.

5 Innere Unruhe akzeptieren

Lampenfieber ist – in bestimmten Grenzen – durchaus erwünscht, um die notwendige Energie und Leistungsbereitschaft zu aktivieren. Das weiß jeder Leistungssportler, jeder Schauspieler vor einer Premiere, jeder Moderator vor einer Livesendung im Fernsehen, jeder Redner vor einer wichtigen Debatte. Nur wer innerlich „aufgeladen" ist, besitzt die entsprechende Dynamik und das Durchhaltevermögen für die dialektische Herausforderung.

Kämpfen Sie nicht gegen Ihre innere Anspannung und Ihr Lampenfieber. Körperliche Reaktionen wie Herzklopfen und feuchte Hände signalisieren Ihnen, dass Ihr gesamter Organismus mitspielt und die notwendigen Energien bereitstellt. Registrieren Sie diese Anspannung als etwas Positives und freuen Sie sich darüber.

US-Talkmaster Dick Cavett bekennt, dass er vor jeder Fernsehsendung nervös ist. Einmal mehr, einmal weniger. Sein Rat: Nehmen Sie Lampenfieber nicht so tragisch! Es dringt weniger nach außen, als Sie denken. „Sie sollten einfach wissen: Von dem, was Sie fühlen, sieht der Zuschauer nur ein Achtel. – Wenn Sie innerlich ein bisschen nervös sind, sieht das kein Mensch. – Wenn Sie innerlich sehr nervös sind, sehen Sie nach außen ein bisschen nervös aus. – Und wenn Sie innerlich total außer Kontrolle geraten sind, wirken Sie vielleicht ein wenig bekümmert. Nach außen dringt alles weit weniger krass, als Sie es selbst empfinden. Jeder, der in einer Talkshow erscheint, sollte sich selbst daran erinnern: Das, was er tut, sieht besser aus, als er es empfindet … Ihre Nerven mögen Ihnen tausend Elektroschocks verpassen, der Zuschauer sieht bloß ein paar Zuckungen."

6 Ängste überwinden durch Üben und Handeln

„Keine Kunst ohne Übung" lautet eine Volksweisheit. Dies gilt für die Kunst des Skifahrens, für die Kunst des Tanzens, für die Kunst des Schauspielens genauso wie für die Redekunst oder die Kunst des Argumentierens. Jede Gelegenheit im Alltag ist hierbei die beste Gelegenheit, um zu üben. In Stress-Situationen zu agieren fällt dabei leichter, wenn Sie das Know-how für schwierige Situationen verfügbar haben. Durch ein breites dialektisches Verhaltensrepertoire können Sie einen Großteil der Ängste abbauen. Denn Sie wissen, dass Sie für den Umgang mit kritischen Fragen, sachbezogenen Einwänden sowie offenen und verdeckten unfairen Spielarten gewappnet sind. Meine Erfahrungen in Seminaren und Coachings zeigen, dass Sie mit den Empfehlungen dieses Buches fast alle argumentativen Stress-Situationen besser in den Griff bekommen. Immer vorausgesetzt, Sie sind durch Übung und Training in der Lage, die relevanten dialektischen Techniken auch anzuwenden.

Die Anwendung der Empfehlungen fällt erfahrungsgemäß denjenigen schwer, die sich selbst unter den Druck setzen, alles perfekt machen zu wollen, die Angst vor Versprechern und vor unfairen Angreifern haben. Folgende spezielle Tipps sind geeignet, diese Ängste abzubauen:

Kein Perfektionismus

Wenn Sie ein zu hohes Anspruchsniveau an Ihre Argumentationsfähigkeit haben, führt dies in vielen Fällen zur geistigen Blockade. Bedenken Sie stets, dass Ihre Gesprächspartner im beruflichen Umfeld ebenfalls nur Menschen sind, die kleine Schwächen beim Sprechen verzeihen. Immer vorausgesetzt, Sie haben zu dem betreffenden Thema etwas zu sagen und Sie stehen selbst auch hinter Ihren Argumenten. Alles, was zu glatt und stromlinienförmig wirkt, kann zu Ablehnung führen und mindert Ihren Sympathiewert. Wenn Sie einmal den roten Faden verlieren oder andere Schwierigkeiten auftreten, sind Lächeln und Humor die beste Überlebensstrategie. Versprecher sind kleine „Menschlichkeiten" und können jedem passieren. Wichtig ist, dass Sie hinter dem stehen, was Sie sagen, dass Sie verständlich sprechen und dass Sie kompetent und natürlich wirken.

Beachten Sie auch, dass Sie durch Ihre Vorbereitung und durch Übungen die Wahrscheinlichkeit einer Verlegenheitspause minimieren können. Im Hinblick auf das Lernziel Gelassenheit ist es wichtig, den eigenen Fokus auf die inhaltliche Argumentation zu lenken. Verweilen Sie bei Ihren „kritischen Selbstgesprächen" nicht zu lang bei einem Versprecher oder einer Verlegenheitspause. Sprechen Sie einfach weiter. Dabei helfen diese Empfehlungen:

- Nehmen Sie den letzten Gedanken noch einmal auf.
- Fassen Sie die Quintessenz des bisher Gesagten zusammen.
- Stellen Sie einem Gesprächspartner eine Frage.
- Gehen Sie zum nächsten Punkt über. Sagen Sie, dass Sie im späteren Verlauf der Diskussion auf den betreffenden Gedanken noch einmal zurückkommen.
- Häufig helfen Floskeln weiter wie: „Lassen Sie es mich anders formulieren ..."; „Besser ausgedrückt ..."; „Mit anderen Worten ..."

Betrachten Sie den Angreifer als „Trainer"

Dies setzt voraus, dass Sie Ihre Wahrnehmungsperspektive verändern. Bei Verbalattacken können Sie den erlebten Stress dadurch abbauen, dass Sie den Angriff als Trainingschance für sich umdeuten („reframing"). Zugespitzt lautet das Motto hierzu: Der schärfste Kritiker und Eristiker ist für mich der beste Trainer, weil er mir zum Nulltarif die

Gelegenheit bietet, die Abwehr unsachlicher Einwände und boshafter Angriffe zu üben.

Die bisher genannten Praxistipps helfen Ihnen, in schwierigen Kommunikationssituationen gelassen zu bleiben. Der folgende Exkurs vermittelt übergreifende Empfehlungen, um zu einer durchgängig gelassenen Grundhaltung zu kommen und dadurch mit Stress-Situationen in allen Lebensbereichen besser zurechtzukommen.

7 Exkurs: Gelassenheit durch Stress-Management – Tipps aus ganzheitlicher Sicht

Lernen Sie, sinnvoll mit Ihren begrenzten Kräften umzugehen. Wer hart arbeitet, sollte seine Freiräume verteidigen und sich Pausen gönnen. Jeder braucht Phasen der Entspannung und der Regeneration, um in schwierigen Situationen gelassen und ruhig agieren zu können. Entwickeln Sie starke Antennen für schwache Stress-Signale, die Ihnen Ihr Körper mitteilt. In fast jeder körperlichen und seelischen Verspannung und Erkrankung liegt eine Bedeutung. Entwickeln Sie Ihr individuelles Programm, um den Alltagsstress zu reduzieren und das innere Gleichgewicht wiederherzustellen. Lassen Sie sich dabei von den folgenden Regeln und Praxistipps inspirieren (vgl. Linneweh 2010):

- Entspannen Sie sich bewusst
  Planen Sie täglich Zeiten bewusster Entspannung ein. Pausen und Mittagszeiten sollten genauso wie Wochenenden und Urlaub der „Problementfernung" dienen. Finden Sie heraus, was Ihnen in der Freizeit Spaß macht – aktiv oder passiv: Sport, Gartenarbeit, Sauna, Treffen mit Freunden, Musik oder Lesen sind nur einige Möglichkeiten. Sie können Gelassenheit auch gezielt durch Entspannungstechniken wie Autogenes Training, Progressive Muskelentspannung oder mit Meditation und Yoga üben. Wer diese Techniken nutzen möchte, sollte eine fachkundige Anleitung mit der Möglichkeit regelmäßiger Supervisionsgespräche in Anspruch nehmen. Zur Veranschaulichung wird am Ende des Kapitels der Grundgedanke einer Meditationsübung dargestellt.

- Treiben Sie regelmäßig Sport
  Körperlicher Stress-Abbau wird durch sportliches Training erreicht. Wählen Sie eine Sportart, die Ihnen Spaß macht und die Ihrem Fit-

nesszustand entgegenkommt. Zum Beispiel: Laufen, Powerwalking, Schwimmen oder Radfahren. Wichtig ist regelmäßiges Training: Sportmediziner empfehlen mindestens 30 Minuten pro Tag, und zwar möglichst zu festen Zeiten, damit es zu einer guten Gewohnheit werden kann.

- Organisieren Sie Ihre Arbeit effizient
  Agieren Sie, statt zu reagieren! Optimieren Sie Ihr Zeit- und Selbstmanagement. Arbeitsmenge und Terminplan sollten gut ausgewogen und herausfordernd sein. Wer dauernden Zeitdruck erlebt, ist gut beraten, vorausschauend zu planen, weniger wichtige Dinge zu delegieren, Zeitpuffer zu bedenken und auf Ordnung am Arbeitsplatz zu achten.

- Planen Sie Ruhe- und Rückzugszonen ein
  Stress entsteht auch, weil die notwendige Distanz zu Aufgaben, zu Menschen und zu sich selbst verloren geht. Entziehen Sie sich einmal in der Woche allen Anforderungen. Die unterschiedlichen Rollenerwartungen verhindern sonst eine eigene Standortbestimmung als Voraussetzung zur Stress-Bewältigung.

- Kommunizieren Sie partnerschaftlich und sachgerecht
  Für das eigene Nervensystem ist es förderlich, wenn Sie in Gesprächen und Diskussionen durchgängig wertschätzend und sachlich bleiben. Dazu gehört es, Fairness walten zu lassen, anderen Standpunkten und Argumenten mit Respekt zu begegnen, mehr zuzuhören und unfaire Angriffe so aufzufangen, dass der Dialog aufrechterhalten bleibt. Die Empfehlungen dieses Buches unterstützen Sie hierbei.

- Geben Sie frühzeitig und offen Feedback
  Bei Arbeitsüberlastung hilft oft das rechtzeitige, offene Gespräch mit dem Vorgesetzten. Dem Chef ist häufig gar nicht bekannt, wo Grenzen Ihrer Belastbarkeit liegen und wie Sie Menge und Anspruchsniveau Ihrer Arbeit sowie sein Führungsverhalten einschätzen. Durch offenes Feedback (siehe auch Kapitel 16) zeigen Sie zudem Verantwortungsbewusstsein: Sie übernehmen nicht mehr Aufgaben, als Sie tatsächlich mit der nötigen Sorgfalt bewältigen können.

- Reduzieren Sie Stress durch Freude und Erfolgserlebnisse
  Lernen Sie, sich wieder zu freuen! Verschaffen Sie sich positive Erlebnisse. Viele haben verlernt, sich zu freuen und alltägliche Dinge wie auch berufliche Erfolge zu genießen. Es gibt viele Annehmlichkeiten des täglichen Lebens, über die man sich freuen kann. Positive Erlebnisse erhöhen die Stress-Toleranz. Versuchen Sie, wenigstens einmal am Tag Freude zu empfinden.

Ergänzende Hinweise für die Bewältigung von Stress-Situationen:

- Sprechen Sie mit Menschen Ihres Vertrauens über Ärger und Stress.
- Nutzen Sie die Chance, negativen Erfahrungen etwas Positives abzugewinnen. So können Sie beispielsweise ein heftiges Streitgespräch als Lernquelle umdeuten.
- Gehen Sie Menschen aus dem Weg, die vorrangig nörgeln, negativ denken und permanent Unzufriedenheit signalisieren.
- Lernen Sie, Nein zu sagen, wenn Sie an der Grenze Ihrer Belastbarkeit angelangt sind.
- Formulieren Sie realistische Ziele und Ansprüche an sich selbst. Wenn Sie sich auf Dauer zu viel zumuten, ist eine Stress-Reaktionen programmiert.
- Schaffen Sie sich eine förderliche, emotional ansprechende Arbeitsumgebung.
- Vermeiden Sie übertriebenen Ehrgeiz und Ziele mit einem unrealistisch hohen Anspruchsniveau.

Abschließend soll der Grundgedanke einer Meditationsübung dargestellt werden, die darauf zielt, Distanz zu den störenden (Stress verursachenden) Gedanken des Alltags aufzubauen und zu sich selbst zu kommen.

1. Suchen Sie einen „Ort der Stille" zu möglichst festen Tageszeiten auf und nehmen Sie die vorgeschriebene Haltung ein (das aufrechte Sitzen auf einem Stuhl reicht beim ZEN völlig aus).
2. Sie bleiben körperlich völlig unbewegt und richten die Aufmerksamkeit während der gesamten (z.B. zehnminütigen) Übungszeit auf *einen* Konzentrationsgegenstand. Dies kann zum Beispiel der eigene Atemrhythmus, ein Klanglaut („Mantra", etwa der Laut „om"), eine vorgestellte weiße Fläche oder ein konkreter Gegenstand in der Außenwelt (z.B. eine Rose) sein.

3. Während Sie die Aufmerksamkeit etwa auf Ihren Atemrhythmus lenken und ausschließlich dabei verweilen, schenken Sie allen spontan auftretenden Gedanken, Bildern und Phantasien keine Beachtung. Lassen Sie diese „wie Wolken vorbeiziehen", sozusagen als teilnehmender Beobachter.
4. Der Meditierende erfährt durch regelmäßiges Üben, dass er Stress auslösende Gedanken hinter sich lassen kann.

Neben den speziellen und übergreifenden Ansatzpunkten zur Stress-Reduktion trägt eine zielgerichtete Vorbereitung dazu bei, mit schwierigen Situationen besser zurechtzukommen und eine kundengerechte Argumentationsstrategie zu entwickeln. Wie Sie dabei vorgehen, erfahren Sie im nächsten Kapitel.

2 Zielgerechte Vorbereitung – Für die Stress-Prävention unverzichtbar

Dieses Kapitel bietet Praxishilfen für folgende Fragen:

Dialektisches Können und Überzeugungstechniken allein reichen nicht aus, um zu überzeugen; hinzukommen muss die gewissenhafte Vorbereitung auf das Thema: Ihre sorgfältigen Vorüberlegungen erleichtern es Ihnen, das eigene Urteil gut zu begründen und Gegenargumente und Einwände rasch einzuordnen und wirksam zu beantworten. Sicherheit in der Sache schafft zudem mehr Spielraum für schlagfertige Antworten und mehr innere Sicherheit in schwierigen Situationen.

Hinweis

Um nicht für jede Überzeugungssituation die jeweilige Vorbereitung beschreiben zu müssen, sind in diesem Baustein die Gemeinsamkeiten des Vorbereitens auf Überzeugungssituationen dargestellt. In den Kapiteln 10 bis 14 werden lediglich die Besonderheiten der jeweiligen Anwendungssituation (Gespräche, Besprechungen usw.) beschrieben, wodurch Doppelungen vermieden werden.

Im Folgenden erhalten Sie detaillierte Orientierungshilfen auf die Frage, wie Sie sich auf das betreffende Thema zielwirksam vorbereiten können. Hierbei steht der rationale Aspekt der Argumentation, die Sachebene, im Vordergrund.

Bei der Vorbereitung geht es darum, zu einer „maßgeschneiderten" Überzeugungsstrategie für die betreffende Anwendungssituation zu kommen. Bewährt hat sich ein mehrstufiges Vorgehen, wie es in der Übersicht dargestellt ist:

Phasen der Vorbereitung

1. Ziele bestimmen
2. Partner und Situation analysieren
3. Spektrumanalyse
4. Argumente sammeln
5. Argumente gewichten und optimieren
6. Einwände sammeln – Reaktionen durchdenken
7. Vorgehensweise konkret planen

1 Ziele bestimmen

Hierbei legen Sie fest, was Sie in der jeweiligen Kommunikationssituation erreichen wollen. Es ist zweckmäßig, zwischen Sach- und Beziehungszielen zu unterscheiden.

Beispiele für Sachziele:
- Problembewusstsein schaffen
- Kernargumente darstellen
- Akzeptanz schaffen
- Meinungsbild in Erfahrung bringen
- sachliche Einwände behandeln
- Kompromiss herbeiführen
- Entscheidungen herbeiführen

Da es in allen Überzeugungssituationen zahlreiche Unwägbarkeiten gibt, ist es ratsam, die eigene Flexibilität beim Argumentieren zu erhöhen. Dies können Sie beispielsweise dadurch erreichen,

- dass Sie ein Minimalziel (Was will ich mindestens erreichen?) und ein Maximalziel (Was will ich maximal erreichen?) definieren;
- dass Sie Teilzugeständnisse von vornherein einplanen – die Maxime des Harvard-Konzepts „Weg von 100-Prozent-Positionen hin zu beweglichen Interessen" ist hierbei ein nützlicher Grundsatz;
- dass Sie im Hinblick auf schwierige Gesprächssituationen auch präventiv geeignete Argumentationsstrategien einplanen.

Neben diesen sachlichen Zielen geht es vor allem um die Frage, wie Sie Ihre Argumente, Ihr Produkt und Ihr Unternehmen durch Ihr Auftreten, Ihr Kommunikationsverhalten und durch Ihre Darstellung aufwerten können. In diesem Zusammenhang spielt das „Beziehungsmanagement" eine große Rolle: In konfliktträchtigen Stress-Situationen kommt es darauf an, unfaire Angriffe zu stoppen und das Gesprächsklima so zu beeinflussen, dass der Dialog aufrechterhalten bleibt.

Beispiele für Beziehungsziele:
- Glaubwürdigkeit und Vertrauen aufbauen
- Dialogfähigkeit zeigen
- eigene Erfolge und Leistungen positiv darstellen
- Beziehung zu Schlüsselpersonen entwickeln
- Image des eigenen Unternehmens steigern

2 Partner und Situation analysieren

Wer überzeugend argumentieren will, muss die gesamte Strategie an der „Welt" des Gegenübers ausrichten. Es geht darum, den Partner „dort abzuholen, wo er steht": bei seinen Erwartungen und Wünschen, bei seiner fachlichen Spezialisierung wie auch bei seinen Einstellungen, Interessen und Entscheidungskriterien. Es reicht nicht aus, wenn die Argumentation Ihren eigenen Maßstäben genügt. Wichtiger ist, dass sie dem Partner überzeugend erscheint.

Die folgenden Fragen erleichtern Ihnen die Vorbereitung auf schwierige Partner in Gesprächen und Verhandlungen. Teile dieses Fragenkatalogs sind auch auf die übrigen Kommunikationssituationen übertragbar.

Hinweis
Nutzen Sie für Ihre Vorbereitung auf konkrete Kommunikationssituationen die speziellen Tipps der Kapitel 10 bis 14.

Fragenkatalog zur Analyse schwieriger Partner

Wer ist mein Gegenüber?
- Welche berufliche Stellung, welche hierarchische Position nimmt er ein?
- Für welches Ressort ist er verantwortlich?
- Welche Kompetenzen und Zuständigkeiten hat er?
- Wie ist seine Beziehung zu Vorgesetzten, Schlüsselpersonen und informellen Führern?
- Welche Machtposition hat er (vermutlich) in seinem Bereich/im Unternehmen?
- Was ist hinsichtlich seines privaten Umfeldes bekannt?
  - Freunde, Bekannte, familiärer Hintergrund
  - Hobbys, Interessen, Vorlieben

In welcher Situation befindet sich mein Gegenüber?
- Welche Ziele, Interessen und Erwartungen könnte mein Gegenüber haben?
- Was ist über den Gesprächspartner bekannt hinsichtlich:
  - seiner Position und der damit verbundenen Interessen?
  - seiner Probleme und Schwierigkeiten in seinem Bereich?
  - seiner Entscheidungskriterien?
  - möglicher Kompromisslinien?
- Welche Erwartungen hat er (vermutlich) an das Gespräch bzw. die Verhandlung?
- Welche gemeinsamen Interessen mit ihm kann ich nutzen?
- Falls Sie einen Lösungsvorschlag bringen:
  - Inwieweit stiftet dieser einen Nutzen für seinen Bereich?
  - Inwieweit könnte dieser zu Einwänden und Widerständen führen?

Welche Einstellungen und dialektische Besonderheiten hat mein Gegenüber?
- Wie steht er vermutlich zu dem Sachthema?
- Mit welchen Einwänden und mit welcher Kritik muss ich rechnen?
  - sachliche Einwände, kritische Fragen
  - unsachliche Spielarten
- Was weiß ich über seinen Gesprächsstil?
- Inwieweit neigt er zu unfairen Spielarten und zu Psychotricks?
- Was weiß ich über sein Verhalten in Stress-Situationen?

Wie steht der Gesprächspartner zu mir?
- Welche Emotionen werde ich vermutlich beim Gegenüber auslösen?
- Wie wird mich mein Gegenüber einschätzen?
    - gleichberechtigt
    - unterlegen
    - überlegen
- Wie verliefen die bisherigen Begegnungen?
- Welche Vorurteile könnte mein Partner mir gegenüber haben?
    - aufgrund meines Alters
    - aufgrund meiner fachlichen Spezialisierung
    - aufgrund meiner Persönlichkeit
    - aufgrund bestimmter Kontroversen in der Vergangenheit
- Wie wird sich das vermutlich in seinem verbalen und nonverbalen Verhalten äußern?
- Welche beruflichen und persönlichen Kontakte kann ich zu meiner Vorbereitung nutzen?

Falls Sie keine Gelegenheit haben, detaillierte Vorinformationen über den Gesprächspartner und insbesondere über sein dialektisches Verhalten zu sammeln, müssen Sie die Kommunikationssituation selbst zur Analyse nutzen. Stellen Sie sich auf alle Eventualitäten ein und tragen Sie bei Ihrer Überzeugungsarbeit mindestens den allgemeinen Erwartungen Rechnung, die jeder Partner an ein Gespräch hat.

Welche allgemeinen Erwartungen haben Gesprächspartner?

Jeder Gesprächspartner bringt neben speziellen (eher rationalen) Erwartungen auch allgemeine Wünsche und Erwartungen mit. Kommunikationsforscher sagen uns heute, dass Entscheidungen bis zu 80 Prozent aus emotionalen Gründen getroffen werden. Es geht also darum, in welchem Maße Sie seinen emotionalen Bedürfnissen Rechnung tragen und die Beziehung zu ihm aktiv gestalten:

- Ihr Partner möchte Anerkennung und Wertschätzung erfahren.
- Ihr Partner möchte im Streitgespräch sein Gesicht wahren können.
- Ihr Partner erwartet, dass die zu übermittelnden Informationen klar und verständlich dargeboten werden.
- Ihr Partner erwartet, dass er am Überzeugungsprozess durch Fragen, Einwände und sonstige Beiträge teilnehmen kann.
- Ihr Partner erwartet, dass Sie die vereinbarten zeitlichen und sonstigen Rahmenbedingungen beachten.

- Ihr Partner erwartet, dass Sie selbst hinter Ihrem Produkt, Ihrer Abteilung und Ihrem Unternehmen stehen.

3   Spektrumanalyse

Um keine wichtigen Gesichtspunkte zu übersehen, sollte das angesprochene Thema vor der eigentlichen Stoffsammlung nach Sachbereichen (Aspekten) aufgeschlüsselt werden, also etwa nach wirtschaftlichen, technologischen, juristischen oder anderen Kriterien. ETHOS, ein hilfreiches Instrument zur umfassenden Spektrumanalyse, hilft Ihnen dabei. Die fünf Dimensionen von ETHOS verdeutlichen, dass jedes Thema prinzipiell aus fünf verschiedenen Blickwinkeln gesehen werden kann. Diese Arbeitshilfe erleichtert es Ihnen,

- die wesentlichen Aspekte des diskutierten Themas sichtbar zu machen,
- die relevanten Informationen (Fakten, Daten, Argumente, anschauliche Beispiele, Alleinstellungsmerkmale usw.) zu sammeln und zu gliedern,
- die aus der Sicht des Gesprächspartners relevanten Inhalte auszuwählen.

Spektrumanalyse

E = Economic (Wirtschaftliche Aspekte)
T = Technical (Technische Aspekte)
H = Human (Menschliche Aspekte)
O = Organizational (organisatorische Aspekte)
S = Social (Umweltaspekte)

Erläuterung:

Economic: steht für die Sicht des Kaufmanns. Hier geht es um Bewertungsmaßstäbe wie Umsatz, Kosten, Gewinn, Deckungsbeiträge, Wirtschaftlichkeit bis hin zu Themen wie Unternehmensstrategie, Marktchancen und Wettbewerb.

Technical: repräsentiert die Perspektive des Ingenieurs und Technikers. Schaut man durch die Brille dieser Personengruppe, so stehen ingenieurwissenschaftliche Beurteilungskriterien im Vordergrund. Dazu gehören beispielsweise technische Machbarkeit, „Stand der Technik", verfahrens- oder elektrotechnische Fragen.

Human: symbolisiert die Sicht des Menschen. Diese Dimension umfasst vor allem die Perspektive der Käufer, Mitarbeiter und der übrigen Anspruchsgruppen.

Organizational: kennzeichnet die organisatorischen Aspekte der Thematik. Dazu gehört beispielsweise die Frage, was die operativen Schritte bei der Realisation der Problemlösung sind und wie mögliche Schwierigkeiten bewältigt werden können.

Social: steht für Umweltaspekte des Themas. Dazu zählen zum Beispiel ökologische und soziale Bewertungsmaßstäbe sowie politische, juristische, geografische und demografische Rahmenbedingungen.

4 Argumente sammeln

Lassen Sie sich bei der Suche nach Argumenten (= Beweismitteln) von ETHOS inspirieren. Wichtig ist, dass Ihre Argumente aus der Sicht Ihres Gegenübers tragfähig sind und vermutlich eine hohe Akzeptanz haben.

Ihre Beweismittel können Sie in den folgenden Bereichen finden:

Unternehmerische Praxis
• bestimmte Produktmerkmale
• Referenzobjekte, Erfahrungen und Kernkompetenzen
• interne Forschungsergebnisse
• betriebliche/technische/ökologische Erfordernisse

Wissenschaft und fachliche Autoritäten
• Fakten, Untersuchungen, Statistiken
• Aussagen von Experten/Wissenschaftlern
• neue Erkenntnisse auf Fachtagungen und Kongressen

Presse, Publikationen, TV-Sendungen
• Fachzeitschriften, Zeitungen
• Fachliteratur
• Fernsehbeiträge

Normen und gesellschaftliche Trends
- Normen aus Recht, Ethik und Moral
- Trends auf Messen/in der Weiterbildung
- Wertewandel und Veränderungen von Bedürfnissen
- Trends, die am Markt erkennbar sind

Für die Überzeugungsarbeit haben *Nutzenargumente* einen besonders hohen Stellenwert. Die folgenden Fragen erleichtern Ihnen deren Sammlung:

- Welchen Nutzen bietet mein Lösungsvorschlag für die Wünsche und Probleme des Partners?
- Welchen Zusatznutzen bietet der Lösungsvorschlag?
- Gibt es bei dem Vorschlag eine Unique Selling Proposition (USP)? Das heißt: Wo sind einzigartige und unverwechselbare Merkmale im Vergleich zu konkurrierenden Lösungen? Was können Sie besser als andere?
- Wie lässt sich die Nutzenargumentation durch anschauliche Beispiele, erfolgreiche Referenzprojekte, Zahlen über die Akzeptanz am Markt usw. untermauern?

5 Argumente gewichten und optimieren

Wenn die relevanten Inhalte gesammelt sind, dann ist zu überlegen, welche Informationen vermutlich die größte Überzeugungskraft beim Gesprächspartner haben. Darüber hinaus ist es in der Regel notwendig, Menge und Niveau der Inhalte auf das Maß zu reduzieren, das Ihr Gegenüber in der begrenzten Zeit verarbeiten kann. Mindestens sollten Sie diejenigen Inhalte aussondern, die den Gesprächspartner (wahrscheinlich) überfordern.

Eine ABC-Analyse erleichtert es Ihnen, die richtigen Prioritäten zu setzen. Notieren Sie auf Ihren Kärtchen die Buchstaben A, B oder C. Dabei bedeuten:

- A = *Muss-Inhalte:* Dies sind Kerninformationen, die in jedem Falle dargestellt werden müssen. Hierzu gehören z.B. Nutzenargumente, Referenzobjekte oder technische Produktmerkmale, die vermutlich beim Gegenüber eine hohe Überzeugungskraft haben. Zwei Kontrollfragen helfen Ihnen, die Kerninformationen herauszufinden:

1. Wie würde ich die Quintessenz meiner Argumentation in einer halben Minute zusammenfassen?
2. Welche drei bis vier Argumente sollen im Langzeitgedächtnis des Gegenübers bleiben?

- *B = Soll-Inhalte:* Diese Randinformationen sollen gebracht werden. Sie haben die Funktion, die Schlüsselargumente motivierender, verständlicher, einprägsamer und überzeugender darzustellen. Dies geschieht etwa durch praktische Beispiele, Vergleiche und Fälle, durch Wiederholungen oder mit Hilfe der Medien.
- *C = Kann-Inhalte:* Zu dieser Kategorie gehören Hintergrundinformationen („nice to know it"), die – falls die Zeit bleibt – dargestellt werden können. Beispiele für diese Kategorie sind detaillierte Informationen zur Geschichte und zum Leistungsangebot des eigenen Unternehmens; eingehende Informationen zur Vorgeschichte eines Projekts; technische Detailinformationen, die für die Zuhörer mit kaufmännischem Hintergrund nicht verständlich sind; Stimulanzen und auflockernde Elemente, die der Dramaturgie dienen: Sinnsprüche, Anekdoten, persönliche Erfahrungen. Die Unterteilung nach Kern-, Rand- und Hintergrundinformationen erleichtert Ihnen die Vorbereitung unter Zeitdruck und gibt Ihnen in der Überzeugungssituation mehr Flexibilität, denn Sie wissen jederzeit, welches Ihre Muss-Informationen sind.

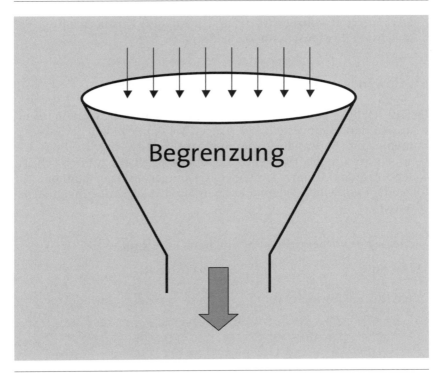

Abbildung 4: Informationen begrenzen

Zwei ergänzende Praxistipps
1. Argumente durch anschauliche Beispiele verankern
Bilder dringen ins menschliche Gedächtnis tiefer ein als abstrakte Worte. Hinzu kommt, dass anschaulich Formuliertes viel rascher aufgenommen werden kann als gedruckter Text. Suchen Sie daher nach anschaulichen Formulierungen sowie nach Beispielen und Vergleichen, um Ihre Argumente nachhaltig in den Köpfen Ihrer Kunden zu verankern. Die Psychologie spricht in diesem Zusammenhang von der *„Ankerfunktion"* anschaulicher Beispiele. Entnehmen Sie die Bilder und Beispiele unbedingt der Erlebnis- und Erfahrungswelt Ihres Gegenübers.

2. Kernargumente einprägen
In welche Überzeugungssituation Sie auch kommen: In jedem Falle ist es ratsam, die drei bis fünf wichtigsten Argumente (einschließ-

lich der Beispiele) als Haltepunkte im Kopf zu haben. Falls Sie unter Stress geraten, konzentrieren Sie sich auf diese Kernbotschaften, die gleichsam Ihre „Inseln im Wasser" sind.

6   Einwände sammeln – Reaktionen durchdenken

Es fällt leichter, Einwände und kritische Fragen zu behandeln, wenn man sich darauf eingestellt hat. Tragen Sie daher mögliche Gegenargumente und Einwände sowie denkbare unfaire Angriffe Ihres Gegenübers zusammen. Überlegen Sie sodann in einem zweiten Schritt, welche Argumente und Strategien sie entgegensetzen können. Mit folgendem einfachen Schema können Sie diese Überlegungen strukturieren:

Schema zur Vorbereitung auf mögliche Einwände	
Einwände	**Reaktionen**
1. sachliche Einwände	1. auf sachliche Einwände
2. unsachliche Einwände	2. auf unsachliche Einwände

7   Vorgehensweise konkret planen

In diesem abschließenden Schritt geht es darum, aus den gesammelten Argumenten eine Strategie zu entwickeln: Welche Vorgehensweise verspricht im Hinblick auf die anfangs definierte Zielsetzung und die aktuelle Überzeugungssituation den größten Erfolg? In den Kapiteln 10 bis 14 erfahren Sie, wie Sie dabei vorgehen können.

3   Selbstbewusst auftreten –
Persönliche Autorität ausstrahlen

Dieses Kapitel bietet Ihnen Empfehlungen zu folgenden Themen:

Wer argumentiert, wirkt auch als Persönlichkeit. Ob Sie an einer Diskussion teilnehmen oder ein Gespräch führen, immer geben Sie eine „Kostprobe" Ihrer Persönlichkeit. Persönlichkeit kommt vom lateinischen „personare" = „durchtönen". Beim Sprechen vermitteln Sie nicht nur Inhalte, sondern Sie senden auch Botschaften über Ihre Einstellung zu sich selbst und zu anderen. Durch Ihre Art des Auftretens, Ihre Körpersprache und Stimme zeigen Sie Ihrem Gegenüber und Ihren potenziellen Angreifern, ob Sie sich klein und unterlegen fühlen oder gleichberechtigt und stark.

Psychologische Untersuchungen bestätigen unsere Alltagserfahrung, dass emotionale Komponenten, die sich im Auftreten und in der Körpersprache samt der Rhetorik ausdrücken, Ihre Überzeugungswirkung auf Ihre Gesprächspartner stärker beeinflussen als die vorgetragenen Inhalte. Je mehr persönliche Autorität und Sicherheit Sie ausstrahlen, umso mehr signalisieren Sie Ihrem Gegenüber, dass Sie auf gleicher Augenhöhe kommunizieren und auch bei Einwänden, Kritik und Unfairness dieses Gleichgewicht halten werden.

Die folgenden Empfehlungen helfen Ihnen, einen selbstsicheren und starken Eindruck beim Gegenüber zu hinterlassen und keine Unterlegenheits- und Opfersignale auszusenden.

Bedenken Sie, dass Ihr Gegenüber Ihr *Gesamtverhalten* wahrnimmt und daraus ableitet, ob er mit Ihnen leichtes Spiel hat und mit Macht- und Angriffsritualen durchkommt oder ob er im Falle eines Angriffs mit einer starken und selbstbewussten Reaktion von Ihrer Seite rechnen muss. Zu diesem Gesamtverhalten gehören:

- Ihr Auftreten und Ihr äußeres Erscheinungsbild,
- Ihre rhetorische und körpersprachliche Darstellung (das Wie),
- die Qualität Ihrer Argumente (das Was),
- Ihre Reaktion bei Fragen, Kritik und persönlichen Angriffen sowie
- Ihr Verhalten bei Regelverletzungen (wenn Ihr Gegenüber Sie z.B. nicht ausreden lässt oder Sie zeitlich unter Druck setzt).

1 Sicherheits- und Unsicherheitssignale (Übersicht)

Innere Voraussetzungen für selbstbewusstes Auftreten wurden im 1. Kapitel behandelt. Demnach schaffen Sie durch ein positives Selbstkonzept und eine positive Einstellung zum Thema und Zuhörer eine gute Basis für Souveränität und Sicherheit im Auftreten. Im Folgenden geht es um Handlungsempfehlungen und Tipps für das äußere Verhalten.

Die Tabelle gibt einen ersten Überblick wichtiger Sicherheits- und Unsicherheitssignale. Nimmt ein potenzieller Angreifer Unsicherheitssignale bei Ihnen wahr, so wird er dies als Indiz für Schwäche und Unterlegenheit werten und sich leichter zu unsachlichen Angriffen und Dominanzritualen motiviert fühlen.

Sicherheitssignale (Signale der Stärke)	Unsicherheitssignale (Signale der Schwäche)
• gute Gesamtverfassung: aufrechte, Haltung; gute Spannung; Tiefenatmung	• schlechte Gesamtverfassung: nachlässige, schiefe/gekrümmte Haltung; Überspanntheit; flacher Atem
• sicherer Stand mit Schwerpunkt über beiden Beinen; aufrechter Kopf; entspannte Schultern	• Hin- und Herpendeln; hochgezogene Schultern; seitlich geneigter oder gesenkter Kopf
• im Zentrum einer „Bühne" stehen	• am Rand einer „Bühne" stehen
• beim Sitzen und Stehen viel Raum beanspruchen	• beim Sitzen und Stehen wenig Raum beanspruchen

Sicherheitssignale (Signale der Stärke)	Unsicherheitssignale (Signale der Schwäche)
• engagierte und sinnentsprechende Gestik; offene Hände	• wenig Gestik; Hände bleiben am Körper oder werden versteckt
• offener, ruhiger und fester Blick	• unsteter, hektischer Blick
• gelassene und konzentrierte Grundhaltung	• Tendenz zu Fahrigkeit und Übersprunghandlungen
• freundlich-gewinnende Mimik	• „verbissene", verspannte, ängstliche Mimik oder Dauerlächeln, um den Angreifer zu beschwichtigen
• klare Sprache; mäßiges Grundtempo; moduliertes Sprechen; bewusste Sprechpausen	• zu leises Sprechen; „nuscheln"; Schnellsprechen; kaum Pausen; Äh-Sagen; Monotonie
• positive und imageförderliche Argumentation	• negative und imagesenkende Argumentation
• kurze, gegliederte Sätze	• lange, ungegliederte Sätze
• klare, anschauliche Botschaften mit anschaulichen Beispielen	• unverständliche und abstrakte Botschaften
• hohes Engagement, Begeisterung und Dynamik	• wenig Engagement und Begeisterung
• die Nähe der Zuhörer suchend	• Distanz zu den Zuhörern
• Zuhörer selbstsicher ansprechen und einbinden	• kaum Bezüge zu den Zuhörern

Praxistipp

Beachten Sie bei der Interpretation körpersprachlicher Signale stets den gesamten Kontext, also auch die Informationen über die Persönlichkeit des Gegenübers sowie sein verbales Verhalten. Jede äußere Gebärde ist prinzipiell mehrdeutig. Von daher wäre es gewagt, einzelne Gesten vorschnell zu deuten. Tendenziell lässt sich jedoch sagen, dass Sie die persönliche Überzeugungswirkung durch die in der Tabelle genannten Sicherheitsgesten verstärken bzw. durch die Unsicherheitsgesten mindern.

In der rechten Spalte der Tabelle finden Sie vorwiegend persönlichkeitsbezogene und körpersprachliche Unsicherheitssignale. Daneben gibt es im sprachlichen Bereich eine Fülle von Redewendungen und

Floskeln, die Ihre Überzeugungskraft schwächen und Ihrem Gegenüber Angriffsflächen bieten. Diese „Weichmacher" sind vergleichbar mit „unforced errors" im Tennissport, bei denen die Spieler – ohne unter Druck zu stehen – den Ball ins Netz oder ins Aus schlagen. Eine Zusammenstellung der häufigsten Redewendungen und „Fehler ohne Not" finden Sie in der Übersicht:

„Weichmacher", die Ihre Überzeugungskraft schwächen

- Verallgemeinerungen wie „immer", „absolut sicher", „nie", „alle", „ein für alle Mal"
- leere Adjektive und Superlative wie „super", „absolut toll", „wahnsinnig", „geil"
- abschwächende Worte wie „eigentlich", „vielleicht", „ein bisschen", „scheinbar, „vermutlich", wahrscheinlich", „irgendwie"
- vorgeschaltete „Weichmacher": „Also wenn Sie mich fragen ..."; „Also, ehrlich gesagt ..."; „Ich will mal sagen ...", „Ich will nicht lügen, aber ..."; „Normalerweise würde ich sagen ..."
- Entschuldigungen zu Anfang der Argumentation: „Ich weiß nicht genau, ob ..."; „Vielleicht ist es ja so ..."; „Ich bin mir nicht sicher ..."
- unnötige Abschlussfragen am Ende Ihrer Argumentation: „... oder ist der Termin ungünstig?"; „... oder passt es Ihnen nicht?"; „... oder glauben Sie, dass ich da keine Chance habe?"; „... sehen Sie das nicht auch so?"
- kompetenzmindernde Sätze wie
  - „Ich habe mich da etwas sachkundig gemacht."
  - „Vielleicht wäre es möglich."
  - „Ich habe da mal einen Vorschlag."
  - „So geht das nicht weiter, sage ich mal."
  - „Wir haben versucht, eine Lösung zu erarbeiten."
  - „Die Struktur erscheint mir irgendwie gut."
  - „Es ist wahrscheinlich keine gute Idee, aber man könnte ..."
  - „Ich wollte mal fragen, ob es nicht doch vielleicht machbar wäre."

Praxistipp
Vermeiden Sie derartige „Weichmacher" in wichtigen Kommunikationssituationen. Ihre individuellen „abschwächenden" Redewendungen und Floskeln können Sie mit Hilfe der im Anhang dargestellten Übungen 1 und 2 sowie durch ergänzende Feedbackgespräche mit Trainer, Coach oder anderen Menschen Ihres Vertrauens erkennen.

Auch die Analyse Ihrer Formulierungen am Telefon kann hierbei nützlich sein.

Die folgenden Ausführungen gelten für Szenarien, in denen Sie stehend argumentieren. Die Empfehlungen lassen sich jedoch mit kleinen Einschränkungen auf Situationen übertragen, in denen Sie sitzend Gespräche führen oder an Konferenzen teilnehmen.

2 Sicheres Auftreten

Stimmen Sie sich positiv ein, bevor Sie die Tür zum Vortrags- oder Besprechungsraum öffnen. Eine einminütige bewusste Pause („Bordsteinminute") kann Ihnen helfen, eine gewisse Distanz zur Hektik des Alltags aufzubauen und Ihre Ausstrahlung zu verbessern.

Gerade wenn Sie einen anstrengenden Arbeitstag oder eine mühevolle Anreise zum Gesprächstermin oder zum Vortrag hatten, ist es ratsam, einige Momente zu verweilen, bevor Sie vor die Zuhörer treten. Sie können sich zum Beispiel diese vier Formeln (nach Dorothy Sarnoff 1992) einige Male innerlich vorsagen:

- „Ich freue mich, dass ich hier bin."
- „Ich freue mich, dass Sie hier sind."
- „Ich bin ganz für Sie da."
- „Ich fühle mich gut vorbereitet."

Diese Formeln erleichtern es, positiv und freundlich eingestimmt auf den Gesprächspartner zuzugehen. Sie sind ein probates Mittel, um von negativen inneren Dialogen wegzukommen. Sie können sich auch eine der im vorherigen Kapitel vorgeschlagenen positiven Formeln oder Ihr Motto innerlich oder – falls möglich – laut einige Male vorsprechen.

Guter Erst- und Letzteindruck

Ihre Zuhörer machen sich bereits ein Bild von Ihnen, bevor Sie überhaupt einen Satz gesagt haben. In den ersten Sekunden läuft eine Art Schnelltaxierung ab. Die Lebenserfahrung zeigt, dass es außerordentlich schwierig ist, einen negativen Ersteindruck später zu korrigieren. Wer einen ungepflegten, fahrigen und hektischen Eindruck macht, dem traut man keine Fachkompetenz oder gute Produkte zu. Wie bei jeder Regel gibt es natürlich auch hier Ausnahmen.

Der erste Eindruck muss positiv ausfallen. Denn die ersten Momente Ihres Auftritts prägen weitgehend das Gesamturteil, das sich die Zuhörer von Ihrer Person bilden. Denken Sie daran: „You never get a second chance to make a good first impression."

Mit Ihrem letzten Eindruck zeigen Sie, wie Sie in der Erinnerung Ihrer Zuhörer nachwirken wollen. Es ist ratsam, Ihre Kernbotschaft zum Schluss noch einmal zusammenzufassen und das Gespräch, die Besprechung oder den Vortrag positiv ausklingen zu lassen.

3 Überzeugen durch stimmige Körpersprache

Psychologischen Erkenntnissen zufolge prägen die nonverbalen Signale Ihren Sympathiewert zu mehr als 50 Prozent. Damit haben Sie in jeder Kommunikationssituation die Chance, durch den Einsatz körpersprachlicher Signale Ihre Argumente zu verstärken und „unterschwellig" die persönliche Beziehung zum Gesprächspartner zu entwickeln.

Sicher und aufrecht stehen

Achten Sie auf einen sicheren Stand mit dem Schwerpunkt über beiden Beinen. Diese Position vermittelt ein Gefühl von Sicherheit und wird mit Ich-Stärke, einem hohen Status und Durchsetzungsvermögen assoziiert. Halten Sie Ihren Körper aufrecht: Die Statik muss stimmen. Vermeiden Sie es, breitbeinig dazustehen. Dies wird häufig mit Platzanspruch oder Dominanzgehabe in Verbindung gebracht. Günstig ist ein Abstand von etwa 15 Zentimetern zwischen den Füßen. Wenn Sie als Frau die feminine Komponente betonen wollen, ist es ratsam, einen Fuß etwas vor den anderen zu stellen.

Offenheit und Engagement

Zeigen Sie emotionalen Ausdruck und Engagement vor allem bei wichtigen Ideen und Argumenten. Ihr Gesprächspartner muss spüren, dass Sie hinter dem stehen, was Sie sagen. Vermeiden Sie Verlegenheitsgesten, Fahrigkeit und Hektik bei Ihren Bewegungen. Gestik und Mimik sollten das Gesagte unterstreichen.

Bedenken Sie beim Einsatz der Gestik, dass sich jedes rhetorische Mittel auf Dauer abnutzt. Sie gewinnen, wenn Sie Phasen der Dynamik mit ruhigeren Abschnitten koppeln. So ist es ratsam, die gestischen Impulse zurückzunehmen, wenn Sie analytisch geprägte Inhalte vortragen: Das Verhältnis von rationalen und emotionalen Elementen muss stimmen.

Ihr Gesprächspartner muss Ihren Aussagen zunächst blind vertrauen. Schließlich hat er während der Argumentation weder Zeit noch Gelegenheit, Ihre Beweismittel auf Tragfähigkeit hin zu prüfen. Im Zweifel wird er sich fragen, ob Sie ihm vertrauenswürdig und fachkundig erscheinen und ob Sie hinter Ihren Aussagen stehen. Die emotionale Ausstrahlung, Persönlichkeit und Rhetorik werden umso stärker zur Beurteilung herangezogen, je weniger die Zuhörer die Richtigkeit der Thesen nachvollziehen können.

Es kommt Ihrer Glaubwürdigkeit zugute, wenn Sie sich echt und situationsgerecht verhalten. Von großer Bedeutung ist die Stimmigkeit von Körpersprache und Gesagtem. Was Sie sagen, muss zu der Art und Weise passen, wie Sie es sagen. Die beste Voraussetzung für eine glaubwürdige und echte Wirkung ist gegeben, wenn Sie positiv über Ihre Zuhörer denken.

Bemühen Sie sich darum, Ihre Gestik nicht zu machen, sondern zuzulassen. Wenn der innere Impuls da ist, kommt die Gestik von selbst. Ihre Gestik wirkt am stärksten, wenn sie zum Inhalt passt und mit Ihrer Argumentation, Mimik und Ihrem Sprechausdruck eine Einheit bildet. Die Hände sollten sichtbar sein. Es wirkt in der Regel negativ, wenn Sie die Hände ständig auf dem Rücken halten, vor der Brust verschränken oder in den Hosentaschen verstecken. Allgemein lässt sich sagen, dass asymmetrische Arm- und Beinhaltungen in der Regel vom Zuhörer als geringschätzig erlebt werden. Bedenken Sie, dass kleine Gestik oft ängstlich wirkt, während die große – weit ausholende – eher Sicherheit und Souveränität ausdrückt.

Eine weitere Frage, die vor allem ungeübte Seminarteilnehmer immer wieder ansprechen, lautet: Was mache ich mit den Händen, wenn ich argumentiere? Falls Sie stehend argumentieren, etwa im Rahmen einer Präsentation, ist es ratsam, eine natürliche Grundposition für Ihre Gestik zu wählen. Günstig ist es, die Hände in Hüfthöhe (sogenannter neutraler Bereich) zu halten, da dies Handlungsbereitschaft und Engagement signalisiert. Dies fällt leichter,

- wenn Sie Ihr Stichwortkonzept in die Hand nehmen,
- wenn Sie eine Hand in die andere legen,
- wenn Sie leichten Kontakt mit den Händen halten.

Falls Sie sitzend am Tisch argumentieren, ist es ratsam, die Hände entspannt auf den Tisch zu legen und die Ausführungen zu begleiten. Wenn Sie Arme und Hände öffnen, signalisieren Sie unterschwellig Dialogbereitschaft und Offenheit.

Blickkontakt anbieten

Halten Sie Blickkontakt zu Ihrem Gegenüber, wenn Sie argumentieren. Dies ist ein Signal der Wertschätzung und ermöglicht es Ihnen,

- eine „emotionale Brücke" (Kontaktbrücke) zum Gegenüber aufzubauen,
- persönliche Sicherheit zu demonstrieren,
- die Aufmerksamkeit zu verstärken,
- das Gesagte zu unterstreichen,
- die Reaktionen des Gegenübers zu beobachten.

Es gibt eine Reihe von Erklärungen für den fehlenden Blickkontakt im Alltag: Sie reicht von Arroganz und Dominanzstreben bis hin zu persönlicher oder fachlicher Unsicherheit, Ängstlichkeit oder Minderwertigkeitskomplexen.

Achten Sie darauf, in Konzentrationsphasen den Blick nicht zu senken oder zu weit vom Gesprächspartner zu entfernen. Wenn Ihnen die Auge-in-Auge-Situation zu viel innere Anspannung verursacht, schauen Sie auf die Stirn oder auf die Nasenwurzel Ihres Gesprächspartners.

4 Überzeugen durch wirkungsvolles Sprechen

Die persönliche Art und Weise des Sprechens – ob langsam oder schnell, ob laut oder leise, ob deutlich oder nuschelnd, ob flüssig oder stockend – sagt immer auch etwas über die eigene Persönlichkeit aus. Von Cicero stammt das Wort: *Wie der Mensch, so seine Rede!*

Der Überzeugungskraft abträglich sind vor allem:

- zu schnelles Sprechen, ungenügende Sprechpausen,
- wenig moduliertes, eintöniges Sprechen,
- schlechte Artikulation (Verschlucken der Anfangs- und Endsilben),
- zu leises oder zu lautes Sprechen,
- Dehnungslaute (Äh-Sagen ...),
- falsche Betonungen.

Wie Sie eine lebendige Sprechtechnik fördern können

Wechseln Sie die Lautstärke
- Beginnen Sie in der Stimmlage, in der Sie normal sprechen (Indifferenzlage). Sprechen Sie anfangs auch ein wenig langsamer als normal.
- Wechseln Sie die Lautstärke. Dies kommt der Dynamik Ihrer Argumentation zugute.
- Senken Sie zum Ende eines Satzes hin die Stimme.
- Die gesprochene Sprache erhält ihren Rhythmus durch die Betonung von sinntragenden Silben und Wörtern. Unterstreichen Sie Sinnhöhepunkte!

Variieren Sie das Tempo
- Sichern Sie durch Tempoveränderungen die Farbigkeit und Lebendigkeit Ihres Vortrags.
- Erzeugen Sie Spannung durch Tempoverzögerungen. Fesseln Sie durch Tempobeschleunigungen.
- Wählen Sie insgesamt ein eher mäßiges Grundtempo.
- Sprechen Sie umso langsamer, je wichtiger und schwieriger die Inhalte sind.

Sprechen Sie deutlich
- Eine verwaschene, undeutliche Aussprache kann nicht überzeugen; sie legt die Assoziation nahe, dass der zugrunde liegende Gedanke ebenfalls unklar und wenig durchdacht ist.
- Achten Sie auf eine klare Artikulation bei Anfangs- und Endsilben sowie bei allen Vokalen.

- Bemühen Sie sich um gepflegte Aussprache und Verständlichkeit. Hier können Sie von professionellen Moderatoren und Schauspielern lernen!
- Vermeiden Sie Dehnungslaute: Das sind sogenannte Füllsel wie beispielsweise „ähhh", „öhhh", „öhm" usw. Häufige Dehnungslaute werden als negativ erlebt und beeinträchtigen daher Ihre Überzeugungswirkung.

Sprechen Sie flüssig
- Vermeiden Sie stockendes, schleppendes Sprechen.
- Wenn Ihnen mitten im Satz ein bestimmtes Wort nicht einfällt: Weiterreden! Brechen Sie den Satz ab und sagen Sie zum Beispiel: „Lassen Sie mich besser formulieren" oder: „Lassen Sie es mich anders sagen" oder: „Anders ausgedrückt ...". Dann beginnen Sie den Satz von vorn und vermeiden das betreffende Wort.

Machen Sie Sprechpausen
- Sprechpausen geben Ihnen Gelegenheit, sich zu entspannen.
- Sprechpausen sind ein wichtiges dramaturgisches Instrument: Sie gliedern, machen aufmerksam, erzeugen Spannung, regen zum Nachdenken an.
- Mit Sprechpausen können Sie die Bedeutung Ihrer Argumente verstärken.
- In Sprechpausen können Sie sich auf die folgenden Aussagen gedanklich vorbereiten.
- Sie können eine Sprechpause vor oder nach einer wichtigen Aussage einschieben. Wird die Sprechpause vor die Aussage gesetzt, spricht man von der „Doppelpunkt-Technik".
- Eine Sprechpause nach einer wichtigen Aussage
  - betont die Aussage,
  - steigert die Aufmerksamkeit der Zuhörer,
  - bewirkt, dass das Gesagte beim Zuhörer intensiver nachwirkt und besser behalten wird (Beispiel: „Ich komme jetzt zu einem ganz entscheidenden Punkt: – Pause, dann das Argument mit verstärkter oder zurückgenommener Lautstärke bringen).
- Überwinden Sie die Angst vor Sprechpausen! Auch das Schweigen in Rede und Gespräch will gelernt sein.
- Machen Sie Atempausen nach dem Ausatmen, nicht nach dem Einatmen.

Vermeiden Sie zu schnelles Sprechen
- Ständiges Schnellsprechen wird im Regelfall als eher negativ erlebt und erschwert daher Ihre Überzeugungsarbeit.
- Der Schnellsprecher vermittelt oft den Eindruck, er wolle die Sprechsituation möglichst rasch hinter sich bringen, um Misserfolgen aus dem Weg zu gehen (Fluchtverhalten).
- Schnellsprechen verführt zum undeutlichen, nuschelnden Sprechen, was sich negativ auf die eigene Überzeugungsfähigkeit auswirkt.
- Zu schnell dargebotene Argumente überfordern die Aufnahmefähigkeit Ihres Gegenübers und mindern Ihren Sympathiewert.
- Jedoch: Eine schnellere Gangart beim Sprechen ist durchaus nicht immer von Nachteil (Beispiel: Sie fügen eine Anekdote, ein persönliches Erlebnis, bereits bekannte Nachrichten oder Wiederholungen in Ihre Rede ein. Bei derartigen „Redundanzen" ist im Allgemeinen eine Tempozunahme vertretbar und dramaturgisch geboten.).

5   Kontakt zum Gesprächspartner halten

Große Fachkompetenz und gründliche Vorbereitungen nutzen wenig, wenn Ihr Partner das Gesagte nicht nachvollziehen kann. Sie erleichtern Ihrem Gegenüber die Aufnahme der Informationen, wenn Sie

- die Gliederung/das Vorgehen mit Ihrem Gesprächspartner abstimmen,
- dem Gegenüber immer wieder zeigen, wo Sie im Gespräch stehen, was bereits besprochen wurde, was noch kommt,
- eine zuhörergerechte Sprachebene wählen,
- die Kernaussagen durch anschauliche Beispiele, Visualisierung und Wiederholung verankern,
- Fachbegriffe/Abkürzungen auf das Notwendige beschränken und erklären,
- Ihre Ausführungen an vermutetes/bekanntes Wissen und vermutete/bekannte Erfahrungen der Zuhörer anknüpfen,
- anschauliche Beispiele aus der „Welt" der Zuhörer bringen,
- anhand von Stichworten „frei" sprechen,
- besonders wichtige Aussagen rhetorisch hervorheben („Dieser Punkt ist besonders wichtig ..."; „Von entscheidender Bedeutung ist ..."),
- Zusammenfassungen nach längeren Ausführungen oder nach wesentlichen Aussagen machen,

- eine gute Mischung zwischen Kerninformationen und auflockernden Elementen (Beispiele; Vergleiche; eigene Erfahrungen usw.) bringen.

Achten Sie auf die Reaktionen Ihres Partners

Achten Sie während der gesamten Argumentation darauf, wie Ihr Gegenüber auf Ihre Ausführungen reagiert. Schenken Sie dabei Entscheidern, Schlüsselpersonen und informellen Führern besondere Aufmerksamkeit. Diese vier Fragenkreise sollten Sie stets im Blick haben:

- Inwieweit sind Akzeptanz und Interesse beim Partner gegeben?
- Deuten nichtsprachliche Signale auf Widerspruch hin?
- Inwieweit signalisiert seine Körpersprache, dass er sich gleichberechtigt, überlegen oder unterlegen fühlt?
- Inwieweit sind Verständnisprobleme erkennbar?

Details hierzu finden Sie in Kapitel 5.

4 Mit unfairen Taktiken gekonnt umgehen

„Wir finden drei Gründe für den Streit in der menschlichen Natur:
erstens Konkurrenz, zweitens Mangel an Selbstvertrauen,
drittens Sucht nach Anerkennung."

Thomas Hobbes

Sie erfahren in diesem Kapitel, wie Sie diese unfairen Taktiken abwehren:

Der Einsatz unfairer Taktiken hat in der Kampfdialektik (siehe Seite 20) einen hohen Stellenwert, denn dort ist jedes Mittel willkommen, um die eigene Position durchzusetzen und den Partner zu besiegen. Unfaire Taktiken sind vor allem dadurch gekennzeichnet, dass sie von dem Sachthema und der Zielsetzung ablenken und das Regelwerk des Fair Play verletzen. Auf der Beziehungsebene verschlechtern unfaire Spielarten in der Regel die emotionale Befindlichkeit des Angegriffenen: Sein Stress-Niveau steigt.

Zur unfairen Dialektik gehören offene und verdeckte Taktiken. Dabei können sich die Angriffe zum einen auf die Person, zum anderen auf die Argumentation richten. Bei Angriffen auf die Person (argumentum ad personam) geht es vor allem darum, die Glaubwürdigkeit, Seriosität und Kompetenz zu erschüttern. Wird die Sachargumentation attackiert, soll die Qualität der Beweismittel und der vertretenen Position infrage gestellt werden, beispielsweise durch Killerphrasen, durch Fangfragen oder durch das Aufmachen von Nebenkriegsschauplätzen. Darüber hinaus gibt es eine Fülle boshafter Taktiken, um zulasten des

Gesprächspartners die eigene Position durchzusetzen und im Disput zu siegen.

Permanentes Unterbrechen, Nebelwerfer- und Verwirrungstechniken gehören genauso ins Arsenal des Eristikers wie Drohungen und Dominanzgebärden. Außerdem gibt es eine Fülle subtiler manipulativer Techniken, die auf den ersten Blick nicht unbedingt als unfair erkannt werden. In diese Kategorie gehören die Manipulation der Gefühle, die „Argumentation" mit fingierten Fakten, Gerüchte, die über Dritte in Umlauf gebracht werden, oder auch subtile nonverbale Mittel, die Druck erzeugen sollen.

Sie werden mit Verbalattacken und boshafter Rhetorik besser zurechtkommen, wenn Sie unfaire Taktiken früh erkennen und in der Lage sind, diese abzuwehren und den Dialog in Gang zu halten. Erfolg versprechende Wege dazu lernen Sie in diesem Kapitel kennen.

1 Persönliche Angriffe

Ihrem Gegenüber geht es hierbei darum, Sie als Person anzugreifen und Ihr Selbstwertgefühl zu verletzen, damit Sie die Selbstkontrolle verlieren und nicht mehr in der Lage sind, ein überlegtes Urteil abzugeben. Die Gefahr besteht darin, dass Sie zu schnell auf persönliche Angriffe und Sticheleien anspringen und das eigentliche Thema aus dem Blickfeld verlieren. Dies zeigt sich konkret darin, dass Ihr Adrenalinspiegel steigt: Wer sich schnell emotionalisieren lässt, läuft Gefahr, taktisch in die Defensive zu geraten, in ein Streitgespräch verwickelt zu werden und das eigentliche Sachziel aus den Augen zu verlieren.

Zur Logik dieser eristischen Spielart schreibt Schopenhauer: „Den Gegner durch Zorn reizen, denn im Zorn ist er außer Stande, richtig zu urtheilen und seinen Vortheil wahrzunehmen. Man bringt ihn in Zorn dadurch, dass man unverholen ihm Unrecht tut und schikaniert und überhaupt unverschämt ist" (2012).

Je nach Situation, Intensität des Angriffs und persönlicher Präferenz für eine bestimmte Reaktionsweise kommen verschiedene Abwehrstrategien infrage. Aus Gründen der Praktikabilität werden die Empfehlungen in zwei Gruppen eingeteilt:

- die Energie des Angreifers umlenken – eine Basistechnik für alle Fälle
- harte und weiche Schlagfertigkeitstechniken

Die folgende Basistechnik ist für die meisten Szenarien im beruflichen Alltag gut geeignet, weil Sie sowohl den unfairen Angriff stoppen als auch den Dialog aufrechterhalten kann. Demgegenüber bringen Schlagfertigkeitstechniken die Gefahr mit sich, dass Sie mit einem verbalen Gegenschlag „fertig" sind und danach entweder Funkstille einsetzt oder das Streitgespräch eskaliert. Im Zweifel ist es ratsam, *harte* Schlagfertigkeitstechniken nur dann einzusetzen, wenn Sie mit dem Gegner allein sind oder wenn Sie die Mehrheit der Anwesenden auf Ihrer Seite haben *und* Ihnen eine Verbesserung der persönlichen Beziehung zum Gegenüber gleichgültig ist. Die wichtigsten Schlagfertigkeitstechniken sind in Kapitel 6 dargestellt.

Die Energie des Angreifers umlenken – eine Basistechnik für alle Fälle

Der Vorgang der Neutralisierung eines Aggressors lässt sich auch als Argumentations-AIKIDO interpretieren. Bei dieser Selbstverteidigungstechnik geht es darum, die Energie eines Angriffs auszunutzen und durch die eigenen Abwehrbewegungen so zu beeinflussen, dass der Gegner das Gleichgewicht verliert. Das bedeutet bei emotionalen Angriffen, dass Sie gedanklich zur Seite treten und die Energie des Angreifers auf die Sache lenken. Im Harvard-Konzept, einem Standardwerk für erfolgreiches Verhandeln, wird anschaulich beschrieben, wie Sie den Teufelskreis von Angriff und Verteidigung durchbrechen können:

Harvard-Konzept

Wenn Sie persönlich (oder Ihre Vorstellungen) angegriffen werden, gehen Sie nicht zur Gegenattacke über. Es bringt in der Regel nichts, wenn Sie auf einen Angriff mit einem Gegenangriff reagieren. Die Emotionen schaukeln sich hoch und es wird immer schwerer, das Ganze unter Kontrolle zu halten. Versuchen Sie den Teufelskreis von Angriff und Verteidigung/Gegenangriff zu vermeiden. Sie vergeuden nur Energie und Zeit. Versuchen Sie es mit einem Argumentations-Judo (besser: -AIKIDO): Zahlen Sie nicht mit gleicher Münze zurück, sondern gehen Sie einen Schritt zur Seite und lenken den Angriff auf das Problem. Vermeiden Sie wie beim Judokampf, Ihre Kräfte unmittelbar gegen die Kraft des anderen zu setzen. Nutzen Sie Ihre Wendigkeit, springen Sie zur Seite und lassen den Stoß des anderen ins Leere laufen. Halten Sie nicht gegen die Gewalt des anderen, kanalisieren Sie sie lieber zur Erkundung seiner Interessen, indem Sie Optionen zu beiderseitigem Nutzen entwickeln und nach unabhängigen Kriterien suchen.

Ein Beispiel möge dies verdeutlichen: Sie präsentieren vor einem Führungskreis ein Konzept zur Neustrukturierung der Arbeitsorganisation. Aus Vorgesprächen wissen Sie, dass der Produktionsleiter das neue Konzept kategorisch ablehnt und dass seine Mitarbeiter ebenfalls sehr skeptisch eingestellt sind. Der Produktionsleiter meldet sich zu Wort und greift Sie als Projektverantwortlichen frontal und lautstark an:

Angriff	„Totaler Blödsinn, Ihr sogenanntes strategisches Konzept. Sie wollen sich mit diesem Konzept doch nur zu unseren Lasten profilieren."

Um ein unproduktives Streitgespräch zu vermeiden, lenken Sie die Energie des Angreifers auf die Sache. Dabei können Sie sogenannte Brückensätze (siehe Seite 77ff.) nutzen, um nicht blind auf Reizthemen anzuspringen und gelassen und ruhig zu bleiben.

Vier kommentierte Formulierungsbeispiele, um den Angriff des Produktionsleiters auf die Sache zu lenken:

Mögliche Reaktionen
Beispiel 1:   „Herr Schumann, Ihr Einwand zeigt mir, dass Sie das Konzept mit Skepsis sehen. Wo konkret liegen Ihre Bedenken?"   Kommentar: Sie ignorieren den unfairen Angriff und lenken durch die Rückfrage die Aufmerksamkeit des Angreifers auf die sachliche Auseinandersetzung.
Beispiel 2:   „Herr Schumann, auf dieser Ebene kommen wir nicht weiter. Welche Einwände haben Sie in der Sache?"   oder: „Ich möchte Ihren unfairen Angriff jetzt nicht kommentieren. Stattdessen lade ich Sie zu einer fairen Argumentation ein. Welche Argumente haben Sie?"   Kommentar: Sie kennzeichnen den Angriff als unfair und lenken durch die Rückfrage die Aufmerksamkeit des Angreifers auf die sachliche Auseinandersetzung.
Beispiel 3:   „Sie müssen sich in einer sehr schwachen Position befinden, wenn Sie mich in dieser unfairen Weise angreifen. Welche Einwände haben Sie in der Sache?"   Kommentar: Sie benutzen einen Brückensatz und lenken durch die Rückfrage auf die Sache zurück.
Beispiel 4:   „Ihr Beitrag zeigt mir, dass die Bedeutung des neuen Konzepts noch nicht erkennbar geworden ist. Ich nutze gern die Gelegenheit, um die entscheidenden Eckpunkte noch einmal zu verdeutlichen ..."   Kommentar: Sie ignorieren den unfairen Angriff und lenken die Aufmerksamkeit wieder auf die Sache, indem Sie selbst die sachliche Argumentation weiterführen.

Falls Sie auf besonders bösartige Attacken härter reagieren wollen, stehen eine Fülle schlagfertiger Varianten zur Verfügung. Sie lernen in Kapitel 6 wichtige Konstruktionsprinzipien kennen, die es Ihnen erleichtern, schlagfertige Formulierungen zu finden.

Welche Abwehrstrategie Sie auch einsetzen: Versuchen Sie stets, gelassen und ruhig zu bleiben. Lassen Sie sich niemals den Grad der Unfairness, die Lautstärke und die emotionale Stimmung vom anderen aufdrängen. Ihr Kopf muss klar und kühl bleiben. Wenn es schwierig ist, diesen Grundsatz zu beherzigen, helfen die Empfehlungen zur Gelassenheit aus Kapitel 1 weiter: Stärken Sie Ihr Selbstwertgefühl und bauen Sie einen Schutzschild auf, um eine Panikreaktion zu vermeiden und den Aggressor auf Distanz zu halten.

Sachthema, Ziel und Fairplay als Haltepunkte

Um bei boshaften Angriffen nicht die Übersicht zu verlieren, kann Ihnen das Bild einer „mentalen Autobahn" helfen, um auf dem sachlichen, zielorientierten, fairen Weg zu bleiben. Das Grundprinzip dieser Bildes können Sie sich anhand von Abbildung 5 veranschaulichen:

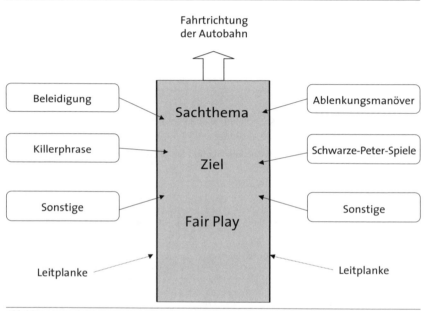

Abbildung 5: Sachthema, Ziel und Fair Play als Haltepunkte

Der Diskurs (die sachbezogene Argumentation) spielt sich auf der grau schraffierten Autobahn ab. Während Sie mit dem Partner ein Thema diskutieren, bewegen Sie sich mehr oder weniger schnell in Richtung Zielort (Sachziel). Die Leitplanken links und rechts symbolisieren den Spielraum eines fairen Miteinander. Wer unfaire Mittel einsetzt, bewegt sich außerhalb dieser Autobahn.

Ihr mentales Programm, mit dem Sie in eine strittige Diskussion gehen, könnte lauten: „Ich widme meine Energie und meine begrenzte

Zeit ausschließlich dem Sachthema sowie meiner Zielsetzung und halte mich dabei an das Regelwerk des Fair Play." Wenn jemand beleidigend wird, einen persönlichen Angriff startet oder in einer anderen Weise die Regeln des Fair Play verletzt, bewegt er sich außerhalb dieses abgesteckten Rahmens (der Leitplanken). Der Grundgedanke ist ähnlich wie beim Argumentations-AIKIDO. Egal, um welche unfaire Attacke es sich handelt, Sie lenken die Energie des unfairen Mitstreiters auf das Sachthema und auf die gemeinsame Zielsetzung. Wenn nötig, erinnern Sie an die Regeln des Fair Play. Hierzu nutzen Sie beispielsweise die bereits dargestellten Varianten.

Wenn Sie unfaire Angriffe im beruflichen Bereich neutralisieren wollen, hat sich der Einsatz von Brückensätzen bewährt.

Was sind Brückensätze?

Brückensätze sind spezielle Formulierungen, die nicht den Inhalt, sondern den Prozess betreffen und sich in der Regel klimaförderlich auswirken. Sie fungieren als psychologische Puffer, um den unfairen Angriff zu entschärfen und zur Sache zurückzukehren. Brückensätze helfen Ihnen,

- Zeit zum Nachdenken zu gewinnen und nicht blind auf Angriffe oder Reizthemen anzuspringen,
- gelassen und ruhig zu agieren,
- auf ein Thema zu lenken, das Ihnen entgegenkommt und
- zur Deeskalation der Situation beizutragen.

Zur Veranschaulichung hier einige Brückensätze zur Neutralisierung einer Killerphrase.

Angriff	„Die Motivation Ihres Teams ist doch tief im Keller, das weiß doch jeder."
Reaktion	„Das höre ich zum ersten Mal, Herr Schneider (Brückensatz). Gerade was die Motivation angeht, steht mein Team sehr gut da. Dies führe ich vor allem darauf zurück, dass …"
	oder:
	„Ich weiß nicht, wie Sie zu dieser Einschätzung kommen (Brückensatz). Das Gegenteil ist richtig. Wir legen seit Jahren großen Wert auf eine hohe Motivation. Gute Erfahrungen haben wir gemacht mit …"
	oder:
	„Diese Aussage erstaunt mich (Brückensatz). Das Gegenteil ist nämlich richtig. Wir legen seit Jahren großen Wert auf eine hohe Motivation. Gute Erfahrungen haben wir gemacht mit …"

Brückensätze können auch verknüpft werden mit einer sachbezogenen Rückfrage.

Angriff	„Ihre Abteilung steht ja nicht gerade für hohes Qualitätsbewusstsein."
Reaktion	„Das ist eine sehr pauschale Behauptung, Herr Dr. Maier. Mich würde sehr interessieren, worauf Sie Ihre Aussage stützen." (Brückensatz mit Rückfrage)
	oder:
	„Qualitätsbewusstsein ist für uns das A und O. Wie kommen Sie zu Ihrer Vermutung?"

Hinweis

Im Anhang finden Sie eine Zusammenstellung bewährter Brückensätze (Seite 319ff.), die Sie im Alltag anwenden können. Suchen Sie sich die Formulierungsvarianten heraus, die zu Ihrer Persönlichkeit und zu Ihrem Kommunikationsstil passen.

In berufsbezogenen Besprechungen, Gesprächen, Diskussionen und natürlich im Kundenkontakt ist man gut beraten, diesen Weg der Deeskalation zu wählen und auf schematische Schlagfertigkeitstechniken zu verzichten. Dies gilt vor allem für Kontertechniken, die zwar einen punktuellen Lustgewinn mit sich bringen können, jedoch die persönliche Beziehung zum Gegenüber belasten. Allerdings sollte man im Rahmen seiner persönlichen „Flexible Response"-Strategie auch über Techniken verfügen können, mit denen man einen penetranten und unverschämten Angreifer in die Schranken weist. Dies gibt zusätzliche Sicherheit für Situationen, die als außerordentlich stressig erlebt werden.

2 Killerphrasen

Killerphrasen sind Phrasen, die ein gutes Argument ersticken („killen") sollen: Ihr Partner versteckt sich hinter einer nichtssagenden Behauptung (ohne Beweismittel), die häufig mit großem Nachdruck und im Brustton der Überzeugung vorgetragen wird. Diese Taktik zielt in der Regel darauf, die vorgetragenen Argumente oder Vorschläge „abzuwürgen". Killerphrasen werden häufig dann gebracht, wenn Ihr Gesprächspartner keine überzeugenden Gegenargumente verfügbar hat oder wenn er testen möchte, inwieweit er Sie verunsichern kann. Killerphrasen werden vielfach sehr emotional vorgetragen, um die einschüchternde Wirkung zu erhöhen und vom geringen sachlichen Gehalt der eigenen Argumente abzulenken. Insbesondere ängstliche und unerfahrene Menschen lassen sich durch dieses unsachliche Ritual häufig beeindrucken und mundtot machen.

Erfahrungsgemäß werden Killerphrasen besonders häufig im Rahmen von Veränderungsprozessen angewendet. Je mehr Widerstand die betroffenen Mitarbeiter der Neuerung oder Umstrukturierung gegenüber zeigen, umso stärker artikulieren sie diese Ablehnung in Form von Killerphrasen.

Eine Übersicht bekannter Killerphrasen

- „Dazu haben wir jetzt keine Zeit."
- „Das gehört nicht hierher."
- „Das haben wir alles versucht, das bringt nichts."
- „Das ist viel zu kostenintensiv."
- „Solche Neuerungen passen nicht zu den gewachsenen Strukturen."
- „Um das zu beurteilen, sind Sie nicht lange genug im Unternehmen."
- „Dafür sind Sie nicht zuständig."
- „Das dauert viel zu lange."
- „Das klappt vielleicht in anderen Unternehmen."
- „Die Technologie steckt doch noch in den Kinderschuhen."
- „Das sind wenig brauchbare Ansätze, die von Theoretikern entwickelt wurden."
- „Sie beurteilen die Situation völlig falsch."
- „Dazu sind Sie viel zu jung."
- „Wenn das so einfach wäre, würde es ja jeder machen."
- „Wie wollen Sie denn das beweisen?"
- „Das ist doch ein alter Hut, den Sie uns hier verkaufen wollen."
- „Das Konzept lässt sich bei unseren Mitarbeitern überhaupt nicht durchsetzen."
- „Sie versuchen natürlich Ihr Bestes, aber ..."

Abwehrstrategie

Lassen Sie sich durch Killerphrasen niemals beeindrucken. Durchschauen Sie diese Taktik. Lenken Sie den Fokus auf die fehlenden Beweismittel und Fakten Ihres Gegenübers. Stellen Sie offene Fragen, um dessen Sachargumente genauer kennen zu lernen.

Angriff	„In meiner Abteilung geht das nicht. Meine Mitarbeiter lehnen diesen Änderungsvorschlag durchweg ab."
Reaktion	„Herr Dr. Müller, was sind die wichtigsten Einwände und Kritikpunkte, die Ihre Mitarbeiter vorbringen?"

Angriff	„Diese Neuerung bringt sehr viel Unruhe. Und die können wir jetzt nicht gebrauchen ...“
Reaktion	„In welcher Hinsicht bringt die Neuerung Unruhe? Was meinen Sie konkret?“ oder: „Mit Killerphrasen kommen wir hier nicht weiter. Welche Argumente haben Sie denn in der Sache gegen das neue Konzept?“

Je nach Zielsetzung, Gesprächspartner und Kontext kommen natürlich auch andere Reaktionen infrage. Wenn Sie etwa den Eindruck haben, dass Ihr Gegenüber Neuerungen blockiert, weil er die strategische Bedeutung noch nicht erkannt hat, bietet sich als Reaktion auch ein kurzes Statement an. Hierbei würden Sie einen Brückensatz vorschalten und dann zwei bis drei Argumente nennen, die für die Neuerung sprechen. Auch könnten Sie beispielsweise das Schlüsselwort „Unruhe" aufnehmen und daran anknüpfend Ihren Brückensatz formulieren:

Angriff	„Diese Neuerung bringt sehr viel Unruhe. Und die können wir jetzt nicht gebrauchen ...“
Reaktion	„Natürlich bringt diese Neuerung auch Unruhe mit sich. Ich möchte die drei wichtigsten Punkte noch einmal verdeutlichen, die eine strategische Neuorientierung jetzt notwendig machen. Erstens ...; zweitens ...; drittens ...“

Hinweis

Zu den unsachlichen Varianten gehört auch die Spielart, dass Ihr Kritiker Killerphrasen mit inhaltsleeren Floskeln koppelt, um seiner Scheinargumentation mehr Gewicht zu verleihen. Solche Versatzstücke sind zum Beispiel: „Der Fall ist doch ganz klar ...“; Es besteht kein Zweifel, dass ...“; Wir können mit Sicherheit davon ausgehen, dass ...“. Redewendungen dieser Kategorie finden sich häufig in der politischen Auseinandersetzung, zum Beispiel in Fernsehdiskussionen oder in politischen Debatten.

3 Unterbrechungen und Störungen

Ihr Gegenüber versucht, Sie zu stören und zu verunsichern, indem er Ihre Ausführungen nach Belieben unterbricht, dazwischenfragt, eigene Argumente vorträgt und die Regeln eines Dialogs auf gleicher

Augenhöhe missachtet. Wenn Sie dieses Verhalten durchgehen lassen, besteht die Gefahr, dass Sie in die Defensive und damit in eine Unterlegenheitsposition geraten. Verteidigen Sie also – freundlich *und* bestimmt – das Wort mit diesen oder ähnlichen Formulierungen:

- „Darf ich bitte ausreden, Herr Müller."
- „Bitte geben Sie mir Gelegenheit, den Gedankengang zu Ende zu bringen."
- „Eine Sekunde, Herr Schumann, ich möchte die gestellte Frage komplett beantworten."
- „Moment, Herr Schumann, ich möchte mein Argument noch zu Ende führen."
- „Lassen Sie mich bitte ausreden. Ich habe Sie auch nicht unterbrochen."
- „Halten Sie Ihr Pulver trocken, Herr Schneider. Sie haben nachher das Wort."

Es gibt aber auch Situationen, die diese Regel relativieren. So werden Sie in einem Akquisitionsgespräch dem Kunden das Recht einräumen, dann zu unterbrechen, wenn er spezielle Fragen oder Einwände hat oder wenn er Verständnishilfen benötigt. Zugunsten der persönlichen Beziehung zum Gegenüber lassen Sie hier also eine „begrenzte Regelverletzung" zu. Darüber hinaus gibt es eine Reihe weiterer Kommunikationssituationen, in denen Unterbrechungen durchaus vertretbar sind und akzeptiert werden. Insbesondere dann, wenn die Interventionen dem Fortgang der Sache dienen. Beispiel: Ihr Kollege nimmt nach seinem Urlaub an einem Meeting teil und argumentiert mit Zahlen, die inzwischen überholt sind. Dann wäre es geboten, freundlich und bestimmt zu unterbrechen und auf die aktuelle Datenbasis hinzuweisen. Ein wertschätzendes Wort zu Beginn Ihrer Intervention („Entschuldigen Sie, Herr Dr. Schumann, dass ich unterbreche. Sie haben vermutlich noch die alten Zahlen des letzten Quartals vorliegen ...") kann dann dazu beitragen, dass das Klima nicht belastet wird.

In Gesprächen, Besprechungen oder Präsentationen werden Sie bestimmte Verhaltensweisen Ihrer Partner als „Störung" erleben. Dies sind Ereignisse, die die Beteiligten davon abhalten, dem Sachthema und Ihnen die ungeteilte Aufmerksamkeit zu schenken. Es ist ratsam, starke Antennen für schwache (z.B. körpersprachliche) Signale zu entwickeln, damit man früh reagieren kann. Sonst ist die Gefahr gegeben, dass Störungen ein Eigenleben entwickeln und sich zu einem Flächenbrand ausweiten. Das Spektrum störender Verhaltensweisen ist breit. Dazu gehören bei Präsentationen etwa

- frühe Diskussionen, die Ihr Konzept durcheinanderbringen können,
- Privatgespräche und Unruhe in der Gruppe,
- Durcheinanderreden,
- ablehnende Körpersprache (Blickkontakt vermeiden, skeptisch dreinschauen, sich zurücklehnen, den Raum verlassen usw.),
- Teilnehmer, die alles besser wissen.

Empfehlungen zum Umgang mit diesen Störungen finden Sie in Kapitel „Schwierige Situationen beim Präsentieren" auf Seite 233ff.

4 Verunsichern und anzweifeln

Der „Test der Sicherheit" ist ein altes Ritual der Dialektik. Im Kern geht es hierbei darum herauszufinden, inwieweit Sie sich beim Argumentieren verunsichern lassen. Bleiben Sie gelassen und lassen Sie sich nicht aus dem Gleichgewicht bringen. Der Angreifer hat „gewonnen", wenn Schwachstellen in Ihrer Argumentation offenkundig werden, wenn Sie in Beweisnot geraten oder wenn innere Verunsicherung in Verlegenheitsgesten, verspannter Mimik, Unruhe im Blickkontakt sowie Unsicherheiten beim Sprechen (vermehrtes Äh-Sagen, Stottern, zunehmendes Tempo usw.) ihren sichtbaren Ausdruck findet.

Dabei gibt es eine Reihe offener und verdeckter Spielarten, auf die man sich einstellen sollte. Ihr Gegenüber kann zum Beispiel den Advocatus Diaboli spielen und sie mit der schärfsten denkbaren Kritik konfrontieren. Die Zielsetzung besteht darin, Angriffsflächen und Schwachstellen beim Gegenüber zu identifizieren, um dadurch Ihre Argumentation zu schwächen oder Ihre persönliche Überzeugungswirkung zu mindern.

In eine Stress-Situation gerät man leicht, wenn man unvorbereitet mit diesen und ähnlichen dialektischen Spielarten konfrontiert wird:

- hypothetische und Suggestivfragen,
- Bestreiten der Kompetenz,
- Konfrontation mit einer Meinungsänderung,
- persönliche Angriffe.

Darüber hinaus können sachliche Fragen und Einwände, die subjektiv als schwierig erlebt werden, zur Verunsicherung beitragen (siehe hierzu Kapitel 8) wie auch körpersprachliche Signale, die auf Kampf oder Desinteresse hindeuten (siehe Kapitel 5).

Hypothetische Fragen

Ihr Gegenüber stellt hypothetische (Wenn-)Fragen, um Ihre Selbstüberzeugung zu prüfen und die Überzeugungskraft Ihrer Argumentation zu erschüttern:

- „Was machen wir mit Ihrem Lösungsvorschlag, wenn sich das Kundenverhalten gravierend ändert?"
- „Wie würden Sie argumentieren, wenn in der Bundesrepublik ein Super-GAU wie in Tschernobyl passiert? Wären Sie dann auch noch für Kernenergie?"
- „Was machen wir, wenn sich die Neuerung in einem Jahr als Flop herausstellt?"

Abwehrstrategie
Bei hypothetischen Fragen ist größte Vorsicht geboten. Wenn Sie unbedacht antworten, akzeptieren Sie „implizit" die falschen Prämissen, die in der Frage stecken. Prüfen Sie also den Wenn-Satz oder die eingeführte hypothetische Situation anhand der Kriterien: Praktikabilität, Realitätsbezug, Wahrheitsgehalt und Wahrscheinlichkeit. Zeigen Sie gegebenenfalls, dass die stillschweigenden Voraussetzungen der Frage oder des Einwandes unrealistisch oder unwahrscheinlich sind.

Angriff	„Was machen wir mit Ihrem Lösungsvorschlag, wenn sich das Kundenverhalten im nächsten Jahr gravierend ändert?"
Antwort	„Ihr Szenario halte ich für sehr unwahrscheinlich. Wir gehen in unserem Konzept davon aus, dass sich das Kundenverhalten im nächsten Jahr nur geringfügig ändert. Unsere Gründe hierfür ..." oder als Rückfrage: „Weshalb meinen Sie, dass sich das Kundenverhalten im nächsten Jahr gravierend ändern könnte?"

Angriff	„Wie würden Sie argumentieren, wenn in Deutschland oder in Frankreich ein Super-GAU wie in Tschernobyl passiert? Wären Sie dann auch noch für Kernenergie?"
Reaktion	„Ein Super-GAU wie in dem Reaktortyp Tschernobyl kann in Deutschland oder Frankreich nicht passieren. Dies hängt mit den unterschiedlichen Sicherheitsstandards zusammen. Bei unseren Reaktortypen ..."

Angriff	„Was machen wir, wenn sich die Neuerung in einem Jahr als Flop herausstellt?"
Reaktion	„Das ist eine sehr pessimistische Entwicklung, die Sie in Ihrer Frage unterstellen. In unseren Prognosen stützen wir uns auf die Zahlen des Sachverständigenrats und der anerkannten Konjunkturforschungsinstitute. Im Einzelnen erwarten wir ..." oder als Rückfrage: „Welche Gesichtspunkte bringen Sie dazu, dass die Neuerung scheitern könnte?"

Heiner Geißler wurde in den 80er Jahren im Rahmen einer Podiums-diskussion mit der folgenden Fangfrage konfrontiert: „Herr Geißler, wie würden Sie eigentlich argumentieren, wenn bei der nächsten Bun-destagswahl Rot-Grün die Mehrheit hätte?" Geißlers Reaktion, die ei-nen großer Lacher im Saal provozierte: „Verehrter Herr Fragesteller, Ihre Frage liegt etwa auf dem folgenden Niveau: Wenn Eichhörnchen Pferde wären, könnten wir auf ihnen die Bäume hinaufreiten. Nun sind Eichhörnchen nachweislich keine Pferde ..."

Suggestivfragen

Es gibt eine Reihe weiterer „unterstellender" Fragen, die den Charakter von Fangfragen haben können. Dazu gehören zum Beispiel Suggestiv-fragen. Sie enthalten Worte wie „sicher", „auch" oder „doch":

- „Sie haben doch sicherlich auch die Erfahrung gemacht, dass ..."
- „Sie sind doch sicherlich auch der Meinung, dass ..."
- „Ihnen ist doch sicherlich auch bekannt, dass ..."
- „Sie wollen doch nicht etwa behaupten, dass ..."
- „Jeder Kunde sagt, dass dieses Gerät das beste ist ..."
- „Sie wissen doch so gut wie ich ..."

Bei suggestiven Fragen liegt die Abwehrstrategie auf der Hand. Wichtig auch hier: Lassen Sie sich für Ihre Antwort Zeit. Geben Sie eine Antwort, die Ihrer Meinung und Ihren Interessen entspricht.

Angriff	„Sie sind doch sicherlich auch der Meinung, dass die Castortransporte nicht verantwortbare Risiken mit sich bringen."
Reaktion	„Nein, da bin ich anderer Meinung. Wenn Sie sich die Alternativen vor Augen führen, dann ..."
	oder:
	„Welche Risiken halten Sie für nicht verantwortbar?"
	oder:
	„Es ist legitim, nach den Risiken zu fragen, Herr Dr. Maier. Welche Alternativen sehen Sie im Blick auf die Entsorgung, wenn wir – durch den Bundestag legitimiert – die Kernenergietechnik für eine gewisse Zeitspanne nutzen wollen?"

Bestreiten der Fachkompetenz

Bei dieser Taktik wirft man Ihnen mangelnde Sachkunde und ungenügende Erfahrung vor, um den strittigen Gegenstand beurteilen zu können. Dies geschieht nicht selten mit dem Hinweis auf Ihre berufliche Tätigkeit, auf Ihr Alter oder die Kürze Ihrer Firmenzugehörigkeit.

Zwei weitere schwierige Situationen: Jemand stellt Ihnen eine sehr spezielle Frage, die Sie nicht beantworten können, oder konfrontiert Sie mit einer Meinungsänderung im Zeitablauf.

Abwehrstrategie
Lassen Sie sich auf keine Kompetenzdiskussion ein, konzentrieren Sie sich auf die Sachargumente. Sagen Sie diplomatisch Nein, wenn Sie eine Frage nicht beantworten können, und bieten Sie an, die fehlenden Informationen nachzureichen.

Angriff	„Sind Sie sicher, dass Sie sich ein Urteil über die Marktentwicklung erlauben können. Wie lang sind Sie eigentlich im Unternehmen?"
Reaktion	„Sie fragen nach der Tragfähigkeit der Marktanalysen. Ich kann Sie da beruhigen. Was die Methode angeht ..."

Angriff	„Sie können sich als Ingenieur doch gar kein tragfähiges Urteil über die neue „Customer Relationship Management"-Konzeption erlauben. Diese Fragen fallen doch klar in die Zuständigkeit der Kaufleute."
Reaktion	„Wir sollten uns nicht gegenseitig die Fachkompetenz absprechen, sondern den Fokus auf die besseren Sachargumente lenken. Welche Argumente haben Sie gegen meine Einschätzung einzuwenden?"

Angriff	„Wo stehen Sie mit Ihrer Konzeption im Weltmaßstab?" (was Sie objektiv nicht wissen)
Reaktion	„Herr Dr. Müller, ich möchte Ihnen hierzu keine gewagte Antwort geben. Ich kläre die Frage gern für Sie und reiche Ihnen die Informationen nach."

Wenn Ihr Gegenüber kritisiert, dass Sie Ihre Meinung im Zeitablauf geändert haben, ist es ratsam, auf neue Erkenntnisse, veränderte Rahmenbedingungen und die eigene Lernfähigkeit zu verweisen.

Angriff	„Sie haben doch vor einem Jahr eine ganz andere Meinung zur Notwendigkeit einer Krisenpräventionsstrategie vertreten."
Reaktion	„Das ist richtig, Herr Dr. Müller. Ich sehe es allerdings als Vorteil an, eine Meinung zu überdenken, wenn sich die Rahmenbedingungen ändern oder neue Erkenntnisse hinzukommen." oder: „Früher war ich auch einmal Ihrer Ansicht. Aber ich habe eingesehen, dass sie nicht tragfähig ist. Und dies aus zwei Gründen ..."

Partisanentechnik

Dies ist eine weitere Variante „boshafter Dialektik": Hierbei stellt Ihr
Gegner Ihnen sehr spezielle Fragen, die Sie (mit hoher Wahrscheinlichkeit) nicht beantworten können. Er fragt etwa nach Zahlen, Definitionen oder Untersuchungen. Aus Ihrer ungenügenden oder falschen
Antwort leitet er Ihre Inkompetenz ab. Empfehlenswert auch hier: Sie
lenken die Energie des Fragestellers auf die Sache, sei es, dass Sie selbst
auf die Sachthemen zu sprechen kommen, sei es, dass Sie durch eine
Rückfrage die Aufmerksamkeit Ihres Gegenübers auf die sachliche Ebene lenken.

Angriff	„Haben Sie eine Vorstellung, wie hoch das Bruttosozialprodukt und die Investitionsquote in der Bundesrepublik Deutschland im Jahre 2002 waren?" (Der Angegriffene verneint.) „Dann hat es wenig Sinn, mit Ihnen weiter über Wirtschaftspolitik zu diskutieren."
Reaktion	„Es bringt uns in der Sache nicht weiter, wenn wir uns gegenseitig Zahlen abfragen. In der wirtschaftspolitischen Diskussion geht es um zwei Kernprobleme ..."
	oder die Rückfrage:
	„Ich halte wenig davon, uns gegenseitig Zahlen abzufragen. Mir ist nicht ganz klar geworden, wo Sie die Hauptursachen der schwachen Investitionsneigung sehen ..."

Angriff auf die persönliche Glaubwürdigkeit

Hierbei bezweifelt Ihr Gegenüber, dass Sie sich mit Ihrem Lösungsvorschlag, Produkt oder Argument selbst identifizieren, oder er konfrontiert Sie mit negativ besetzten Projekten der Vergangenheit. Legen Sie
sich für diese emotionale Spielart zur Verunsicherung für alle Fälle
Gegenstrategien zurecht. Hier zwei Formulierungsbeispiele:

Angriff	„Das glauben Sie doch selbst nicht, was Sie da sagen."
Reaktion	„Da muss ich Sie enttäuschen. Ich bin voll und ganz der Überzeugung, dass dieser Weg Erfolg versprechend ist. Und dies aufgrund von drei Argumenten ..."

Angriff	„Mit dem letzten Projekt XY vor drei Jahren haben Sie doch auch Schiffbruch erlitten. Warum soll es dieses Mal klappen?"
Reaktion	„Ihre pauschale Feststellung erstaunt mich. Denn alle am Projekt Beteiligten bestätigen im Nachhinein, dass wir aus der damals sehr schwierigen Situation wichtige Dinge gelernt haben. Im Einzelnen ..."

5   Androhen von Sanktionen

Drohungen gehören zu den häufigsten Taktiken bei Verhandlungen. Dieses Mittel ist deshalb so „effizient", weil oft ein paar Worte reichen, um beim Gegenüber Angst zu erzeugen. Auf umkämpften Märkten oder bei Projekten mit hoher Priorität reichen dann schon oft kleine Hinweise. Zwei Beispiele:

Angedeutete Sanktion (Beispiel 1)	„Nun, Herr Schumann, es ist wichtig, dass wir heute zu einem Ergebnis kommen. Wir haben ernst zu nehmende Angebote von Wettbewerbern vorliegen. Bisher sind wir mit Ihnen ja gut gefahren ..."

Angedeutete Sanktion (Beispiel 2)	„Herr Maier, Sie wissen, dass im nächsten halben Jahr ein Büro in Nigeria aufgebaut werden soll. Der Vorstand würde es gern sehen, wenn Sie dieses Projekt in Afrika übernehmen würden. Als Personalleiter kann ich Ihnen sagen, dass solche Einsätze auch deshalb wichtig sind, um Ihre nächsten Laufbahnschritte nicht zu blockieren."

Abwehrstrategie

Sie können zunächst Drohungen einfach ignorieren, weil sie für die sachbezogene Argumentation nicht relevant sind. Auch dies ist ein probates Mittel bei allen unfairen Angriffen, ihnen zunächst keine Aufmerksamkeit zu schenken. Bleiben Sie ruhig und gelassen. Übernehmen Sie die Initiative, indem Sie

- prinzipiell Verständnis für den Wunsch der Gegenseite signalisieren,
- Ihre Interessen, Möglichkeiten und Grenzen verdeutlichen,
- den Partner bitten, Hintergrundinformationen zu geben oder seine wichtigen Argumente noch einmal zu nennen,

- je nach Stand der Verhandlung alternative Vorschläge ins Spiel bringen.

Reaktion (Beispiel 1)	„Auch unser Wunsch ist es, heute zu einem Abschluss zu kommen, mit dem Sie leben können und der für uns machbar ist. Ich stimme Ihnen zu, dass die bisherigen Projekte auch aus unserer Sicht sehr gut gelaufen sind. Welche Punkte sind aus Ihrer Sicht noch offen?" Kommentar: Sie reagieren, ohne die verdeckte Drohung anzusprechen.
Reaktion (Beispiel 2)	„Ich freue mich darüber, dass der Vorstand meinen Namen bei dem Nigeria-Projekt ins Spiel gebracht hat. Ich weiß um die Wichtigkeit des Projekts. Ich möchte aber in Ruhe auch mit meiner Frau die Chancen und Risiken dieser Option besprechen. Bis wann brauchen Sie eine Entscheidung?" Kommentar: Für den Vertrauensvorschuss danken. Die Wichtigkeit des Projekts bestätigen und Bedenkzeit erbitten. Auch hier: Mögliche Sanktionen nicht beachten!

Es stärkt Ihre persönliche Verhandlungsposition, wenn Sie die Qualität Ihrer „Besten Alternative" (BA) vorher verbessern: „Was ist meine beste Alternative, wenn ich mit meinem Gegenüber zu keinem Ergebnis komme?" (siehe auch Harvard-Konzept in Kapitel 12).

6 Durch Übertreibung ad absurdum führen

Ihr Diskussionspartner übersteigert Ihre Aussage (zum Beispiel die Konsequenzen Ihres Lösungsvorschlags) und versucht so, Sie unglaubwürdig oder lächerlich zu machen. Ein an sich vernünftiger Gedanke wird durch phantasievolle Folgerung so übertrieben, dass ein unsinniges Ergebnis dabei herauskommt. In der klassischen Rhetorik nannte man diese Spielart „argumentum ad absurdum".

Der neue Vertriebsdirektor setzt verstärkt auf Weiterbildung seiner Verkaufsmannschaft. Er verspricht sich davon einen Motivationseffekt und mehr Erfolg im harten Verdrängungswettbewerb. In einem Meeting mit der Geschäftsführung geht es um das Budget für drei Seminarmodule, die jeder Verkäufer im nächsten halben Jahr besuchen soll: ein zweitägiges Seminar zum Thema „Vision, Leitbild, Ziele", eine zweitägiges Medienseminar (SAP, Outlook und Intranet) sowie ein dreitägiges Verkaufstraining.

In der Diskussion platzt dem dominanten Controller der Kragen: „Also Herr Dr. Müller, das sind ja sieben Seminartage pro Mitarbeiter, also bei 100 Leuten 700 Seminartage. Und das verpflichtend für alle!!! Da frage ich mich: Wann sind unsere Verkäufer denn beim Kunden, um Aufträge hereinzuholen? Sie wollen Ihre Leute in komfortablen Hotels zum Training schicken, während es am Markt brennt. Ich sage Ihnen: Unsere Konkurrenten werden uns beim Kunden die Wurst vom Brot nehmen. Ich wünsche mir Weiterbildung mit Augenmaß. Wir sind doch hier keine Selbstverwirklichungsanstalt, die Leute in teuren Seminaren und Kursen beglückt. Also, ich bin strikt gegen diese Trainingsorgie. Wir müssen Geld am Markt verdienen und nicht das Geld zum Fenster herauswerfen."

Abwehrstrategie

Sie können diese unfaire Taktik ebenfalls beim Namen nennen. Führen Sie zum Ausgangsproblem zurück und machen Sie sich für eine differenzierte Sicht der Dinge stark. Machen Sie sich vorher den Nutzen Ihres Vorschlags für Ihren Gesprächspartner, für das Unternehmen oder für die Gesellschaft bewusst. Eine dialektische Option besteht häufig auch darin, mit den Chancen und Risiken einer Innovation oder mit dem Worst Case und Best Case zu argumentieren. Hier zwei mögliche Reaktionen auf den Angriff des Controllers:

Reaktion	„Das ist ein extremes Szenario, Herr Schumann, das Sie da entwickeln. In einem Punkt stimme ich Ihnen zu: Es kommt wirklich darauf an, am Markt zu bestehen. Dies ist aber nur mit wettbewerbsfähigen Kenntnissen und Fähigkeiten möglich. Unsere Bedarfsanalyse hat ergeben, dass wir in den drei genannten Bereichen Nachholbedarf haben ..."
	oder:
	„Zum Glück sieht die Realität anders aus, als Sie, Herr Schumann, in Ihrer Aussage unterstellen. Unsere Bedarfsanalyse zeigt ganz klar, dass in drei Bereichen Defizite und Verbesserungspotentiale liegen. Daher unser Seminarprogramm. Im Einzelnen ..."
	Kommentar: Die Übertreibung als solche kennzeichnen oder direkt auf die Fakten zu sprechen kommen. Dann die Kernargumente in Ruhe und Gelassenheit wiederholen.

7 Nebelwerfertaktik und formale Tricks

Einerseits hat Ihr Gesprächspartner der Stringenz Ihrer Argumentation nichts entgegenzusetzen. Andererseits möchte er Ihrem Vorschlag aber nicht zustimmen. In seiner Beweisnot werden jetzt Taktiken eingesetzt, die von der Sache ablenken und Sie verwirren sollen: Das Thema wird plötzlich gewechselt, neue Argumente werden vorgetragen, spitzfindige Gegenbeispiele werden konstruiert, drittrangige Kriterien diskutiert. Außerdem können Risiken und Worst-Case-Szenarien drastisch dargestellt oder plötzlich schlechte Erfahrungen anderer Unternehmen ins Spiel gebracht werden. Zudem hat der Eristiker die Möglichkeit, die Ergebnisse des Gesprächs oder der Diskussion bewusst fehlerhaft zu interpretieren und zu seinen Gunsten zusammenzufassen. In dieses unfaire Arsenal gehört auch, den Zeitplan zu kritisieren, die knappe Vorbereitungszeit für dieses komplizierte Thema zu bemängeln oder ergänzende Gespräche mit Fachleuten und anderen Schlüsselpersonen im Unternehmen zu fordern.

Abwehrstrategie
Das Argumentations-AIKIDO hilft auch hier weiter. Lenken Sie die Energie des Angreifers auf die Sache und das Ziel zurück. Fassen Sie gegebenenfalls den Stand der Verhandlung zusammen. Fragen Sie Ihr Gegenüber, welche Punkte noch offen sind und wie er den Diskussionsstand einschätzt. In fast ausweglosen Situationen hilft oft eine Frage

weiter: „Unter welchen Umständen würden Sie unserem Angebot zustimmen?"; „Welche Voraussetzungen müssten erfüllt sein, damit Sie
zu einer positiven Entscheidung kommen?"

5 Subtile Manipulation und Psychotricks

Inhalte dieses Kapitels:

Im Arsenal des unfairen Dialektikers sind auch manipulative Techniken, die aus der Sicht des Angegriffenen nicht oder nur teilweise als unfair wahrgenommen werden können. Der Angreifer setzt diese absichtsvoll ein, um seine Ziele zulasten des Partners durchzusetzen. Hierbei ist der Manipulierende im Vorteil, weil nur er von der hinterlistigen Absicht weiß und weil diese auf Anhieb kaum zu erkennen sind. Manipulative und psychologische Tricks setzen auf bewusste Verschleierung. Im Alltag kann man sich am besten gegen diese verdeckten Spielarten schützen, wenn man fähig ist, sie wahrzunehmen und zu neutralisieren. Dabei helfen Ihnen folgende Ausführungen.

Hinweis

Der Begriff Manipulation kann sehr weit gefasst werden und bedeutet die bewusste und gezielte Beeinflussung oder Lenkung von Menschen. Rupert Lay (2003) spricht von Verhaltensbeeinflussung anderer zum eigenen Nutzen, die erst dann einen negativen Beigeschmack erhält, wenn für den zu Manipulierenden bewusst Schaden in Kauf genommen wird. Im Folgenden werden Manipulationstechniken eng definiert und umfassen die Gesamtheit unfairer Methoden einschließlich der Spielarten, die auf „bewusste Verschleierung", Emotionalisierung und Täuschung des Gegenübers setzen.

Die relevanten eristischen Taktiken lassen sich grob nach zwei (nicht trennscharfen) Bereichen gliedern. Dabei behandelt Punkt 2 vorwiegend nichtsprachliche Spielarten, während unter Punkt 3 in erster Linie sprachliche Tricks und Winkelzüge dargestellt werden.

Bevor Sie spezielle Abwehrstrategien für die einzelnen eristischen Taktiken kennenlernen, erfahren Sie zunächst:

1 Allgemeine Empfehlungen, subtile Manipulation und Psychotricks zu entschärfen

Zum vorwiegend nichtsprachlichen Bereich

Lassen Sie sich von derartigem Verhalten nicht beeindrucken, sondern bleiben Sie ruhig und gelassen. Wenn der Aggressor merkt, dass Sie sein Verhalten durchgehen lassen, hat er gewonnen. Lassen Sie sich daher nicht auf emotionale Spielchen ein. Prüfen Sie vorsichtig durch Rückfragen, inwieweit das Verhalten „gespielt" ist oder begründete Ursachen hat.

Setzen Sie auf Initiative und senden Sie selbstbewusste Signale, indem Sie beispielsweise

- Feedback geben,
- durch Ihre Körpersprache zeigen, dass Sie auf gleicher Augenhöhe argumentieren wollen,
- sagen, dass für Sie die Qualität der Argumente und nicht nonverbale Spielchen im Vordergrund stehen,
- mitteilen, was Sie stört und was Sie sich stattdessen wünschen, und zwar in kooperativer, konsequenter Form.

Denken Sie daran: Ihr Selbstbewusstsein und Ihre Fachkompetenz sind die Garanten dafür, sich von solchen subtilen Manipulationen und Psychotricks nicht beeindrucken zu lassen. Hierbei helfen Ihnen die Empfehlungen zum Thema Gelassenheit und Stress-Management (siehe Kapitel 1).

Praxistipp
Trainieren Sie im beruflichen und privaten Alltag Ihre Fähigkeit, Imponier- und Dominanzgesten zu erkennen, denn damit nehmen Sie ihnen ihre Wirkung.

Zum vorwiegend sprachlichen Bereich

Springen Sie nicht auf ein Reizthema an. Lassen Sie die wohlgesetzten Worte der Gegenseite, die Sie manipulieren sollen, vorbeirauschen und lassen Sie sich nicht auf einen emotionalen Schlagabtausch ein. Versuchen Sie, das Heft des Handelns in die Hand zu bekommen. Ihr persönlicher Schutzschild (siehe Seite 40f.) kann Ihnen hierbei helfen. Bemühen Sie sich durchgängig, ruhig, gelassen und konsequent auf der sachlichen Ebene zu bleiben.

Es lohnt sich in jedem Falle, vorsichtig zu sein und dem Gesprächspartner/Gegenüber erst dann zu vertrauen, wenn Sie gute Gründe dafür haben. Lassen Sie sich durch den Schein „bloßer" Rhetorik nicht blenden.

2 Der Manipulator möchte Ihre Gefühlslage in unfairer Absicht beeinflussen – Spezielle Tipps zur Abwehr

Der Manipulator setzt Dominanz- und Kampfsignale ein

Stress-Situationen können in der täglichen Argumentation nicht nur durch Verbalattacken, schwierige Einwände oder Fangfragen entstehen. Ihr Gegenüber kann auch seine Körpersprache einsetzen, um Ihnen beispielsweise Antipathie, Ablehnung oder Skepsis zu signalisieren. Dem Angreifer geht es darum, die eigene Position durch Signale von Dominanz und Stärke aufzuwerten und gleichzeitig Ihr Selbstwertgefühl zu mindern und Sie einzuschüchtern. Wer auf derartige Machtspiele nicht eingestellt ist, wird sich leicht unter Druck setzen lassen, an Sicherheit verlieren und dadurch häufiger Fehler machen. Sie erfahren im Folgenden, dass das Arsenal körpersprachlicher Drohgesten und Kampfsignale in allen Kontaktpunkten der Kommunikation eingesetzt wird. Dem Manipulator geht es also darum, Sie in eine unterlegene Position zu bringen, beim territorialen Verhalten, bei der Sitzanordnung sowie in der eigentlichen Kommunikation.

Territoriale Drohgesten
Ihr Gegenüber demonstriert dadurch Überlegenheit, dass er in der Kommunikation die Regeln des Takts und des Fair Play sowie Ihr persönliches Territorium bewusst verletzt.

Folgt man Erkenntnissen der Sozialpsychologie, so lassen sich verschiedene Distanzzonen unterscheiden: In den persönlichen Bereich (Intimdistanz) lassen wir in der Regel nur Partner, enge Freunde und Verwandte. Diese Zone erstreckt sich in unseren Breitengraden vom direkten Körperkontakt bis hin zu etwa 60 bis 80 Zentimetern Abstand. Dies entspricht ungefähr einer Armlänge. Halten sich fremde Menschen in diesem Bereich auf, etwa im Aufzug oder in einer überfüllten Straßenbahn, so erleben wir dies als unangenehm und bedrängend. Die normale Gesprächsdistanz schließt sich an die Intimdistanz an und reicht bis etwa 1,20 Meter. Dringt jemand ohne ersichtlichen Grund in die persönliche Distanzzone ein, zeigt er damit mangelnden Respekt und mangelnde Wertschätzung. Durch die Grenzverletzung demonstriert er Dominanz und Macht.

Wer einen Gesprächspartner unter emotionalen Druck setzen will, kann beispielsweise

- den eintretenden Besucher bewusst warten lassen, auf Blickkontakt verzichten und demonstrativ weiterarbeiten,
- den Besucher ohne Handschlag oder mit einem sehr festen Händedruck begrüßen,
- den Besucher durch eine „führende" Handbewegung zu seinem Platz komplimentieren,
- durch die Sitzanordnung eigene Überlegenheit demonstrieren (siehe Seite 98ff.),
- durch demonstrativen Blick auf die Uhr Zeitdruck ausüben.

Praxistipp
Lassen Sie sich von derartigen Ritualen nicht irritieren. Geben Sie ein selbstbewusstes Signal: Gehen Sie nach vorn und sprechen Sie Ihren Gesprächspartner auf den vereinbarten Termin höflich und bestimmt an. Schaut Ihr Gegenüber auf die Uhr, fragen Sie ruhig nach dem zeitlichen Rahmen. Besser noch: Fragen Sie in der Einstiegsphase des Gesprächs nach der geplanten Gesprächsdauer.

Darüber hinaus bauen sich beim Besucher emotionale Spannungen auf, wenn der dominante Gesprächspartner das persönliches Territorium des Gegenübers verletzt. Hier einige Beispiele für dieses unfaire Ritual:

- Der Chef klopft dem Mitarbeiter auf die Schulter oder nimmt eine Kollegin in den Arm.
- Ein Kollege aus einer anderen Abteilung kommt in Ihr Büro und setzt sich hinter Ihren Schreibtisch, nimmt Unterlagen und persönliche Gegenstände in die Hand.
- Bei einem Treffen auf neutralem Boden (z.b. in einem Hotel) nimmt der Dominante mehr Raum für sich in Anspruch als der Partner. Normalerweise teilt man einen Tisch an einem neutralen Ort „instinktiv" so auf, dass jedem die Hälfte „gehört".
- Ein „aggressiver" Kollege kommt in das Sekretariat, baut sich hinter dem Schreibtisch der Kollegin auf und inspiziert, was da alles ausgebreitet ist.

Praxistipp
Wenn der Aggressor merkt, dass Sie sein Verhalten durchgehen lassen, hat er gewonnen. Setzen Sie auch hier auf Aktion. Geben Sie entweder Feedback („Herr Müller, ich habe es nicht gern, wenn Sie sich hinter meinem Schreibtisch breitmachen.") oder greifen Sie zu einer offensiveren Lösung, indem Sie sein Verhalten spiegeln oder seine Aufmerksamkeit auf ein anderes Thema lenken. Sie könnten Ihrem Gegenüber ebenfalls auf die Schulter klopfen oder ihn umarmen, falls Ihnen das nicht zu unangenehm ist. Wenn Sie am Schreibtisch sitzen und ein aufdringlicher Kollege ganz nah neben Ihnen steht, stehen Sie ebenfalls auf und geleiten ihn an einen anderen Ort (Sitzgelegenheit oder Tür, je nach Situation).

Überlegene Sitzposition
Auch die Sitzanordnung zeigt, ob die Kommunikation mit Ihnen auf gleicher Augenhöhe oder „von oben nach unten" stattfinden soll. Ihr Gegenüber kann Unterlegenheitsgefühle dadurch auslösen, dass er

- während des Gesprächs beharrlich hinter seinem Schreibtisch bleibt, obgleich ein runder Tisch im Raum zur Verfügung steht: Er sitzt auf einem erhöhten Sessel, was Dominanz und Stärke ausstrahlen soll, während Sie auf einem niedrigen Stuhl sitzen und kaum Platz haben, Ihre Unterlagen abzulegen.
- am Konferenztisch die Position einnimmt, die den besten Überblick und die Beherrschung des Tisches sicherstellt. Die breite Haltung gilt als Dominanzsignal. Sie zeigt sich etwa darin, dass Ihr Gegenüber die Hände auf die Rückenlehnen der benachbarten Stühle legt,

damit niemand neben ihm sitzen kann und er mehr Territorium für sich beansprucht.

- Sie bewusst mit dem Gesicht zur Fensterseite, zur grellen Lichtquelle oder an einen anderen wenig komfortablen Platz (etwa neben den geräuschvollen Beamer) setzt.

Praxistipp
Falls ein runder Tisch im Raum verfügbar ist, ist es ratsam, den Gesprächspartner durch eine offene Frage dazu zu bringen, die kommunikative Sitzposition zu wählen.

Ihre Aktion	„Herr Dr. Maier, was halten Sie davon, wenn wir unser Gespräch am runden Tisch durchführen. So könnte ich Ihnen leichter das Handout erläutern."
	oder im Falle des blendenden Lichts:
	„An diesem Platz blendet das Sonnenlicht doch sehr. Darf ich mich auf die andere Seite setzen?"
	Kommentar: Setzen Sie auf Initiative! Artikulieren Sie früh in dieser oder ähnlicher Form Ihren Wunsch. Sagen Sie, was Sie stört. Kooperativ und konsequent!

Dominanz- und Drohgebärden beim Sprechen
Ihr Gegenüber sitzt aufrecht und beansprucht beim Sprechen mehr Raum als der Partner. Er dokumentiert Selbstsicherheit und Handlungsbereitschaft dadurch, dass er mit Gestik seine Argumente festklopft. Dabei verzichtet er darauf, die offene (sensible) Innenfläche der Hand einzusetzen. Denn diese steht für Vertrauen, Wertschätzung und Offenheit. Zu den dominanten Gesten gehört darüber hinaus,

- den gestreckten Zeigefinger oder einen Stift als Angriffswaffe zu nutzen und auf den Gegner zu zeigen,
- die eigenen Aussagen durch die Bewegung der Hände und Gestik zu verstärken und dadurch Entschlossenheit und Kampfbereitschaft zu dokumentieren,
- die Hand zur Faust zu ballen und damit zu zeigen: Ich bin bereit für meine Idee und Position zu kämpfen,
- während des Gesprächs plötzlich aufzustehen und einen Monolog „von oben herab" zu halten.

Samy Molcho (2002) beschreibt anhand einprägsamer Metaphern drei weitere Gesten, die häufig bei Angriffsritualen eingesetzt werden:

- Der Eisbrecher: Hierbei formt man mit den Fingerspitzen eine Pyramide und senkt diese Pyramide nach vorn. Aus der Sicht des Angegriffenen wirkt sie wie ein Keil, wie der Bug eines Eisbrechers. Die nach vorn gerichtete Spitze weist ab, droht, attackiert den Gesprächspartner. Gleichzeitig lenken die Unterarme alle Argumente und Einwände ab.
- Die Pistole: Beide Zeigefinger zielen wie der Lauf einer Waffe nach vorne, beide Daumen sind aufwärts gespannt, die übrigen Finger zum Griff verschränkt.
- Das Stachelschwein: Die ineinander verschränkten Finger spreizen sich und zeigen abwehrend ihre Spitzen.

Praxistipp

Lassen Sie sich von Dominanzgebärden nicht beeindrucken. Prüfen Sie durch Rückfragen, inwieweit das Verhalten „gespielt" ist oder ob die aggressive Körpersprache mit Kritik und Skepsis des Gegenübers zu erklären ist.

Reaktion	„Herr Schumann, Ihre Körpersprache zeigt mir, dass Sie offenbar Einwände haben. Oder täusche ich mich?"

Der intensive Blickkontakt

Durch anhaltenden, fixierenden Blickkontakt versucht Ihr Gegenüber, Sie emotional einzuengen und in der Argumentation zu irritieren.

Ob ein Territorialkampf stattfindet oder eine persönliche Beziehung sich entwickeln soll, zeigt sich – so Samy Molcho (2002) – an Dauer und Intensität des Blicks. Soll ein guter Kontakt entstehen, wendet man den Blick kurz ab und unterbricht die Konfrontation. Dieses Ritual spielt sich bei jeder Begegnung von Neuem ab. Bei jeder Begegnung mit einem fremden Menschen kommt es zu einem kurzen Blickwechsel. Dieser signalisiert: Ich habe dich wahrgenommen und verzichte auf Kampf. Ein intensiver, längerer Blickkontakt würde als zudringlich, als einengend empfunden. Für die Dauer des kurzen, wertschätzenden Ritualblicks gelten in der westlichen Kultur etwa zwei bis vier Sekunden, wenn sich die Beteiligten nicht kennen. Im vertrauten Umgang ist die Dauer kürzer oder viel länger.

Der Manipulator kann diese genetisch programmierte Gesetzmäßigkeit einsetzen und durch dauerhaften, fixierenden Blickkontakt vielleicht gekoppelt mit einem Pokerface oder einem zornigen Gesicht die Zeichen auf Kampf stellen und damit den Partner einschüchtern und aus dem Konzept bringen.

Praxistipp
Lassen Sie sich nicht auf Machtkampf via Blickkontakt ein. Falls Ihr Gesprächspartner Sie fixiert, ist es ratsam, seine Aufmerksamkeit in eine andere Richtung zu lenken. Reichen Sie ihm eine Unterlage oder bringen Sie ihn durch eine Rückfrage zum Sprechen. Zeigen Sie auch durch Ihre Körpersprache, dass Sie auf gleicher Augenhöhe argumentieren und dass für Sie die Qualität der Argumente und nicht nonverbale Spielchen im Vordergrund stehen.

Dominanz- und Drohgebärden beim Zuhören
Auch hier kann der Manipulator durch sein Verhalten negative Gefühle beim Gegenüber provozieren und zur Verunsicherung und Verwirrung beitragen. Zum unfairen Repertoire gehört hier,

- provokativ wegzuschauen,
- während Ihrer Ausführungen andere Dinge zu tun (im Kalender blättern; ein Schriftstück lesen; am Notebook oder Palm hantieren; SMS-Eingang am Handy checken ...),
- das Gespräch willkürlich zu unterbrechen, ein Telefonat zu führen oder sich von der Sekretärin Unterlagen hereinreichen zu lassen,
- zwischendurch aufzustehen und beschwichtigend zu sagen: „Sprechen Sie ruhig weiter ...",
- mit Pokerface und geschlossener Gestik dazusitzen und kaum Feedback zu geben,
- sich demonstrativ zurückzulehnen, breitbeinig (provokant mit gespreizten Beinen) zu sitzen und mit dem quergelegten Schienbein eine Barriere zu bauen oder
- die Beine so übereinander zu schlagen, dass der Oberschenkel vom Partner weggezogen wird. Dies signalisiert Abwendung in Richtung des aufgelegten Beines.

Praxistipp
Ruhe und Gelassenheit sind die beste Gegenstrategie. Nutzen Sie Fragetechniken, um Ihren schwierigen Partner ins Gespräch einzubinden und mit ihm in einen konstruktiven Dialog zu kommen.

Durch Äußerlichkeiten und Statussymbole beeindrucken

Diese Faktoren wirken „unterschwellig" auf den Gesprächspartner und können Unterlegenheitsgefühle auslösen, insbesondere wenn man empfänglich ist für diese materiellen Annehmlichkeiten. Die Wirkung ist dann umso größer, je mehr Statussymbole zur Schau gestellt werden, je eindrucksvoller diese sind und je größer die Differenz zum persönlichen Standard erlebt wird. Statussymbole fungieren als sichtbare Zeichen des eigenen Erfolgs und dokumentieren den sozialen Rang und die Bedeutung der eigenen Persönlichkeit in der Unternehmens- und Gesellschaftshierarchie.

Im Einzelnen gehören dazu:

- materielle Statussymbole, die das Unternehmen abgestuft nach Führungsebenen bereitstellt, also Schreibtisch, Teppich, Größe des Büros, Notebook, Sekretariat, Automarke, Firmenparkplatz etc.;
- materielle Statussymbole, die man persönlich erworben hat, also etwa ein großes Haus, ein exklusives Auto, eine teure Yacht, Privatjet, teure Kleidung, kostbarer Schmuck, Gemälde und Plastiken, eine wertvolle Uhr, bestimmte Urlaubsziele und kostspielige Hobbys etc.;
- Titel aller Art, Orden, Preise, Auszeichnungen, politische Ämter.

Je höher man in der Führungspyramide aufsteigt, umso mehr gilt ein aufgeräumter Schreibtisch ohne Papiere als ein Machtsymbol. Hier sitzt jemand, der visionär denkt, Strategien entwickelt, geschickt delegiert, Entscheidungen trifft und diese führungsstark verkündet. Die operative Arbeit macht eine hoch motivierte Führungsmannschaft. Für Chefentscheidungen bleiben dann nur noch ganz wenige „wichtige" Papiere übrig.

Der Manipulator macht Komplimente als Mittel zum Zweck

Eine einfache, wenngleich in vielen Fällen wirkungsvolle psychologische Technik besteht darin, dem Gesprächspartner zunächst zu schmeicheln, Arbeitsergebnisse zu loben und Komplimente zu machen, um dadurch sein Selbstwertgefühl zu fördern. Die Hypothese: Der Partner wird eher Zugeständnisse machen, wenn er vorher in eine gute Stimmung gebracht wurde.

Abwehrstrategie

Wenn das anerkennende Wort ehrlich gemeint ist und mit den Fakten in Einklang steht, spricht nichts dagegen, sich für das Feedback zu bedanken und sich darüber zu freuen. Wenn Sie eine manipulative Strategie dahinter vermuten, können Sie sich kurz bedanken, das Kompliment zurückgeben und dann sofort zum Sachthema kommen.

Reaktion	„Vielen Dank für die Blumen, Herr Meyer. Darf ich Ihnen den Anlass unseres heutigen Treffens noch einmal verdeutlichen. Es geht um ein Zwischenresümee des Projekts XY und die nächsten Schritte ...“

Der Manipulator macht sich selbst zum Opfer

In seiner Argumentation stellt Ihr Gesprächspartner anschaulich und drastisch seine bedauernswerte Verhandlungsposition dar: „Herr Müller, wir sind ein kleiner Zulieferbetrieb und müssen uns auf einem hart umkämpften Markt behaupten. Preissenkungen lassen uns bei gleichzeitig steigenden Kosten keine Luft zum Atmen. Die Vorgaben für uns Vertriebsleute können Sie sich nicht vorstellen. Und wenn Sie jetzt noch meine Vorschläge so hart ablehnen, weiß ich auch nicht weiter. Vielleicht können Sie mir dieses Mal eine Brücke bauen.“ Die Intention ist klar: Ihr Gegenüber möchte bei Ihnen Mitleid wecken und dadurch Zugeständnisse in der Sache erreichen.

Abwehrstrategie

Wenn Sie den Eindruck haben, dass Ihr Gegenüber manipuliert, können Sie Verständnis signalisieren und dagegenhalten, dass jeder an seinem Arbeitsplatz seine anspruchsvollen Zielvorgaben hat und dass sich kleine wie große Unternehmen auf umkämpften Märkten behaupten müssen. Vielleicht hilft als Placebo ein rhetorischer Appell an die Politik, die die richtigen Signale für Wirtschaft und Konjunktur setzen sollte. Lenken Sie dann zum Sachthema zurück. Die Kunst besteht – wie es im Grundaxiom des Harvard-Konzepts heißt – darin, eine partnerschaftliche Grundhaltung mit Konsequenz in der Sache zu verknüpfen.

Schwächen des Partners ausnutzen

Zu den „schmutzigen Verhaltensmustern" gehört auch, wenn jemand bewusst Schwächen des anderen anspricht, die sein Selbstwertgefühl mindern sollen. Besonders niederträchtig ist es, persönliche Schwächen, Gebrechen oder Brüche in der schulischen oder beruflichen Laufbahn zu instrumentalisieren, um den anderen zu verunsichern oder zum Einlenken zu bringen.

Beispiel: Ein persönlicher Referent der Geschäftsführung hat einen Vorschlag für die Neugestaltung der Firmenzeitschrift erarbeitet. Im Vier-Augen-Gespräch stellt er dem kaufmännischen Direktor das neue Konzept vor, setzt sich gekonnt mit den Einwänden auseinander und hat gegen Ende ein wirklich gutes Gefühl. Das Okay des Entscheiders scheint nur noch eine Formalie zu sein. Dazu kommt es aber nicht. Der Vorgesetzte macht ein anderes Spielfeld auf, wie er das mit dem Referenten schon einige Male gemacht hat: Er holt einen Ordner aus der Schublade und spricht ein Thema an, das unseren Referenten auf die Palme bringt: „Also Herr Schneider, in den letzten Wochen habe ich mir mal die Briefe zusammenstellen lassen, die Sie geschrieben und verschickt haben. Mich ärgern zum wiederholten Mal Ihre Rechtschreibung und Ihr schriftlicher Ausdruck. Das möchte ich Ihnen jetzt einmal zeigen ..." Der Referent ist baff und bringt kein Wort mehr heraus.

Abwehrstrategie
Zunächst geht es darum, nicht zu rasch auf das Reizthema anzuspringen und das Heft des Handelns wieder in die eigene Hand zu bekommen. Ihr persönlicher Schutzschild kann Ihnen hierbei helfen. Sie können das ablenkende Thema, hier „Korrespondenz", direkt ansprechen und dann zum eigentlichen Sachthema zurücklenken. Noch souveräner wirkt es, das Reizthema zurückzustellen und zunächst den ersten Tagesordnungspunkt abzuschließen.

Reaktion	„Was halten Sie davon, wenn wir zunächst das Thema Firmenzeitschrift zu Ende bringen und dann das zweite Thema in Angriff nehmen, Herr Meier?"
	oder:
	„Was halten Sie davon, wenn wir zunächst das Thema Firmenzeitschrift zu Ende bringen. Über das zweite Thema möchte ich gern anschießend mit Ihnen sprechen. Falls dazu heute die Zeit nicht ausreicht, auch in einem separaten Termin."

Um in Zukunft keine ähnlichen Überraschungen zu erleben, sollte dieses neuralgische Thema im gegenseitigen Einvernehmen geklärt werden. Hier könnte der Referent den Direktor um Lösungsideen bitten und natürlich auch eigene Vorschläge ins Spiel bringen. Beispielsweise der Besuch eines externen Seminars, die Durchführung eines internen Korrespondenztrainings, die Arbeit mit einem seriösen Ratgeber oder einem Floskelscanner.

3 Der Manipulator argumentiert mit „gezinkten Karten" – Spezielle Tipps zur Abwehr

Es gibt eine Reihe unfairer Techniken, bei denen es um die Manipulation der Argumente und um die subtile Steuerung der Diskussion geht. Je größer das rhetorische Geschick des Angreifers, umso schwieriger ist es, diese Techniken zu erkennen. Im Einzelnen geht es um die Argumentation mit fingierten Fakten und frei erfundenen Referenzpersonen, um die Abwertung konkurrierender Anbieter, um den Themenwechsel sowie um zwei weitere perfide Taktiken, nämlich die persönlichen Schwächen des Gegenübers auszunutzen und ein „Good Guy & Bad Guy"-Spiel zu inszenieren.

„Fingierte" Zahlen

Ihr Gegenüber lügt. Er argumentiert mit frei erfundenen Zahlen, Daten oder Untersuchungsberichten und versucht dadurch, seine Produkte und Lösungen aufzuwerten, seinen schwachen Argumenten ein wissenschaftliches Aussehen zu geben oder seine Verhandlungsposition zu verbessern. Hier einige Kostproben: „98 Prozent unserer Kunden sind mit dem neuen Servicekonzept sehr zufrieden."; „Marketingexperten aus der Wissenschaft bescheinigen uns ein mustergültiges

CRM-Konzept.“; „Wir haben ein Angebot eines Wettbewerbers vorliegen, das 25 Prozent unter Ihrem Preis liegt.“ Das Dilemma: Wenn die „fingierten“ Inhalte rhetorisch wirkungsvoll vorgetragen werden, ist die Gefahr groß, dem Manipulator auf den Leim zu gehen. Besonders schwierig ist es, einen Lügner zu erkennen, wenn dieser rhetorisch brillant ist und den Einsatz unfairer Rituale in Verhandlungen und Diskussionen über Jahre hinweg trainiert hat.

Abwehrstrategie

Es lohnt sich in jedem Falle, vorsichtig zu sein und jemandem erst dann zu vertrauen, wenn man gute Gründe dafür hat. Springen Sie niemals auf ein „heißes Eisen“ spontan an. Lassen Sie die wohlgesetzten Worte und die Dominanzgebärden der Gegenseite vorbeirauschen. Lassen Sie sich durch den Schein „bloßer“ Rhetorik nicht blenden und prüfen Sie konsequent Fakten, Zahlen und Argumente einschließlich der zugrunde liegenden Informationsquellen auf Tragfähigkeit und Seriosität. Mit präzisierenden Fragen zeigen Sie Ihrem Gegenüber, dass Sie seine pauschalen Behauptungen nicht ohne Weiteres akzeptieren. Ergreifen Sie die Initiative, wenn Sie den begründeten Verdacht haben, dass Ihr Gesprächspartner die Zahlen oder Fakten manipuliert. Dann ist es ratsam, kleine Kontrollschritte einzubauen und sich bei anderen Fachleuten Ihres Vertrauens rückzuversichern, bevor Sie Entscheidungen treffen.

Lüge	„98 Prozent unserer Kunden sind mit dem Servicekonzept sehr zufrieden.“
Reaktion	„Mit welcher Methode haben Sie die Kundenzufriedenheit untersucht? Und: Wie viele Kunden haben Sie befragt?“

Lüge	„Marketingexperten aus der Wissenschaft bescheinigen uns ein mustergültiges CRM-Konzept.“
Reaktion	„Das hört sich gut an, Herr Kaiser. Zwei Fragen habe ich dazu: Welche Marketingexperten haben Ihnen dieses Gütesiegel ausgestellt? Und was ist das Besondere an Ihrem CRM-Konzept?“

Lüge	„Wir haben ein Angebot eines Wettbewerbers vorliegen, das 25 Prozent unter Ihrem Preis liegt."
Reaktion	„Ihre Zahlen kann ich nicht bewerten, denn ich kenne nicht die Rahmenbedingungen des Angebots. Ich will gern noch einmal deutlich machen, wie sich unser Preis zusammensetzt. Sie werden sehen, dass wir sehr eng kalkuliert haben." oder: „Ihre Zahlen kann ich nicht bewerten, denn mir sind die Rahmenbedingungen des Angebots nicht bekannt. Wir können aber gern die Angebote Position für Position durchgehen und nachsehen, wo wir zum Beispiel Zusatznutzen oder Zusatzleistungen bieten, die andere nicht in der Kalkulation haben."

Einwände von Referenzpersonen vorschieben

Ihr Gegenüber spürt, dass Sie gute Argumente haben und dass es immer schwieriger für ihn wird, zu einem Geschäftsabschluss Nein zu sagen. An dieser „kritischen" Stelle bringt er Einwände von Personen, die nicht im Raum sind. Dies kann zum Beispiel sein Vorgesetzter, der Controller oder je nach Thema eine Schlüsselperson aus einem anderen Ressort sein, ohne die der Geschäftsabschluss nicht möglich sei.

Eine Variante dieser Technik besteht darin, sich während der Argumentation hinter einer fremden Meinung zu verstecken. Es werden also Referenzpersonen ins Spiel gebracht, die im Moment des Gesprächs nicht befragt werden können. Diese „unsichtbaren" Partner können zum Beispiel Wissenschaftler, Forschungseinrichtungen, Experten der Branche oder auch herausgehobene Persönlichkeiten des eigenen Unternehmens sein: Fachexperten, Leiter der F&E-Abteilung oder ein bestimmtes Vorstandsmitglied.

Abwehrstrategie
Sie haben bei diesem Manipulationsversuch allen Grund, gelassen und ruhig zu bleiben. Denn Ihrem Gegenüber sind mit hoher Wahrscheinlichkeit seine Argumente ausgegangen. Schlagen Sie vor, die erreichten Verhandlungsergebnisse festzuhalten und einen neuen Termin mit dem „unsichtbaren" Dritten anzusetzen. Drängen Sie im Falle einer unternehmensexternen Referenzperson darauf, die genaue Informationsquelle in Erfahrung zu bringen.

Vorgeschobener Einwand	„Ohne vorherige Rücksprache mit meinem Chef kann ich keine Entscheidung treffen. So gern ich das nach unserem guten Gespräch auch wünschte."
Reaktion	„Das kann ich gut nachvollziehen, Herr Meier. Ich freue mich darauf, Ihren Chef dann auch persönlich kennenzulernen. Ich bin in der nächsten Woche gut verfügbar. Was sagt Ihr Terminplan?"

Vorgeschobener Einwand	„Es gibt da meines Wissens neue Untersuchungen des Fraunhofer-Instituts zur Recyclingfähigkeit des Werkstoffs und die kommen zu ganz anderen Ergebnissen."
Reaktion	„Die Untersuchung ist mir nicht bekannt. Könnten Sie mir die genaue Quelle nennen oder sogar eine Kopie der Ergebnisse mailen oder faxen?"

Mitbewerber durch Gerüchte abwerten

Bei dieser „Schurkentechnik" werden gezielt Gerüchte in Umlauf gebracht, um dem Wettbewerber zu schaden und die eigene Verhandlungsposition zu verbessern. Ein Vertriebsrepräsentant macht angeblich vertrauliche Mitteilungen zu gravierenden Schwachstellen beim konkurrierenden Unternehmen. Das thematische Spektrum ist breit: Es kann dabei genauso um vermeintliche Termin-, Kapazitäts- oder Qualitätsprobleme gehen wie um Übernahmegerüchte oder anstehende Umstrukturierungsprozesse. Konfrontiert man nun das angeschwärzte Unternehmen mit den

Unterstellungen, so wird es die behaupteten Schwierigkeiten natürlich abstreiten. Das Perfide dieser Methode: Der Manipulator wird das Bestreiten der Vorhaltungen als Indiz dafür interpretieren, dass der Mitbewerber etwas zu verbergen habe.

Abwehrstrategie
Seien Sie skeptisch, wenn Ihr Gegenüber mit Gerüchten argumentiert und schlecht über Dritte spricht. Lenken Sie die Aufmerksamkeit – wie beim Argumentations-AIKIDO – auf das Sachthema und Ihr Verhandlungsziel. Seien Sie im Fortgang der Verhandlung besonders kritisch, was die Thesen und Beweismittel Ihres Gegenübers angeht. Wer den Versuch macht, durch lancierte Gerüchte Mitbewerber herabzusetzen,

verdient in der Regel nicht das Maß an Seriosität und Glaubwürdigkeit, das Sie sich für ein partnerschaftliches Miteinander wünschen.

Themen wechseln und „freie" (nicht gefragte) Information unterbringen

In jeder Kommunikationssituation geht es auch um die Frage, welche Themen und Aspekte diskutiert werden und wer wann welche Gesichtspunkte ins Spiel bringt. In der Praxis wird diese manipulative Technik in vielfältiger Form eingesetzt. Hier einige Beispiele:

Neue Spielfelder aufmachen
Diese unsachliche Taktik kann darauf gerichtet sein, die Diskussion des betreffenden Tagesordnungspunktes zu blockieren oder Ihnen Energie zu rauben, um in eine günstigere Verhandlungsposition zu kommen.

Beispiel: In einer Verhandlung spielt Ihr Partner auf Zeit, indem er das Spielfeld wechselt und Sie in eine ermüdende, langatmige Diskussion verwickelt. Ihr Gegenüber kann versuchen,

- die Ebene zu wechseln, also bei einer technischen Diskussion andere Kriterien wie wirtschaftliche, organisatorische oder kundenorientierte Fragen anzusprechen,
- Definitionen und strategische Grundsatzfragen zu erörtern oder etwa
- die Risiken und Schwachstellen des Vorschlags (erneut) zu diskutieren.

Abwehrstrategie
Springen Sie nicht zu schnell auf die Themen der Gegenseite an. Lenken Sie zum zentralen Thema und zum Ziel der Veranstaltung zurück. Sie können auf die begrenzte Zeit hinweisen, um das ansonsten interessante Thema zu diskutieren.

„Freie" Information einfügen
Wenn Ihr Gegenüber aus taktischen Gründen eine Frage nicht beantworten möchte oder zusätzliche Aspekte, die Image und Kompetenz fördern, einbringen will, fügt er „freie" Information ein. Im Gegensatz dazu geht es bei „gebundener" Information darum, die Sache und den Dialog voranzubringen (siehe auch Seite 213).

Beispiel: Ein Journalist fragt einen Bundespolitiker in einer Livesendung danach, was er für die Langzeitarbeitslosen in Mecklenburg-Vorpommern tun könne. Um nicht sprachlos dazustehen, nutzt er einen manipulativen Trick, den Hans-Dietrich Genscher zur Perfektion entwickelt hat (siehe Seite 141f.). Er startet mit einem (vorbereiteten) grundsätzlichen Statement: „Erlauben Sie mir eine grundsätzliche Bemerkung. Es kommt darauf an, dass wir die Investitionsbereitschaft durch geeignete Anreize fördern und dass wir offensiver gegen die Schwarzarbeit vorgehen. Auch und gerade in Mecklenburg-Vorpommern ...“

Abwehrstrategie
Wenn der Befragte nicht zum Punkt kommt, sollte der Journalist konsequent nachhaken und freundlich, aber bestimmt unterbrechen: „Entschuldigung, Herr Minister, was raten Sie nun den Langzeitarbeitslosen?“, und die Frage mit anderen Worten erneut stellen.

„Good Guy & Bad Guy“-Spiele inszenieren

Bei diesem manipulativen Trick sehen Sie sich zwei Verhandlungspartnern gegenüber, die Ihre Vorgehensweise abgesprochen haben. Der Good Guy übernimmt den weichen, partnerorientierten Teil. Er nutzt ausschließlich Soft Skills, um eine „guten“ emotionalen Kontakt zu Ihnen herzustellen und eine unterkühlte Atmosphäre zu entkrampfen („Unfreezing“). Zu der Hauptaufgabe des Bad Guy gehört es, Sie direkt anzugreifen, extreme Forderungen zu stellen und diese mit großem Engagement zu vertreten. Auch bedient er sich einschüchternder Mittel, um seine Forderung zu vertreten. Dominante Gesten und Pokerface gehen einher mit einem kühlen, unfreundlichen Verhalten. Geraten Sie mit dem Bad Guy in eine festgefahrene Situation, in ein Streitgespräch, kommt der Kollege ins Spiel, versucht die Stimmung zu verbessern und macht Kooperationsangebote.

Abwehrstrategie
Bedenken Sie von A bis Z, dass beide Verhandlungspartner das, was sie machen, geplant und mit voller Absicht tun. Beide stecken unter einer Decke. Der beste Schutz besteht darin,

- ruhig, gelassen und konsequent auf der sachlichen Ebene zu bleiben,
- sich nicht auf emotionale Spiele einzulassen,

- der eigenen Argumentationslinie treu zu bleiben und sich nur innerhalb des vorher definierten Verhandlungsspielraums zu bewegen.

Die Strategien zur Abwehr unfairer Angriffe sind dabei eine wertvolle Hilfe.

6   Die zehn wichtigsten Schlagfertigkeitstechniken

In diesem Kapitel lernen Sie Techniken kennen, um geschickt zu kontern:

Im Folgenden lernen Sie praktikable Schlagfertigkeitstechniken kennen. Prüfen Sie situativ, inwieweit die vorgestellten Varianten für Ihre Anwendungssituationen geeignet sind. Auswahlkriterien sind dabei Kontext und Intensität des Angriffs sowie Ihre persönlichen Präferenzen und die Bedeutung der Beziehungsebene.

In meinen Seminaren und Coachings habe ich die Erfahrung gemacht, dass in 80 Prozent der beruflichen Diskussionen der Einsatz von Brückensätzen (siehe Seite 77ff.) und geeigneter Lenkungstechniken ausreicht, um souverän mit unsachlichen Angriffen zurechtzukommen. Schlagfertiges Kontern hat einen hohen Stellenwert vor allem dann, wenn Sie es mit Beleidigungen, provokativen Sprüchen, Sticheleien und ironischen Bemerkungen zu tun haben, beispielsweise bei privaten Streitgesprächen, in politischen Diskussionen und Debatten sowie bei bestimmten berufsbezogenen Konflikten und beim Argumentieren im Antipathiefeld.

Im Schrifttum findet sich eine Reihe mehr oder weniger tauglicher Ratgeber zum Thema „Schlagfertigkeit" (stellvertretend sei auf die Publikationen von Barbara Berckhan 2010, Matthias Pöhm 2002, Matthias Nöllke 2009 sowie Wilhelm Edmüller 2012 hingewiesen). Die hier vorgestellten Schlagfertigkeitstechniken und Anleitungen zur Generierung schlagfertiger Antworten wurden anhand der Kriterien Praktikabilität, Einfachheit in der Handhabung, Originalität und Anwend-barkeit in der beruflichen Praxis ausgewählt.

Die Techniken 1 bis 8 können weitestgehend als weich und deeskalie-rend eingeschätzt werden. Sie eignen sich also immer dann, wenn Ih-nen an der Fortführung des Dialogs gelegen ist. Die unter 9 und 10 dar-gestellten Kontertechniken „Retourkutsche" sowie „Verwirrungstaktik und Nonsens-Antworten" gelten eher als hart und können das weitere Miteinander gefährden; daher sollten sie nur in Ausnahmefällen ange-wendet werden.

1 Rückfragen

Eine witzige und geistreiche Antwort hat man leider nicht immer auf Kommando verfügbar. In vielen Situationen ist die unmittelbare Rück-frage eine „Überlebensstrategie", um nicht sprachlos zu wirken. Diese unmittelbare Rückfrage hat noch einen besonderen Vorteil: Sie wirkt stets schlagfertig, verschafft Ihnen eine Atempause und setzt den An-greifer unter einen gewissen Druck, Farbe bekennen zu müssen.

Durch die Rückfragetechnik können Sie zum Beispiel

- gewagte Thesen oder Killerphrasen hinterfragen,
- ergänzende Informationen einholen,
- abstrakte Begriffe präzisieren lassen,
- die Aufmerksamkeit des Angreifers auf die Sache lenken.

Angriff	„Das neue Konzept stößt in meinem Team auf größte Bedenken."
Reaktion	„Herr Schumann, wie sehen diese Bedenken konkret aus?"

Angriff	„Ihr Verantwortungsbereich hat Fett angesetzt und sollte daher verschlankt werden."
Reaktion	„Was meinen Sie mit Fett angesetzt und Verschlankung?"

2 Übersetzungstechnik

Die Kunst besteht bei dieser Technik darin, einen verletzenden, negativ besetzten Angriff in eine Richtung zu lenken (zu übersetzen), die Ihnen entgegenkommt:

Angriff	„Sie behandeln Ihre Mitarbeiter wie den letzten Dreck."
Reaktion	„Das Gegenteil ist richtig: Ich bin stolz darauf, dass mein Team hinter mir steht."

Angriff	„Lassen Sie mich doch in Ruhe mit Ihrem Seminar ‚Konfliktmanagement'."
Reaktion	„Sie meinen also, Sie haben die Kenntnisse und Fähigkeiten, auch schwierige Konflikte zu lösen?"

Angriff	„Sie haben Ihr Studium abgebrochen. Das war wohl nichts für Sie?"
Reaktion	„Aus heutiger Sicht bin ich glücklich, mich zu einer Neuorientierung entschieden zu haben."

3 Angriffe umdefinieren

Diese dialektische Variante zielt darauf, Worte oder Aussagen Ihres Gegenübers mit neuen Inhalten zu füllen. Durch Uminterpretation haben Sie die Chance, schlagfertig zu wirken und das Heft des Handelns wieder in die eigene Hand zu bekommen. Geeignet ist die gewollte Umdefinition insbesondere bei der Abwehr persönlicher Angriffe oder abwertender Unterstellungen. Die Technik ist relativ einfach: Sie nehmen ein Schlüsselwort aus der unfairen Redewendung auf, definieren es in Ihrem Sinne und stimmen dann zu.

Angriff	„Sie sind ein Erbsenzähler."
Reaktion	„Wenn Sie unter Erbsenzähler einen Menschen verstehen, der Sorgfalt im Detail walten lässt und höchsten Qualitätsstandards verpflichtet ist, dann bedanke ich mich für Ihr Kompliment."

Angriff	„Sie stehen mit beiden Füßen fest auf den Wolken."
Reaktion	„Wenn Sie mit dem Ausdruck ‚fest auf den Wolken stehen' Leichtigkeit und Kreativität im Denken verbinden, dann bin ich einverstanden mit Ihrer Bemerkung."

4 Gerade-weil-Technik

Die Aussage des Gegenübers wird bei dieser Technik umgedreht und je nach Situation ergänzt oder erweitert. Das Argument wird zur Stützung der eigenen Position verwendet.

Angriff	„Die Unternehmensberatung, die unsere Marktstrategie optimieren soll, hat kaum Erfahrungen in unserer Branche."
Reaktion	„Gerade deshalb ist sie in der Lage, ohne Betriebsblindheit und Vorurteile an die Probleme heranzugehen und die richtigen Fragen zu stellen. Die externe Beratung bringt ihre Prozesskompetenz mit ein, wir hingegen die gewachsene Fachkompetenz."

Angriff	„In Ihrer Abteilung führen Sie mit Abstand die meisten Seminare durch. Das ist doch ein sehr teurer Spaß, bei dem außer Spesen nichts herauskommt."
Reaktion	„Das sieht auf den ersten Blick vielleicht so aus (Brückensatz). Aber gerade weil wir die Seminare durchführen, ist mein Team hoch motiviert und fachlich stets auf dem neuesten Stand."

5 Negativ-Aussagen auf positive Aspekte lenken

Gerade bei Neuerungen oder Veränderungsprozessen gibt es immer wieder Personen, die prinzipiell Nein sagen, herumnörgeln, negative Behauptungen aufstellen und dadurch mit viel Emotionen Nachteile,

Risiken, Schwierigkeiten und Soll-Bruchstellen Ihres Konzepts hervorheben. Die Gefahr liegt darin, dass die Minus-Seite der neuen Idee überproportional lange diskutiert wird. Hier bieten sich zwei Technik-Varianten an, um die Aufmerksamkeit auf positive, chancenträchtige Aspekte zu lenken:

1. Sie stellen eine (offene) Rückfrage, um den Kritiker positive Aspekte finden zu lassen.
2. Sie weisen in Ihrer Antwort selbst auf die positiven Aspekte des betreffenden Themas hin.

Angriff	„Das Change-Management-Konzept hat große Mängel und ist wenig durchdacht."
Reaktion	„Wo sehen Sie die besonderen Vorzüge und die besonderen Chancen dieses Konzepts?"
	oder:
	„Was müsste getan werden, damit Sie das Konzept als tragfähig und zukunftsgerichtet bezeichnen würden?"

Angriff	„Ich sehe die vorgeschlagenen Kommunikationstrainings sehr skeptisch, weil die Wirkung doch nach einigen Tagen verpufft."
Reaktion	„In Ihrem Einwand sprechen Sie einen wichtigen Punkt an, nämlich die erfolgreiche Anwendung des Erlernten. Ich möchte Ihnen anhand des Kommunikationstrainings XY zeigen, welche positiven Wirkungen sowohl im Kundenkontakt als auch in der internen Zusammenarbeit nachgewiesen werden konnten ..."

6 Unterstellung in der Frage zurechtrücken

Der Angreifer stellt eine unbewiesene Behauptung auf und schließt sofort eine Frage an. In einer Stress-Situation neigt man dazu, nur auf die Frage zu achten und die in der Frage enthaltene Unterstellung nicht wahrzunehmen. Eine Variante besteht darin, die Unterstellung zurückzuweisen und dann – je nach Situation und Ziel – eine weiche oder harte Rückfrage anzuschließen.

Fangfrage	„Ihr Management hat sich ja in den letzten Jahren mehr durch Fehlentscheidungen denn durch klare Weichenstellungen ausgezeichnet. Wie beurteilen Sie die Zukunftsperspektiven?"
Reaktion	„Die Feststellung im ersten Teil Ihrer Frage trifft so nicht zu. Was die Zukunftsperspektiven angeht, möchte ich drei Aspekte hervorheben ..."
	oder:
	„Die Behauptung im ersten Teil Ihrer Frage kann ich so nicht stehen lassen. Unser Management hat in der Summe gute Arbeit geleistet. Die Zukunftsperspektiven sehen wir folgendermaßen ..."

Fangfrage	„Ein Sauhaufen, Ihre Vertriebsmannschaft. Da müsste man mal richtig aufräumen."
Reaktion	„Wieso greifen Sie mein Team so massiv an? Meine Vertriebsmitarbeiter sind hoch motiviert und leisten gute Arbeit. Ich erinnere nur an die sehr positive Kundenzufriedenheitsanalyse ..."
	oder:
	„Ihre Behauptung hat mit der Wirklichkeit zum Glück nichts zu tun. Mein Team ist hoch motiviert und leistet sehr gute Arbeit. Was veranlasst Sie zu einem so herabsetzenden Urteil über meine Vertriebsmannschaft?"
	oder:
	„Das mag Ihre subjektive Wahrnehmung sein. Die Fakten sehen zum Glück anders aus ..."

Sie können den Angriff auch kategorisch zurückweisen oder kurz das Gegenteil behaupten.

Fangfrage	„Ihr sogenanntes CRM-Konzept hat weder Hand noch Fuß. Sie stehen doch selbst nicht dahinter."
Reaktion	„Da täuschen Sie sich. Das CRM-Konzept hat eine tragfähige Basis und ich stehe voll dahinter. Dieses Konzept ist für mich aus drei Gründen zukunftsweisend ..."

7 Begründete Ablehnung von Fragen

Durch diese Lenkungstechnik haben Sie die Möglichkeit, Nein zu sagen zur Beantwortung unfairer (Fang-)Fragen oder Forderungen. Niemand kann Sie zwingen, auf taktlose Fragen zu antworten. Eine einfache Abwehrstrategie besteht darin, die Antwort abzulehnen und die Ablehnung zu begründen. Diese Taktik besteht aus zwei Elementen:

1. Die Begründung soll Akzeptanz für Ihre Ablehnung schaffen.
2. Die knappe und kurze Ablehnung signalisiert Ihrem Gegenüber, dass er bei Ihnen keine Chance hat.

Frage	„Was halten Sie von den Führungsfähigkeiten unserer neuen Geschäftsführung?"
Reaktion	„Ein Gedankenaustausch zu dieser Frage steht heute nicht auf der Agenda. Ich werde daher keine Stellung nehmen." oder: „Sie scheinen in dieser Hinsicht ein Problem zu haben. Wo hakt es denn?"

Frage	„Wie hoch ist Ihr Gehalt?"
Reaktion	„Meine Bezahlung hat nichts mit dem Thema zu tun. Daher sage ich dazu nichts." oder: „Ich spreche nur mit ganz wenigen Leuten über mein Gehalt. Sie gehören leider nicht dazu." oder: „Sie scheinen in dieser Hinsicht ein Problem zu haben. Wo hakt es denn?"

Frage	„Herr Meier hat gestern eine schlimme Präsentation beim Kunden gehalten. Führen Sie mit ihm doch einmal ein Kritikgespräch, damit er die gröbsten Fehler in Zukunft vermeidet."
Reaktion	„Da Sie an der Präsentation vor Ort teilgenommen haben, ist es sicherlich sinnvoller, wenn Sie Herrn Meier ein Feedback geben."

Das Grundmuster dieser Technik „Begründung plus Ablehnung" lässt sich auch auf persönliche Angriffe anwenden. Wichtig ist allerdings dabei, dass im beruflichen Bereich die Kommunikation aufrechterhalten bleibt. Versuchen Sie also, das Gespräch nicht zu blockieren.

8 Umlenken auf die Verfassung des Angreifers

Diese Technik lässt sich aus dem bereits dargestellten AIKIDO ableiten. Ihr Gegenüber greift Sie an und will Sie als Person treffen. Darauf gehen Sie allerdings nicht ein. Vielmehr treten Sie gedanklich zur Seite und lenken den Angriff auf seine eigene emotionale Verfassung oder fassen den Inhalt kurz und knapp in einer sachlichen Feststellung zusammen.

Der Vorteil: Der Angreifer merkt, dass er mit Ihnen das unfaire Spiel nicht spielen kann und dass Sie sich die Initiative nicht aus der Hand nehmen lassen. Egal wie unfair und emotional Ihr Gegenüber wird: Sie schreiben seine Verbalattacke ausschließlich seiner emotionalen Verfassung zu. Sie selbst lassen den Angriff gar nicht an sich heran.

Mit dieser Reaktion zeigen Sie dem Angreifer, dass Sie Art und Weise seiner Äußerung analysieren und auf seine Stimmung eingehen, nicht jedoch auf seine Unfairness anspringen.

Angriff	„Das sind doch halbgare Argumente, die Sie da von sich geben."
Reaktion	„Sie haben eine andere Sicht der Dinge." (dann Rückfrage anschließen)
	oder:
	„Sie denken offenbar anders darüber." (dann Rückfrage anschließen)

Angriff	„Sie sind ein Vollidiot!"
Reaktion	„Sie sind offenbar sehr verärgert. Wo liegt Ihr Problem?" (Vorsicht: kann eskalierend wirken) oder: „Sie sind sehr erregt. Worum geht es Ihnen in der Sache?" oder: „Ihre Erregung überrascht mich. Worum geht es Ihnen in der Sache?"

9 Retourkutsche

Durch die Retourkutsche soll Ihr Gegenüber am eigenen Leib spüren, wie eine Beleidigung, eine Stichelei oder ein anderer unfairer Angriff wirkt. In politischen Diskussionen ist es sehr wirkungsvoll, dem Aggressor hypothetisch den Schmerz zuzufügen, den er Ihnen zufügen wollte. Das Motto lautet bei dieser wie auch bei der 10. Abwehrvariante: „Auf einen groben Klotz gehört ein grober Keil."

Angriff	„Ihnen geht es doch gar nicht um Umweltschutz. Ihnen geht es doch nur um die eigene Karriere."
Reaktion	„Ich möchte nicht mit gleicher Münze zurückzahlen und Ihnen vorwerfen, dass Sie käuflich sind oder Ihre Umwelt laufend belügen. Ich erwarte das Gleiche aber auch von Ihnen. Worum geht es in der Sache?"

Angriff	„Als Mitarbeiter eines Energieunternehmens können Sie doch gar nicht anders als pro Atomenergie zu argumentieren."
Reaktion	„Sie schlagen da eine Schlacht von vorgestern. In unserem Unternehmen legen wir großen Wert darauf, dass jeder Mitarbeiter seine eigene Meinung offen vertreten kann. Ihnen ist vermutlich entgangen, was wir speziell im Bereich ‚Regenerativer Energien' auf den Weg gebracht haben."

Angriff	„Sie machen nicht den intelligentesten Eindruck."
	oder:
	„Ihnen fehlt es wirklich an Intelligenz."
Reaktion	„Wissen Sie, was eine Projektion ist (kleine Pause). Ich helfe Ihnen: Projektion bedeutet, eigene Schwachstellen auf andere zu übertragen."
	oder:
	„Was meinen Sie: Hat sich mit dieser Bemerkung Ihr persönliches Image verbessert oder verschlechtert?"
	oder:
	„Interessant, dass Sie sich zutrauen, Intelligenz zu beurteilen. Haben Sie schon mal Ihren IQ testen lassen. Kam der über Zimmertemperatur?"
	oder:
	„Was ist Ihr Motiv, dass Sie mit solchen Bemerkungen Ihr Image so leichtfertig aufs Spiel setzen?"

10 Verwirrungstaktik und Nonsens-Antworten

Sie können einen Angreifer dadurch überraschen, dass Sie mit einer Antwort aufwarten, die überhaupt nicht zu der erwarteten Reaktion passt. Durch sogenannte Nonsens-Antworten, ein Kompliment mit leicht ironischem Unterton, durch Hörfehler-Technik oder den Zweisilbern Loriots (vgl. auch Berckhan 2010) erzeugen Sie beim Gegenüber eine kognitive Dissonanz. Das heißt, Ihr Partner kann nicht einordnen, wieso seine Attacke zu dieser Antwort geführt hat.

Mit einem Sprichwort kontern

Sie reagieren auf die unfaire Attacke mit einem Sinnspruch, der in keinem sachlogischen Zusammenhang mit dem Angriff steht. Der Kunstgriff besteht darin, dass Ihr Gegenüber vor einem Rätsel, vor einer paradoxen Situation steht. Er kann sich Ihre Replik nicht logisch erklären.

Angriff	„Sie haben totalen Bockmist gebaut. Praktische Intelligenz ist wohl nicht Ihr Spezialgebiet, Frau Feldmann."
Unpassender Sinnspruch	„Wie heißt es im Volksmund so schön: Eine Schwalbe macht noch keinen Sommer!"

Angriff	„Ihnen geht es doch nur um Karriereziele."
Unpassender Sinnspruch	„In meiner Heimat gibt es den Spruch: Am Abend wird der Faule fleißig!"

Die Dissonanz ist in vielen Fällen geeignet, Ihr Gegenüber zu verwirren oder aus dem Konzept zu bringen. Falls er nachfragt, kann man noch eins draufsetzen: „Es verlangt schon einiges an Konzentration, hinter den Sinn zu kommen. Warum sollen Sie es nicht schaffen?"

Weitere Sprichwörter, die Sie dann einsetzen können, wenn Sie nicht daran interessiert sind, sich mit dem provozierenden Spruch auseinanderzusetzen:

- Der beste Rat ist der Vorrat!
- Am Abend wird der Faule fleißig.
- Kommt Zeit, kommt Rat.
- Einem geschenkten Gaul schaut man nicht ins Maul!
- Kleine Ursache, große Wirkung.
- Die dümmsten Bauern haben die dicksten Kartoffeln.
- Eine Krähe hackt der anderen kein Auge aus.
- Ein Theoretiker kann alles beweisen. Auch das Gegenteil.
- Übermut tut selten gut.
- Eine Schwalbe macht noch keinen Sommer.
- Viele Köche verderben den Brei.

Mit einem x-beliebigen Thema kontern

Um den Angreifer zu verwirren, können Sie eine andere Nonsens-Technik anwenden: Sie schneiden ein x-beliebiges Thema an, das nichts mit dem Angriff zu tun hat. Auch hierbei kommentieren Sie mit keinem Wort die Beleidigung oder die unfaire Taktik des Gegenübers. Vielmehr lenken Sie die Aggression weg von Ihrer Person hin auf ein anderes Thema *Ihrer* Wahl. Durch Umlegung der Weiche geben Sie dem Zug, der Sie zu überrollen droht, eine andere Richtung – zur Überraschung des Angreifers.

Je nach Situation können Sie ein naheliegendes – konkretes – Thema auswählen, also etwa Wetter, Anreise, Urlaub oder Objekte in der unmittelbaren Umgebung. Alternativ kommen auch abstrakte Themen in Betracht: ein Zeitungsartikel, eine Fernsehsendung, ein besuchtes Seminar oder eine Neuentwicklung am Markt.

Angriff	„Ihnen fehlt es wirklich an Intelligenz. Sie sind ja zu nichts zu gebrauchen!"
Reaktion	„Herr Müller, wissen Sie eigentlich, dass seit gestern die Herzogstraße gesperrt ist. Wenn uns Kunden besuchen, sollten wir ihnen vorher einen kleinen Hinweis geben: Was meinen Sie?" oder: „Herr Müller, Sie haben doch sicherlich auch die Trends auf der CeBIT verfolgt. Wo liegen Ihrer Meinung nach chancenträchtige Entwicklungen für unser Unternehmen?"

Angriff	„Sie waren aber auch schon mal schlanker, Frau Schumann!"
Reaktion	„Haben Sie eigentlich gestern im Fernsehen den Bericht über ‚Jugend forscht' gesehen. Hochinteressant! Da haben zwei 17-Jährige ein neues Recyclingkonzept erarbeitet ..." oder: „Behalten Sie das, was Sie sagen wollten, im Kopf. Mir geht seit Wochen ein Gedanke nicht mehr aus dem Sinn: Hat die globale Erwärmung wirklich schon begonnen? Joachim Bublath vom ZDF hat in seiner letzten Sendung eine interessante Analyse vorgelegt. Demnach ..."

Mit einem Kompliment reagieren

Ein Angreifer möchte in der Regel Widerspruch. Ein Kompliment von Ihrer Seite entspricht somit überhaupt nicht seinen Erwartungen. Gerade wenn Ihr Gegenüber arrogant und dominant auftritt, können Sie ihn durch eine völlig überraschende Reaktion aus dem Konzept bringen:

Angriff	„Wenn Sie so weinerlich auf meine Sachaussage reagieren, werden Sie nie Karriere bei uns machen."
Reaktion	„Ich bewundere Ihre Souveränität und Ihre Urteilskraft."
	oder:
	„Dass Sie mich an Ihrer Lebenserfahrung teilhaben lassen, finde ich wunderbar."
	oder:
	„Vielen Dank für Ihre einfühlsamen Ratschläge."
	oder:
	„Ihre Ratschläge sind von unschätzbarem Wert."
	oder:
	„Sie beeindrucken mich durch Ihre Intelligenz."

Mit dem Zweisilber „Ach, was" überraschen

Wenn Ihnen nichts Originelles einfallen sollte, können Sie sich auch mit den zwei Silben „Ach, was" als Antwort zufrieden geben, wie sie Vicco von Bülow (alias Loriot) in seinen Alltagsdialogen einzusetzen pflegt. Danach kommen Sie wieder auf das Sachthema zu sprechen.

Angriff	„Ihnen fehlt es wirklich an Intelligenz. Sie sind ja zu nichts zu gebrauchen!"
Reaktion	„Ach, was?"
	oder:
	„Soso!"
	oder:
	„Sag bloß?"

Mit der Hörfehler-Technik punkten

Bei dieser Variante imitieren Sie die Reaktion schwerhöriger Menschen und fragen „unbeholfen" nach. Das Anwendungsfeld liegt vorrangig dort, wo Sie Sticheleien, dumme Sprüche und Beleidigungen abwehren wollen und an einem weiteren Dialog nicht interessiert sind.

Angriff	„Sie stehen doch mit beiden Füßen fest auf den Wolken."
Reaktion	„Mit beiden Füßen fest stehen – das ist sehr wichtig. Da laufen Sie bei mir offene Türen ein."

Angriff	„Ich kann mir Ihren Quatsch nicht länger anhören."
Reaktion	„Anhörung? – Wer ist denn vor Gericht gestellt worden? Läuft da ein Prozess?"

Angriff	„Warum sind Sie immer so nachtragend?"
Reaktion	„Nachtragen? Wem wollen Sie etwas nachtragen?"

Bei verletzenden Verbalattacken: Entschuldigung einfordern oder Situation verlassen

Wenn Sie ein Angreifer gravierend beleidigt oder in anderer Weise Ihr Selbstwertgefühl verletzt, ist es ratsam, eine Grenze zu markieren. Und zwar in einer deutlichen, klaren Sprache und mit Nachdruck. Bringen Sie Ihre gesamte personale Autorität ins Spiel. Sie könnten sagen: „Ich lasse mich von Ihnen nicht beleidigen." Und dann: „Herr Bauer, ich erwarte eine Entschuldigung!"

In solchen Situationen ist ein Stückchen Powertalking gefragt. Tragen Sie Ihre Reaktion so souverän und sicher wie möglich vor. Auch wenn Ihr Gegenüber auf Ihre Forderung nach einer Entschuldigung nicht unmittelbar eingeht, wird er doch im Gedächtnis behalten, dass er mit Ihnen in dieser beleidigenden, verletzenden Art nicht herumspringen kann.

Wenn Sie es mit einem Choleriker zu tun haben, der von Zeit zu Zeit seine Wutanfälle bekommt, oder wenn Alkohol oder Drogen aggressive Angriffe anheizen, ist es häufig am besten, die Situation zu verlassen und das eigene Nervensystem zu schonen.

Spezielle Tipps zum Üben der Schlagfertigkeit

Beginnen Sie zunächst mit den Situationen, in denen Sie sich besonders wohlfühlen. Steigern Sie nach und nach den Schwierigkeitsgrad. Versuchen Sie auch schlagfertige Antworten positiven Inhalts zu produzieren.

Auswahl von Übungsgelegenheiten, um Ihre Schlagfertigkeit im Alltag zu trainieren

Trainingssituationen im beruflichen Bereich
- Konferenzen, Besprechungen oder andere Szenarien im Beruf
- Diskussionen im Rahmen von Präsentationen
- Gespräche und Verhandlungen
- berufsbezogene Kurse und Seminare
- informelle Diskussionen zum Beispiel am Mittagstisch oder in Arbeitspausen

Trainingssituationen im privaten Bereich
- Stammtisch
- Diskussionen mit Freunden und Bekannten
- eigene Familie (Vorsicht!)
- Diskussionen mit Nachbarn

Weitere Trainingssituationen
- politische Zirkel
- Elternabende
- Seminare und Kurse im Rahmen der allgemeinen Weiterbildung
- Arbeitskreise und Gremien gesellschaftlicher Interessengruppen

Hinweis

Im Trainingsteil können Sie sofort überprüfen, ob Sie in der Lage sind, die Schlagfertigkeitstechniken zur Abwehr unfairer Angriffe anzuwenden (siehe Seite 298ff.).

7 Fünfsatztechnik – Die eigenen Botschaften auf den Punkt bringen

> *„Wer so spricht, dass er verstanden wird,*
> *spricht immer gut."*
>
> *Molière*

Der Inhalt im Überblick:

Wer sich in schwierigen Argumentationen sicher und überzeugend behaupten will, muss in der Lage sein, seine Wortbeiträge strukturiert und zielgerichtet zu formulieren. Gedankliche Baupläne („Fünfsätze") helfen Ihnen, Ihre Kernbotschaften knapp und präzise darzustellen. Sie sind sowohl anwendbar, wenn Sie Ihren Standpunkt spontan formulieren wollen, als auch in Situationen, auf die Sie sich vorbereiten können.

Beispiele:
- In einem Fernsehinterview fragt Sie der Journalist, wie Sie die Qualitätsmängel beim Produkt X erklären.
- Der Geschäftsführer fragt Sie in einer Konferenz, wie Sie über den neuen Internetauftritt denken.
- In einer privaten Runde entwickelt sich eine hitzige Diskussion zum Thema „Energiewende". Sie wollen Ihren Standpunkt dazu formulieren.
- Sie bereiten sich auf eine Podiumsdiskussion vor und überlegen, wie Sie Ihre Kernbotschaften am besten herausarbeiten.
- In einer Führungsrunde wird ein neues Marketingkonzept vorgestellt. Sie wollen einige kritische Punkte dazu in die Diskussion einbringen.

In diesen und ähnlichen Situationen kann Ihnen die Fünfsatztechnik (siehe Geißner 1993) helfen, Ihren Wortbeitrag zu strukturieren. In meinen Seminaren erlebe ich immer wieder, dass ein großer Teil des persönlichen Stress durch diesen gedanklichen Bauplan abgebaut werden kann.

1 Was bedeutet „Fünfsatz"?

„Fünfsätze" sind Strukturpläne für zielgerichtetes Argumentieren. Sie sind darauf gerichtet, die eigene Meinung oder relevante Teilaspekte in fünf Schritten kurz, logisch und zielführend zu vermitteln. Je nach Anlass und Situation stehen verschiedene Fünfsatzmodelle zur Verfügung. Die wichtigsten lernen Sie in diesem Kapitel kennen.

Jeder Fünfsatz enthält die Phasen: Einleitung, Hauptteil und Schluss. Dabei ist der Hauptteil für drei argumentative Schritte reserviert. Der Gesprächspartner soll dazu gebracht werden, den Gedankengang nachzuvollziehen und den roten Faden jederzeit zu erkennen. Die Hauptaussage steht in der Regel am Schluss der Argumentation.

Hinweis

Der Begriff Fünf-„Satz" ist missverständlich: Denn jeder der fünf Argumentationsschritte besteht in der Regel aus mehreren Sätzen. Daher sprechen wir im Folgenden von Schritt oder Phase.

Sie können sich die Bedeutung der einzelnen Schritte anhand der Übersicht klarmachen:

Grundschema der Fünfsatztechnik		
1. Schritt	Einleitung	Situativer Einstieg ...
2.–4. Schritt	Hauptteil	Drei argumentative Schritte ...
5. Schritt	Schluss	Hauptaussage, Zielsatz ...

Erläuterung

1. Schritt: Je nach Situation gibt es verschiedene Einstiegsmöglichkeiten: Sie können etwa an einen Diskussionsbeitrag anknüpfen, einen neuen Aspekt einführen oder auf eine gestellte Frage reagieren.

Beispiele: „Herr Schneider, erlauben Sie mir drei Anmerkungen zu Ihrem Lösungsvorschlag ...“; „Im Bereich der Technik haben wir zwei Alleinstellungsmerkmale ...“; „Ein Punkt, der noch gar nicht zur Sprache gekommen ist ...“; „Unser Servicekonzept ist durchgängig kundenorientiert ...“

2. bis 4. Schritt: Der dreifach gegliederte Hauptteil beinhaltet die eigentliche Argumentation (= Beweisführung). Die drei Schritte lassen unterschiedliche Kombinationen und Abfolgen zu. Die Argumentation liefert die Belege dafür, dass der Zwecksatz (Hauptaussage) richtig ist.

5. Schritt: Der letzte Schritt enthält die wichtigste Aussage und wird daher als Zwecksatz bezeichnet. In der Literatur nennt man ihn auch Zielsatz oder zielorientierte Kernbotschaft. Mit ihm wird die Kernbotschaft zugespitzt und einprägsam zusammengefasst oder verstärkt. Der letzte Satz kann auch als Appell formuliert sein.

Beispiele: „Und daher sollten wir das Budget für die Anschaffung neuer Notebooks im Vertrieb freigeben.“; „Und daher ist Ihr neuer Internetauftritt in meinem Team sehr positiv aufgenommen worden.“; „Mein Fazit: Die Politik sollte jetzt dafür sorgen, die Qualifikation der Lehrer zu verbessern und die Klassengrößen um 30 Prozent zu verringern.“

2 Tipps zur Vorbereitung

Bei der gedanklichen Vorbereitung eines Fünfsatzes beginnen Sie am besten mit Ihrem Zwecksatz (Kernbotschaft). Hierbei geht es um eine kurze Aussage, die die Essenz Ihrer Argumentation auf den Punkt bringt. Nachdem Sie den Zwecksatz gefunden haben, suchen Sie nach geeigneten Argumenten und Beispielen. Überlegen Sie sich zuletzt einen guten Einstieg.

Der Grundsatz der Partner- und Zielorientierung sichert die Überzeugungskraft Ihrer Argumentation:

- Geben Sie nur Argumente für Ihren Zwecksatz an.
- Überlegen Sie, welche Argumente aus Sicht Ihres Partners (vermutlich) die größte Überzeugungswirkung haben.
- Verknüpfen Sie abstrakte Argumente mit eindrucksvollen Beispielen und Vergleichen möglichst aus der Erfahrungswelt des Gegenübers.
- Beschränken Sie sich auf maximal drei Argumente. Drei Argumente kann unser Kurzzeitgedächtnis noch gut verarbeiten.
- Bringen Sie bei drei Argumenten das zweitbeste an den Anfang und das beste zum Schluss.
- Achten Sie von A bis Z auf ein partnergerechtes Sprachniveau.

3 Die wichtigsten Fünfsatzstrukturen

- Standpunktformel
- Reihe
- Kette
- Dialektischer Fünfsatz
- Kompromissformel
- Problemlösungsformel

Hinweis

In Kapitel 13 finden Sie einen ergänzenden Fünfsatz für Statements in Funk und Fernsehen, der den Besonderheiten dieses Mediums Rechnung trägt.

Standpunktformel

Wenn Sie Ihrem Gesprächspartner deutlich machen wollen, was Ihr Standpunkt ist und warum Sie für oder gegen etwas sind, kommt die Standpunktformel infrage. Bei diesem Fünfsatz verzichten Sie bewusst darauf, sich mit Gegenargumenten auseinander zu setzen.

Die Standpunktformel

1. Standpunkt/These
2. Argument
3. Beispiel
4. Schlussfolgerung
5. Zwecksatz

Reihe

Die Reihe ist eine Variante der Standpunktformel. Je nach Zielsetzung können Sie zu Anfang Ihren Standpunkt nennen oder nur auf das Thema hinweisen. Die Schritte 2 bis 4 „addieren" drei argumentative Schritte, die Ihre Aussage stützen. Sie reihen (daher: Reihe) die Aspekte durch Formulierungen wie „Erstens ..., zweitens ..., drittens ..." oder „Zum einen ..., zum anderen ..."; „Darüber hinaus ..." aneinander. Auch die Reihe endet wie jeder Fünfsatz mit dem Zwecksatz.

In den USA kommt dieses einfache Modell sehr oft zur Anwendung: „Die vorgestellte Lösung hört sich auf den ersten Blick gut an. Drei Punkte bereiten mir Kopfzerbrechen: Erstens ..., zweitens ..., drittens ... Daher sollten wir uns mit den Risiken bei der Realisierung noch einmal eingehend beschäftigen."

Reihe

1. Situativer Einstieg
2. Erstens ...
3. Zweitens ...
4. Drittens ...
5. Zwecksatz

Kette

Bei der Kette stehen die drei argumentativen Schritte in einem logischen oder chronologischen Zusammenhang. Die argumentativen Schritte im Hauptteil können auch sachlogisch gekettet werden, etwa:

• Es ist evident, dass ...
• Dies hat zur Folge ...
• Daraus folgt zwingend ...

Auch bei der Kette haben Sie die Möglichkeit, Ihre Position unter Schritt 1 zu kennzeichnen oder sie zunächst offenzulassen. Bei emotional aufgeladenen Themen ist die vorsichtigere Variante zu bevorzugen.

Dialektischer Fünfsatz

Im Gegensatz zur Standpunktformel entwickeln Sie beim dialektischen Fünfsatz Ihren Standpunkt schrittweise durch Abwägung von Für und Wider. Falls Sie mehr zur Pro-Seite neigen, tauschen Sie die Stufen 2 und 3 aus.

Kompromissformel

Einen ähnlichen Aufbau wie der dialektische Fünfsatz hat die sogenannte Kompromissformel. Hierbei nehmen Sie ausdrücklich Bezug auf die Standpunkte von zwei (oder auch mehr) Personen oder Parteien und bestimmen Gemeinsamkeiten zwischen den widerstreitenden Meinungen. Das Fazit (Zielsatz) Ihrer Argumentation kann dann Grundlage für die weitere Diskussion werden.

Problemlösungsformel

Der wichtigste und umfassendste Fünfsatz ist die sogenannte Problemlösungsformel. Die innere Struktur lässt sich anhand der beiden Begriffe „Diagnose" und „Therapie" erklären, wie sie Hippokrates für die Medizin geprägt hat.

Eine Besonderheit dieser Argumentationsstruktur: Sie beginnen nicht mit dem eigenen Standpunkt, sondern führen den Partner schrittweise an Ihren Lösungsvorschlag heran. Gerade bei neuen Lösungsvorschlägen ist dieses Vorgehen anzuraten, weil sonst die Gefahr besteht, dass Ihr Gegenüber sofort abschaltet und Ihre Argumentation und Vorschläge nicht mehr aufnimmt.

Problemlösungsformel
1. Ist-Situation mit Defiziten
2. Ziel (Worauf es ankommt ...)
3. Lösungsalternativen
4. Die beste Problemlösung
5. Zwecksatz/Aufforderung

Beim ersten Schritt diagnostizieren Sie eine *Ist-Situation,* identifizieren dabei Probleme, Schwierigkeiten, Defizite, Soll-Ist-Abweichungen und zeigen auf, was die Konsequenzen bei Untätigkeit sind. Dadurch erzeugen Sie einen Sogeffekt nach Verbesserung der Situation.

Bei der *Zielbestimmung* geht es darum, was wünschenswert wäre. Im nächsten Schritt werden *Lösungsalternativen* angesprochen, die anhand von Kriterien bewertet werden können. Gegenstand des vierten Schrittes ist die beste *Problemlösung.* Begründen Sie Ihre Empfehlung. Der Fünfsatz endet mit einem *Zwecksatz* an den Gesprächspartner.

Problemlösungsformel als Frageraster
Die Problemlösungsformel leistet Ihnen auch wertvolle Dienste, wenn Sie einen Diskussionspartner nach seiner Meinung befragen wollen. Hierbei können Sie mit Hilfe von weitergehenden Prüffragen Schwachstellen und „Löcher" in der Argumentation des anderen erkennen:

- Wie sehen Sie die aktuelle Lage? Wo sehen Sie die Hauptprobleme? (Prüffragen: Wie kommen Sie zu dieser Einschätzung? Was sind Ihre Informationsquellen? Was sagt die Wissenschaft? Was sagen Fachleute?)
- Welche Ziele scheinen wünschenswert? (Prüffragen: Sind die Ziele realistisch? Sind die Ziele mehrheitsfähig, d.h., haben sie eine Chance, von der Mehrheit akzeptiert zu werden? Bis wann wollen Sie diese Ziele erreichen?)
- Welche Maßnahmen und Lösungsvorschläge sehen Sie, um das Ziel zu erreichen? (Prüffragen: Ist die Maßnahme die beste? Was sagt die Wissenschaft? Was sagt die Erfahrung? Ist der Lösungsvorschlag finanzierbar? Steht der Lösungsvorschlag in Einklang mit übergeordneten Werten und Normen aus Grundgesetz, Rechtsprechung, Unternehmensphilosophie?)

4 Exkurs: Achten Sie auf die Qualität Ihrer Beweismittel

Im Mittelpunkt einer fairen Argumentation steht die Frage, wer von den Beteiligten die besseren Beweismittel hat. Überlegen Sie daher vorher, wie Sie Ihre Behauptungen (= Thesen) absichern können. Damit sind wir bei dem Kernstück der oben erläuterten Fünfsatztechnik. Im Folgenden finden Sie eine Auflistung möglicher Beweismittel sowie einen Vorschlag zur Gliederung dieser Beweismittel.

Liste möglicher Beweismittel (= Argumente)
- Nutzen, den Ihr Vorschlag dem Gegenüber bringt
- Ihre eigenen Lebenserfahrungen und Betroffenheit
- Zahlen, Daten, Fakten; Forschungsergebnisse
- Zitate von Experten und Wissenschaftlern
- Referenzen (erfolgreiche Projekte, Unternehmen, Personen, Länder ...)
- Alleinstellungsmerkmale (USPs)
- Normen aus Ethik, Moral und Recht
- Beispiele, Bilder und Vergleiche (zur Veranschaulichung)

Diese recht heterogenen Beweismittel lassen sich danach gruppieren, inwieweit ihr Schwerpunkt im rationalen, emotionalen oder moralisch-ethischen Bereich liegt. Daraus folgen diese Argumentationstypen:

1. *Rationale Argumentation:* Hierbei kommen logisch-analytische Beweismittel zur Anwendung wie etwa Zahlen, Forschungsergebnisse, empirische Untersuchungen, Paragraphen, logische Schlüsse.

2. *Emotionale Argumentation:* Der Fokus liegt hierbei auf der gefühlsmäßig-persönlichen Ansprache des Gegenübers. Bei diesem Typus wird zum Beispiel argumentiert mit
   - emotionalen Beispielen, Geschichten und Vergleichen,
   - persönlichen Erfahrungen,
   - Einzelschicksalen und Zukunftsängsten (z.b. Arbeitslosigkeit, Kriminalität, Umweltkatastrophen),
   - Glück, Begeisterung, Hoffnungen, positiven Aussichten.

3. *Moralisch-ethische Argumentation:* Typische Beweismittel dieser Kategorie sind etwa
   - Werte aus Grundgesetz, Recht, UN-Charta,
   - Aussagen von Persönlichkeiten mit hohem Ansehen,
   - ethische Standards wie Gerechtigkeit, Umwelterhalt, moralische Verpflichtungen, Fairness.

Diese Argumentationstypen kommen im Alltag in der Regel kombiniert zum Einsatz. Sie können je nach Thema und Ziel rationale Argumente mit anschaulichen Beispielen und/oder moralischen Werten verbinden. Übrigens erfüllen Nutzenargumente eine Querschnittsfunktion. Sie können in jedem Argumentationstyp enthalten sein.

Bedenken Sie stets: Wer behauptet, ist beweispflichtig! Dieser Imperativ ist zum einen für die Absicherung Ihrer Thesen von Bedeutung. Fragen Sie sich bei der Auswahl Ihrer Argumente, welche Beweismittel aus der Sicht Ihres Partners vermutlich die größte meinungsbildende Kraft und Akzeptanz haben.

Auf der anderen Seite gehört es zum dialektischen Pro und Contra, beim Gesprächs- oder Diskussionspartner konsequent auf die Qualität *seiner* Beweismittel zu achten. Die Rückfrage ist das beste Instrument, um sich die notwendige Klarheit zu verschaffen. Lassen Sie sich niemals durch bloße Rhetorik Ihres Gegenübers beeindrucken. Konzentrieren Sie sich immer auf den sachlichen Gehalt seiner Ausführungen.

Drei Übungen zur Fünfsatztechnik

1. Standpunktformel
Formulieren Sie Ihre Meinung zum Thema „Kernenergie" mit Hilfe der Standpunktformel. Bei der Vorbereitung können Sie das Arbeitsblatt auf Seite 283 im Kapitel 17 verwenden.

2. Dialektischer Fünfsatz
Formulieren Sie Ihre Meinung zum Thema „Tempolimit auf deutschen Autobahnen" mit Hilfe des dialektischen Fünfsatzes. Bei der Vorbereitung können Sie das Arbeitsblatt auf Seite 284 verwenden.

3. Problemlösungsformel
Ihre Mitarbeiter haben den Wunsch geäußert, an einem Inhouse-Seminar zum Thema „Überzeugend präsentieren" teilzunehmen. Sie wollen Ihren Chef davon überzeugen, die finanziellen Mittel dafür zu bewilligen. Bei der Vorbereitung können Sie das Arbeitsblatt auf Seite 285 verwenden.

Praxistipp
Zeichnen Sie Ihren stichwortartig vorbereiteten Fünfsatz auf. Überprüfen Sie das Ergebnis und wiederholen Sie die Übung, bis Sie mit dem Ergebnis zufrieden sind.

Hinweis
Im Trainingsteil dieses Buches finden Sie eine Liste mit 100 Themen, die Sie für Ihre Übungen nutzen können (siehe Seite 286f.).

8 Einwände „weich" und „wirksam" behandeln

Wer überzeugen will, muss in der Lage sein, sich wirkungsvoll mit Einwänden und Auffassungen anderer auseinanderzusetzen. Dies gilt für die Überzeugungsarbeit unter vier Augen genauso wie für Besprechungen, Konferenzen oder Diskussionsrunden.

Betrachten Sie Einwände („kritische Fragen" und „Gegenargumente") niemals als Angriff auf Ihre Person.

Dieser Baustein verdeutlicht, dass eine gute Einwandtechnik mehr verlangt als Sachkompetenz und Schlagfertigkeit. Unter psychologischem Aspekt ist vor allem darauf zu achten, dass unnötige Spannungen vermieden, das Gespräch im Gleichgewicht gehalten und Akzeptanz beim Gegenüber aufgebaut wird.

Bei Einwänden, kritischen Fragen oder Gegenargumenten werden Sie dann unter Stress geraten, wenn Sie die Äußerungen Ihres Gegenübers als Angriff auf Ihre Person missverstehen. Zudem ist es ein Unterschied, ob der Einwand eine völlig entgegengesetzte Position beinhaltet oder ob es sich um geringfügige Bedenken handelt. Der Einwand „Unsere F&E-Abteilung ist zu völlig anderen Ergebnissen gekommen als Sie in Ihrer Untersuchung" ist natürlich schwieriger zu behandeln als die Äußerung „Mir ist der Zusatznutzen Ihrer Software noch nicht klar geworden."

Hinweis
Zwischen diesem und Kapitel 4 (Mit unfairen Taktiken gekonnt umgehen) gibt es zum Teil Überschneidungen. Das hängt mit der Schwierigkeit zusammen, im Einzelfall genau sagen zu können, ob es sich um einen (unangenehmen) Einwand oder einen boshaften Angriff handelt.

1 Einwände als Chance begreifen

Einwände und kritische Fragen sind im Allgemeinen positive Signale, weil sie Interesse an Ihrem Lösungsvorschlag oder Produkt bekunden. Ob ein Einwand berechtigt oder unberechtigt ist, spielt keine Rolle. Entscheidend ist, dass Sie sich nicht von einem „Nein" bzw. von geäußerten Bedenken und Befürchtungen verunsichern lassen. Zu jedem Überzeugungsversuch gehören Fragen, Widerstände und Zweifel beim Gegenüber. Ihre Beweisführung erscheint ihm noch nicht zwingend.

Ihr Gesprächspartner kann Einwände vorbringen,

- weil er noch Wissensdefizite oder Verständnisschwierigkeiten hat. Er möchte noch mehr über bestimmte Produktmerkmale, den Nutzen oder Alleinstellungsmerkmale zu erfahren.
- weil er – durchaus fair motiviert – austesten will, ob die Problemlösung tragfähig und konkurrierenden Angeboten überlegen ist.
- weil er herausfinden möchte, inwieweit der Preis angemessen ist,
- weil er Sie in Beweisnot bringen will. Hierbei kann er unfaire Techniken einsetzen, um bei Ihnen Unterlegenheitsgefühle zu provozieren und seine Verhandlungsposition zu verbessern. Weil diese boshaften und manipulativen Taktiken in Kapitel 4 und 5 bereits behandelt wurden, bleiben Sie hier ausgeklammert.

Wenn Sie einen Gesprächspartner überzeugen wollen, sind stets – unabhängig von speziellen Einwandtechniken – zwei übergreifende Hinweise zu beachten:

1. Reagieren Sie positiv auf Einwände.
   Vermeiden Sie in jedem Falle Streitgespräche. Respektieren Sie abweichende Meinungen Ihres Gegenübers. Gegenargumente, Fragen und Einwände haben weitestgehend damit zu tun, dass Ihr Gegenüber eine andere Perspektive, eine andere Sicht der Dinge und einen anderen (häufig geringeren) Informationsstand hat.

2. Bedenken Sie Ihre Rolle als Beziehungsmanager.
Denken Sie daran, dass Sie im Gespräch und in der Diskussion nicht nur an der Qualität Ihrer Thesen und Argumente („Sachebene") gemessen werden, sondern vor allem auch an der Art und Weise, wie Sie mit abweichenden Auffassungen und Kritik umgehen („Beziehungsebene"). Am besten nehmen Sie Ihre Aufgabe als Beziehungsmanager wahr, wenn Sie mit Einwänden weich und wirksam umgehen.

2 Einwände „weich" und „wirksam" behandeln

Das folgende Phasenkonzept zeigt in vereinfachter Form, wie man Einwände psychologisch „richtig" und wirkungsvoll behandeln sollte.

Die Phasen im Einzelnen:

Aktives (analytisches) Zuhören

Ziel ist es, den sachlichen Gehalt des Einwands zu verstehen, aufmerksames Interesse zu zeigen und zu einem kooperativen Klima beizutragen. Wichtige Stichpunkte:

- Bemühen Sie sich, den Kern des Einwands rasch herauszufinden. Achten Sie bei der Verständniskontrolle auf die Voraussetzungen, Beweismittel und Konsequenzen. Überlegen Sie, ob Sie auf den Einwand überhaupt eingehen müssen. Sie können ihn auch lediglich quittieren, ohne darauf einzugehen.
- Analysieren Sie die Motive, die dem Einwand (wahrscheinlich) zugrunde liegen:
  - Will man Sie provozieren, d.h., ist der Einwand taktisch bedingt?
  - Sind es echte (sachliche) Gesichtspunkte oder sind es Prestigemotive, die zu der Meinungsäußerung geführt haben?
- Bleiben Sie ruhig und gelassen: Ruhe im Blick, aufrechte Sitzhaltung, keine nervösen Übersprunghandlungen. Im Regelfall ist es ratsam, nicht zu lachen oder zu lächeln, wenn Sie einen Einwand hören.
- Beobachten Sie genau das Ausdrucksverhalten Ihres Gegenübers.
- Lassen Sie den anderen ausreden.
- Lassen Sie sich unter gar keinen Umständen provozieren.

Phasenkonzept zur Einwandbehandlung

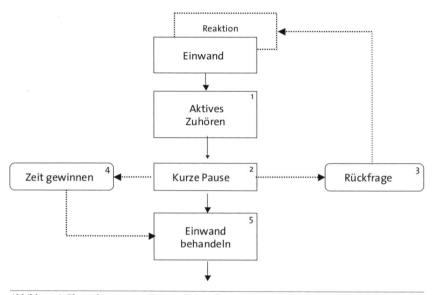

Abbildung 6: Phasenkonzept zur Einwandbehandlung

Kurze Pause zum Nachdenken

Dies ist psychologisch ratsam, weil eine zu schnelle Antwort oft den Eindruck vermittelt, mit Standardformulierungen zu arbeiten, nicht zugehört und den Gesprächspartner nicht ernst genommen zu haben.

Eine kurze Pause gibt Ihnen zudem Gelegenheit zu entscheiden,

- ob Sie eine Rückfrage stellen,
- ob Sie auf Zeit spielen oder
- ob Sie den Einwand sofort beantworten sollen.

Rückfrage

Die unmittelbare Rückfrage eröffnet Ihnen zunächst die Chance, mit Hilfe des „kontrollierten Dialogs" zu überprüfen, ob Sie den Einwand richtig verstanden haben. „Verstehe ich Sie richtig, Herr Schumann, dass Kompatibilität mit der bisherigen Software das K.-o.-Kriterium ist?" Hierbei wiederholen Sie in eigenen Worten die Quintessenz der Äußerung und warten auf bestätigendes Feedback oder ergänzende Erläuterungen des Partners.

Die Fragetechnik bietet Ihnen im Rahmen der Einwandbehandlung darüber hinaus die Möglichkeit,

• bei pauschalen Einwänden („Sie sind zu teuer."; „Ihr Wettbewerber liefert zuverlässiger."; „Der Markt entwickelt sich doch in eine ganz andere Richtung.") Informationen über den Beweg- und Hintergrund in Erfahrung zu bringen.
• allgemeine Begriffe wie „Flexibilität", „hohe Qualität" oder „exzellenter Service" zu hinterfragen und präzisieren zu lassen: „Was bedeutet Flexibilität für Sie?"; „Was müssen wir tun, damit das Kriterium ‚hohe Qualität' erfüllt ist?"; „Welche Erwartungen haben Sie an ‚exzellenten Service'?"
• nach den konkreten Erwartungen, Wünschen und Entscheidungskriterien des Partners zu fragen.

Zeit gewinnen (falls notwendig)

Situation 1: Ein Journalist stellt in einem Stress-Interview eine „heikle" Frage, die Sie nicht gern sofort beantworten möchten.

Situation 2: In einer Führungsrunde fragt Sie ein Vorstandsmitglied überraschend nach den innovativen Projekten, die in Ihrer Sparte geplant sind. Gerade bei plötzlichen Fragen oder Einwänden kann es sinnvoll sein, zunächst Zeit zu gewinnen und erst dann den Einwand zu behandeln. Drehen Sie mit Ihrem Flieger also noch eine (Denk-) „Schleife" über dem Flughafen, bevor Sie zur weichen Landung ansetzen.

Bewährt haben sich diese Taktiken:
• Sie können eine Vorbemerkung zum Einwand machen: „Erlauben Sie mir eine kurze Vorbemerkung ..."; „Zunächst ist festzuhalten, dass ..."
• Sie können den Einwand in einen größeren Zusammenhang stellen: „Ihr Einwand betrifft einen speziellen Aspekt der Unternehmens-

strategie. Ich möchte bei dieser Gelegenheit den Hauptgedanken unserer Strategie verdeutlichen ..."
- Sie können eine Rückfrage stellen: „Herr Meier, können Sie mir sagen, auf welche Zahlen Sie sich in Ihrer Aussage stützen?"; „Aufgrund welcher Kriterien kommen Sie zu Ihrer Aussage?"
- Sie können den Einwand in eigenen Worten zusammenfassen: „Habe ich Sie recht verstanden, wenn ...?"; „Sie sind also der Meinung, dass ..."
- Sie können sehr oft Brückensätze nutzen, um nicht „blind" auf Reizthemen anzuspringen und Zeit zu gewinnen (siehe Seite 319f.).

Einwandbehandlung im engeren Sinne

Vermeiden Sie es unbedingt, auf eine Behauptung, die Ihnen nicht passt, mit einer Gegenbehauptung zu reagieren. Widerstand und Widerspruch, ein schroffes „Nein", bauen unnötige Spannungen auf und erzeugen Abwehr. Redewendungen wie „Nein, das stimmt nicht ..."; „Nein, da sind Sie falsch informiert ..."; „Glauben Sie mir, das läuft in der Praxis nicht ..." haben den Charakter der Endgültigkeit und führen häufig zu einer emotionalen Einengung („psychologische Reaktanz") des Partners. Emotionale Einengung zerstört einen fruchtbaren Dialog und mindert Ihre Glaubwürdigkeit und Ihre Chancen zu überzeugen.

Redewendungen, die Sie vermeiden sollten
- Sie haben mich völlig falsch verstanden.
- Jetzt passen Sie mal auf, was ich Ihnen zu sagen haben.
- Versetzen Sie sich mal in die Position von Herrn Weber.
- Wenn Sie besser zugehört hätten, bräuchten Sie mich nicht zu fragen.
- Ich sage es gern noch einmal für Sie.
- Ich hab Ihnen das doch schon mal erläutert.
- Nein, das sehen Sie falsch.

Jede Demonstration von Überlegenheit und Dominanz erzeugt Abwehr und mindert die Akzeptanzbereitschaft beim Gesprächspartner. Daher die Empfehlung, Einwände nicht zu widerlegen, sondern zu beantworten sowie partnerschaftlich und nicht überlegen zu wirken. Denken Sie daran: Jeder Mensch hat ein mehr oder weniger ausgeprägtes Bedeutungsbedürfnis, ein Verlangen nach Bejahung und Wertschätzung.

Dies gilt auch für den Fall, dass Ihr Gegenüber auf den ersten Blick sinnlose, unsachliche oder laienhafte Einwände bringt.

Der Grundsatz der positiven Einstimmung des Gesprächspartners (durch aktives Zuhören sowie Anerkennung, Ausdruck von Verständnis, bedingte Zustimmung usw.) trägt diesem Motiv Rechnung. Möglichkeiten zur Umsetzung dieser Forderung sind:

- Technik der bedingten Zustimmung,
- Umformulierungsmethode,
- Vorteile/Nachteile-Methode,
- Referenzmethode,
- Verzögerungstechnik,
- Vorwegnahme-Methode,
- Verständnisbekundung,
- Beteiligung anderer Zuhörer,
- Ausklammern.

Technik der bedingten Zustimmung
Hierbei greift man einen Aspekt des Einwands auf und stimmt bedingt zu. Erst dann wird der eigene Standpunkt auf verständliche Weise erklärt, präzisiert oder relativiert:

- „In diesem Aspekt stimme ich zu ...“
- „Ich bin Ihnen dankbar, dass Sie diesen Punkt ansprechen ...“
- „Diese Meinung hören wir oft. Wir dürfen jedoch nicht übersehen, dass ...“

Eine Variante dieser Technik besteht darin, dem angesprochenen Aspekt (dem Sie nicht zustimmen) einen weiteren hinzuzufügen:

- „Ich verstehe Ihre Bedenken. Dieser Punkt wird in Diskussionen häufig angesprochen. Erlauben Sie mir, hierzu die Erfahrungen unserer Firma darzustellen ...“

Umformulierungsmethode
Der Einwand wird in eine positive Frage umformuliert mit dem Ziel, ihm die Schärfe zu nehmen und die Diskussion zu versachlichen:

- „Wenn ich Sie recht verstehe, geht es Ihnen um die Frage, ob die Risiken verantwortbar sind.“

- „Bei jeder Technologie gibt es Chancen und Risiken. So auch hier. Wenn wir die Alternativen in einer Bewertungsmatrix gegenüberstellen, dann ..."

Vorteile/Nachteile-Methode

Jedes Produkt, jede Problemlösung hat Stärken und Schwächen. Wenn ein berechtigter Nachteil angesprochen wird, ist es ratsam, diesen ehrlich zuzugeben. Dies fördert Ihre Glaubwürdigkeit und mindert durchaus nicht Ihre Chancen, den Kunden zu überzeugen. Wie die Abbildung 7 zeigt, geht es jetzt darum, ausgleichende Vorteile zu nennen, die für eine Entscheidung sprechen. Nutzen Sie einen geeigneten Brückensatz, um die Aufmerksamkeit auf die Pro-Seite der Waage zu lenken. Wenn Ihr Gegenüber die drei Vorteile akzeptiert hat, wird er eine Güterabwägung zwischen den Pro- und Contra-Aspekten vornehmen, was zur Basis für seine Entscheidung wird.

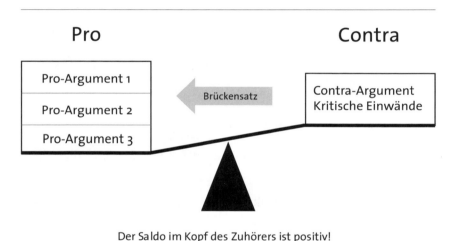

Der Saldo im Kopf des Zuhörers ist positiv!

Abbildung 7: Vorteile/Nachteile-Methode

Die Kunst besteht also darin, bei vorgebrachten Nachteilen (Risiken, Schwächen usw.) nicht zu resignieren, sondern dazu ein Gegengewicht (Vorteile, Chancen usw.) argumentativ aufzubauen:

- „Das ist richtig. Der Preis liegt um 10 Prozent höher als bei der Alternative A. Auf der anderen Seite bringt diese Variante gerade im ökologischen Bereich einen erheblichen Zusatznutzen mit sich. Im Einzelnen ..."

- „Auf den ersten Blick mag es so aussehen, dass Strom aus Kernenergie preisgünstiger ist. Auf der anderen Seite ist die Energiewende beschlossen und bringt eine Reihe von Vorteilen mit sich. Im Einzelnen ..."

Referenzmethode

Hier argumentiert man mit den Erfahrungen und Erkenntnissen in vergleichbaren dritten Unternehmen, Organisationen, Ländern oder mit den Aussagen von Experten und Persönlichkeiten, die aus der Sicht des Kunden vermutlich eine große meinungsbildende Kraft haben:

- „Vielen Dank für Ihre Frage. Bei der Planung unseres Projekts XY haben wir die angesprochenen Probleme folgendermaßen gelöst ..."
- „Sie fragen zu Recht nach den Zukunftstrends in diesem Bereich. Auf der letzten CeBIT bestätigte sich die Einschätzung des Fraunhofer-Instituts, dass ..."
- „Sie befürchten, dass die Einführung dieses Konzepts viel Unruhe bei den Mitarbeitern verursachen wird. Ich kann Sie hier beruhigen. Wir haben eine Reihe von Referenzunternehmen, die gerade durch frühe Beteiligung der Betroffenen die Einführungsphase sehr gut gemeistert haben ..."

Verzögerungstechnik

Bei dieser Variante wird der Einwand positiv bewertet und zu einem späteren Zeitpunkt beantwortet:

- „Ein wichtiger Aspekt, den Sie da ansprechen. Sind Sie einverstanden, wenn ich Ihre Frage im nächsten Abschnitt meiner Präsentation beantworte?"

Falls Sie überfragt sind:
- „Herr Schumann, ich möchte Ihnen auf Ihre spezielle Frage keine gewagte Antwort geben. Ich schlage vor, Ihre Frage mit unseren Spezialisten zu klären und Ihnen bis morgen Mittag die Antwort zu geben. Sind Sie einverstanden damit?"

Vorwegnahmemethode

In vielen Fällen kommt es Ihrer Überzeugungskraft und Glaubwürdigkeit zugute, wenn Sie von sich aus den einen oder anderen Einwand ansprechen, den man bei der vorgeschlagenen Problemlösung bringen könnte. Insbesondere kritische Zuhörer honorieren in der Regel eine zweiseitige Argumentation. Vorsicht: Keine schlafenden Hunde wecken!

Verständnisbekundung
Zeigen Sie Verständnis für die Einschätzung und die Wünsche Ihrer Gesprächspartner. Verständnis zeigen ist eine einfache Geste der Wertschätzung und trägt dazu bei, dass sich die Distanz zum Gegenüber verringert. Bedenken Sie, dass Kritik und Einwände häufig nur damit zu tun haben, dass Ihr Partner eine andere Sicht der Dinge, eine andere Perspektive hat. Hier kann man relativ leicht eine kooperative Einwandtechnik anwenden:

- „Ich kann Ihre Sicht der Dinge sehr gut nachvollziehen. Es gibt allerdings Untersuchungsergebnisse, die uns veranlasst haben, einen anderen Weg zu beschreiten ..."
- „Ich habe volles Verständnis für Ihr Anliegen und würde es gern realisieren. Wir haben jedoch die Auflagen des Bundesumweltamtes zu beachten ..."
- „Ich verstehe sehr gut Ihre Verärgerung über den Terminverzug. Bitte geben Sie mir die Chance, den Hintergrund für die terminlichen Schwierigkeiten zu beleuchten."
- „Ich verstehe Ihre Sorge, die Sie gerade ausdrücken, und erläutere Ihnen gern den Hintergrund ..."

Sie können auch zunächst Verständnis signalisieren und dann eine offene Frage anschließen.

Einwand	„Schicken Sie mir erst mal Ihr Konzept!"
Reaktion	„Sehr gern, Herr Dr. Maier. Welche Punkte sind denn für Sie besonders wichtig?"

Einwand	„Wir wollen erst noch die Präsentation des Mitbewerbers abwarten."
Reaktion	„Das verstehe ich. Wann darf ich mich wieder bei Ihnen melden?" oder: „Das verstehe ich. Welche Punkte sind denn noch offen?" oder: „Das verstehe ich. Wir stellen uns sehr gern dem Qualitätswettbewerb. Welche Fragen sollten wir jetzt noch behandeln?"

Beteiligung anderer Personen
In bestimmten kommunikativen Situationen wie Besprechungen oder bei Präsentationen kann es sinnvoll sein, die Frage an andere Teilnehmer weiterzugeben:

• „Herr Schneider, ich denke, die Frage fällt eher in Ihren Zuständigkeitsbereich ..."
• „Was ist Ihre Einschätzung zu dieser Frage?"

Ausklammern
Wenn Einwände oder Fragen nicht unmittelbar zum Thema oder zum Tagesordnungspunkt gehören, kann man diplomatisch Nein sagen und die Diskussion auf eine andere Gelegenheit verschieben:

• „Es würde den Rahmen dieser Veranstaltung sprengen, wenn ..."
• „Im Moment kann ich mich dazu nicht äußern. Wir sind noch im Prozess der Meinungsbildung ..."
• „Ich möchte Ihnen zu dieser technischen Detailfrage keine gewagte Antwort geben. Darf ich Ihnen einen Kontakt zu unseren Spezialisten in der Forschungs- und Entwicklungsabteilung herstellen?"

Praxistipp
Überlegen Sie bereits bei der Vorbereitung Ihrer Argumentation, wie Sie auf mögliche Einwände reagieren wollen. Es hat sich bewährt, schwierige Einwände sowie die Antworten darauf auf Karteikarten oder elektronisch festzuhalten und diese Aufzeichnungen laufend zu aktualisieren. Wenn Sie diese vorbereitenden Überlegungen im Team machen, können Sie Ihre Liste der Einwände und Reaktionen auf eine

breitere Basis stellen. Mit einer Einwandkartei haben Sie ein wichtiges Werkzeug, um Ihre Ängste vor schwierigen Einwänden abzubauen.

9 Basic Skills, die Sicherheit in der Stress-Argumentation geben

Wenn Sie Stress-Situationen beim Argumentieren sicher und gelassen meistern wollen, benötigen Sie neben den bereits behandelten Voraussetzungen spezielle Basistechniken.

Im Einzelnen handelt es sich um:

1	Fragetechniken	Seite 149
2	Trainieren Sie aktives Zuhören	Seite 154
3	Nutzen Sie Ich-Botschaften	Seite 156

Diese Techniken sind in den vorausgegangenen Kapiteln kurz angesprochen worden. Sie werden hier eingehend behandelt.

1 Fragetechniken

„Wer viel spricht, erfährt wenig" – so eine russische Weisheit. Eine gekonnte Fragetechnik bringt Ihnen in schwierigen und stressgeladenen Gesprächen und Diskussionen zahlreiche Chancen:

- Sie können die Argumente der Gegenseite auf Tragfähigkeit prüfen.
- Sie können Informationen über die „Welt" des Gesprächspartners erhalten: über seinen Standpunkt, sein Vorwissen, seine brennenden Probleme und Engpässe, seine Interessen und Entscheidungskriterien.
- Sie können ein Gespräch oder eine Diskussion in Gang bringen und steuern.
- Sie können herausfinden, was Ihr Gegenüber meint, wenn er vieldeutige, abstrakte Begriffe verwendet: „Was bedeutet Kundenorientierung für Sie in der Praxis? Was genau verstehen Sie unter Corporate Identity?"
- Sie können das Heft des Handelns wieder in die eigene Hand bekommen: Wer fragt, der führt.
- Sie können Zeit zum Nachdenken gewinnen.

Die Fragetechnik des Sokrates („Hebammenkunst")

Sokrates (469–399 v. Chr.) begründete die Kunst der Gesprächsführung im Spiel von Frage und Antwort. Es ging ihm darum, die Wahrheit herauszufinden und andere zu überzeugen. Die Kunst der Gesprächsführung verstand er als geistige Hebammenkunst („maieutike techne"). Sie bringt die Gedanken, mit denen ein Gesprächspartner schwanger geht, zur Sprache, prüft sie, weist sie zurück oder modifiziert und verbessert sie und führt sie so der Wahrheit näher. Sokrates will nicht belehren, sondern seine Partner anregen, selbst optimale Lösungen auf ihre Fragen zu finden. Die Methode des Sokrates zielte auch darauf, durch konsequentes Rückfragen scheinbares Wissen (Sophistik) zu entlarven und zu der Einsicht zu gelangen, dass das Eingeständnis des Nichtwissens die Voraussetzung für die Suche nach echtem Wissen ist.

Die wichtigsten Fragevarianten im Überblick

Offene Fragen

Dazu zählen die meisten W-Fragen. Kennzeichen: Sie können nicht mit Ja oder Nein oder einsilbig beantwortet werden. Sie lassen dem Gesprächspartner Freiräume. Sie wirken daher eher motivierend und werden nicht als einengend erlebt:

- „Welche Erfahrungen haben Sie mit ... gemacht?"
- „Wie schätzen Sie die Situation ein?"
- „Was verstehen Sie unter ...?"
- „Wie denken Sie darüber?"
- „Welche Kriterien sind für Sie entscheidend?"

Geschlossene Fragen

Antworten hierauf beschränken sich in der Regel auf ein Ja oder Nein: Geschlossene Fragen lassen nur einen geringen Spielraum für Antworten. Sie beginnen im Regelfall mit einem Verb. Sie haben nicht den Motivationswert offener Fragen und werden häufig als steuernd und einengend erlebt. Trotzdem sind sie wichtig, wie die unten stehenden Beispiele zeigen:

- „Haben Sie im vergangenen Jahr an einem Seminar teilgenommen?"
- „Sind Sie mit diesem Vorgehen einverstanden?"
- „Erscheint Ihnen diese Themenliste komplett?"

- „Gefällt Ihnen dieses Auto?"
- „Passt es Ihnen morgen um 10.30 Uhr?"

Rangierfragen

Dieser Fragetyp ist darauf gerichtet, das „Spielfeld" zu wechseln:

- „Was halten Sie davon, zunächst die Ausgangssituation zu besprechen?"
- „Natürlich gibt es berechtigte ökologische Argumente, Herr Schumann, ich stimme zu. Was halten Sie davon, zunächst die wirtschaftliche Umsetzung des Konzepts zu besprechen und erst danach ...?"

Spiegelungsfragen

Diese Frage fördert das störungsfreie Ineinandergreifen der Beiträge und wertet den Partner auf:

- „Sie sind also der Auffassung, dass ..."
- „Wenn ich Sie recht verstehe, geht es Ihnen um ..."
- „Sie halten es also für denkbar, dass ...?"

Auswahl weiterer Fragearten

- Entscheidungs- und Alternativ-Fragen
- Fangfragen
- Ja-Fragen
- Suggestiv-Fragen

Entscheidungs- und Alternativ-Fragen

Diese Frage verlangt eine Stellungnahme vom Befragten, ob er sich für die Lösung A oder B entscheidet, ob er dieses oder jenes bevorzugt oder ablehnt.

Fangfragen

Der Fragesteller hat hier das Ziel, Ihren Wissensstand zu prüfen oder auszutesten, inwieweit Sie sich verunsichern lassen. Zu Fangfragen gehören zum Beispiel:

- Prüffragen, die Sie in Beweisnot bringen sollen: Der Fragende weiß etwas und will sich vergewissern, ob der Befragte es auch weiß.

- Hypothetische Fragen, die häufig darauf gerichtet sind, Sie aufs Glatteis zu führen: „Was ist, wenn sich Ihr Vorschlag als Flop herausstellt?"
- Frage mit falscher Prämisse: „Wann haben Sie aufgehört, Ihre Frau zu verprügeln?"

Ja-Fragen
Hierbei wird die Frage so gestellt, dass der Befragte nur mit „Ja" antworten kann. Nach einer für Verkaufsgespräche wichtigen Hypothese begünstigt ein Ja weitere Ja-Antworten! Bitte behutsam einsetzen.

Suggestiv-Fragen
Der Fragende bringt durch seine Fragestellung seine eigene Meinung zum Ausdruck.

- „Sie sind sicherlich doch auch der Meinung, dass ..."

Wie Sie psychologisch „richtig" fragen:
- Stellen Sie jeweils nur eine Frage.
- Fragen Sie knapp, präzise und leicht verständlich.
- Versetzen Sie sich in die Position des Partners (seine „Welt", seine Bildungsvoraussetzungen und Bedürfnisse) und formulieren Sie Ihre Fragen dementsprechend.
- Geben Sie dem Partner Zeit zum Nachdenken. Formulieren Sie die Frage gegebenenfalls neu. Geben Sie Verständnishilfen.
- Sprechen Sie Ihren Kunden mit seinem Namen an.
- Fordern Sie zum (Weiter-)Sprechen auf: „Können Sie mir das genauer erklären?"; „Ihre Erfahrungen interessieren mich sehr ..."
- Benutzen Sie „Türöffner" wie „aha"; „Hm, hm!"; „Interessant!", „Wirklich?"; „Das interessiert mich!". Diese ermutigen, mehr zu sprechen, tiefer zu gehen, verleiten den anderen aber auch dazu, Fehler zu machen und schwache Argumente und Beweismittel anzuführen.
- Unter psychologischem Blickwinkel ist immer zu bedenken, dass man sich gewöhnlich leichter durch Begründungen überzeugen lässt, die man selbst (durch die Fragen des Gegenübers!) gefunden hat, als durch solche, die andere formuliert haben!

Frage-Antwort-Prozess

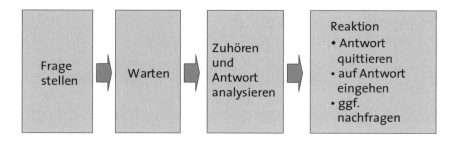

Abbildung 8: Frage-Antwort-Prozess (vgl. Saul 2012)

Zusätzliche Tipps für die praktische Argumentation

Stellen Sie Fragen, anstatt Behauptungen zu formulieren
- „Wie schätzen Sie die Motivation Ihrer Mitarbeiter ein?"
  Anstelle von: „Ihre Mitarbeiter sind doch völlig demotiviert."
- „Wen haben Sie darüber informiert?"
  Anstelle von: „Sie haben bestimmt den falschen Mitarbeiter darüber informiert."

Fragen Sie nach, wenn Sie etwas nicht verstanden haben
- „Was bedeutet für Sie …?"
- „Was genau meinen Sie mit …?"
- „Das habe ich nicht verstanden."
- „Ein Beispiel hierfür würde mir helfen, Sie besser zu verstehen."

Wünsche und Vorstellungen des Kunden erfragen
- „Wofür interessieren Sie sich (besonders)?"
- „Welchen Betrag möchten Sie anlegen?"
- Aussage des Kunden wiederholen. Kunde: „Ich brauche hierfür eine gedeckte Farbe." Sie: „Sie brauchen eine gedeckte Farbe? Was schwebt Ihnen vor?"
- „Ich habe herausgehört, dass Sie besonders an XYZ interessiert sind."
- „Was darf ich Ihnen noch zeigen/anbieten?"

Formulieren Sie Denkanstöße in Form von Fragen
- „Was wäre, wenn ...?"
- „Welche Konsequenzen hätte das?"
- „Wie würde es aussehen, wenn ...?"
- „Was würde passieren, wenn ...?"
- „Was könnte schlimmstenfalls geschehen, wenn ...?"

Werten Sie Ihren Kunden mit Fragen auf
- „Ich bin gespannt darauf, von Ihnen zu erfahren ..."
- „Ich bin sehr interessiert an dem, was Sie sagen."
- „Ich freue mich darauf, Ihre Einschätzung zu erfahren."
- „Ihre Sicht dieses Problems ist für mich sehr wichtig."

2 Trainieren Sie aktives Zuhören

> *„Am besten überzeugt man andere mit den Ohren,*
> *indem man ihnen zuhört."*
>
> *Dean Rusk*

Die Potentiale der Fragetechnik können nur in Verbindung mit dem aktiven Zuhören genutzt werden. Ohne diese komplementäre Basistechnik ist es nicht möglich, wirkungsvoll auf andere Beiträge, Einwände oder auch unsachliche Spielarten zu reagieren und festgefahrene Situationen wieder in produktive Bahnen zu lenken.

Ursachen für schlechtes Zuhören
- Ich-bezogene, dogmatische Grundhaltung
- mangelndes Einfühlungsvermögen
- fehlende Geduld
- Vorurteile, die mit inneren Dialogen wie „Mein Gegenüber hat sowieso keine Ahnung" einhergehen können
- starkes Selbstdarstellungsbedürfnis

Hier ein Beispiel zum Thema Ich-Bezogenheit und Einfühlungsvermögen:

Vor einer Konferenz erzählt Ihr Vertriebskollege: „Entschuldigen Sie, wenn ich heute bei der Besprechung ein wenig unkonzentriert bin. Ich bin gestern Nacht aus Los Angeles zurückgekommen." Die Reaktion eines einfühlsamen Gesprächspartners: „Das ist wahrscheinlich der Timelag und der sehr lange Flug, Herr Meier. Wie viel Zeitdifferenz haben wir hier zu Kalifornien?" Ich-bezogene Charaktere würden sofort von eigenen Erfahrungen sprechen: „Mir hat der Timelag letztes Jahr nichts ausgemacht, als ich aus Neuseeland zurückgekommen bin ..."

Was sind wichtige Voraussetzungen für exzellentes Zuhören?

Zeigen Sie Interesse am Gesprächspartner und seinen Ausführungen. Stellen Sie sich mit 100-prozentiger Konzentration auf Ihren Partner ein:

- Bieten Sie Ihrem Gesprächspartner Blickkontakt an.
- Nehmen Sie sich vor, nicht sofort zu argumentieren, wenn Ihr Gegenüber etwas sagt.
- Konzentrieren Sie sich durchgängig darauf, die vorgetragenen Inhalte zu verstehen. Fragen Sie nach, wenn Sie etwas nicht verstehen.
- Lassen Sie Ihren Gesprächspartner ausreden.
- Zeigen Sie Ihrem Gegenüber auch nonverbal, dass Sie zuhören. Quittieren Sie die Beiträge des Partners durch: Notizen, Lächeln, Kopfnicken, Kopfschütteln.
- Sie können die Beiträge auch sprachlich quittieren, zum Beispiel mit Einwortsätzen: „Aha!"; „Ja."; „Ach."; „So?"; „Hm."; „Okay!"; „Gut!"; „Ich verstehe.", oder mit vollständigen Sätzen: „Das ist mir neu."; „Gut, dass Sie mich darauf ansprechen!"; „Das hört sich gut an!"; „Das macht Sinn."
- Regen Sie Ihren Partner bei Bedarf nichtsprachlich zum Weitersprechen an, zum Beispiel durch Nicken, Stirnrunzeln, Kopfschütteln, Hochziehen der Augenbrauen.
- Aktivieren Sie Ihren Partner zum Sprechen:
  - „Ich möchte gern verstehen, welche Bedenken Sie haben."
  - „Darf ich nach den Kriterien fragen, die für Sie maßgeblich sind?"
  - „Bitte erläutern Sie mir genauer, wie Sie das Konzept umsetzen wollen."

Praxistipp
Zählen Sie nach einem Beitrag Ihres Gesprächspartners bis drei, bevor Sie reden. Diese einfache Technik des verzögerten Beginns kann Ihnen helfen, besser zuzuhören, da sie es leichter macht, die Gedanken Ihres

Gegenübers besser aufzunehmen, zu verstehen und überlegter zu antworten – vor allem bei sehr emotionalen Disputationen.

3   Nutzen Sie Ich-Botschaften

Mit Ich-Botschaften sagen Sie Ihrem Gegenüber, welche Gefühle, Empfindungen und Gedanken sein Verhalten bei Ihnen ausgelöst hat. Diese Gefühle können neutral, positiv oder negativ sein. Durch diese Gesprächstechnik senden Sie Informationen darüber, wie Sie das Kommunikationsverhalten Ihres Gesprächspartners erleben.

Besonders wichtig sind Ich-Botschaften in Stress-Situationen und bei Konflikten. Im Interesse der Konfliktlösung und des weiteren Dialogs verzichten Sie nämlich auf Schuldzuweisungen in Form von Du-Botschaften (im beruflichen Alltag: Sie-Botschaften):

- „Sie allein tragen die Schuld für die Fehlentwicklungen!"
- „Sie reagieren so emotional, weil Sie ein schlechtes Gewissen haben."
- „Sie lassen mich nie ausreden."

Durch Du-Botschaften fühlt sich der Gesprächspartner angegriffen, provoziert und in seinem Selbstwertgefühl herabgesetzt. Die Folge: Das Gesprächsklima wird sich verschlechtern. Ein Streitgespräch ist in vielen Fällen die Folge.

Bei einer Ich-Botschaft hingegen sprechen Sie von Ihren Gefühlen und verzichten auf negative Bewertungen der anderen Person. Wenn Sie jemand angreift mit den Worten „Sie spinnen doch wohl" könnten mögliche Ich-Botschaften so lauten:

- „Ich fühle mich von Ihnen unfair behandelt."
- „Ich kann nicht erkennen, was Ihr Beitrag mit Fairness zu tun hat."
- „Ich finde es nicht fair, wenn Sie mich in dieser Weise angreifen."

Bei dieser Reaktion berücksichtigen Sie, dass der andere vielleicht gar nicht merkt, dass er Sie mit seinen Äußerungen angreift. Sie spiegeln ihm mit der Ich-Botschaft die Wirkung seines Verhaltens wider und eröffnen ihm dadurch die Möglichkeit, sein Verhalten zu überdenken und zu korrigieren.

Der Vorteil:

- Der Angreifer kann auf Ihren Satz „Ich fühle mich von Ihnen unfair behandelt" nicht mit „Das stimmt nicht" antworten.
- Ich-Botschaften wirken also deeskalierend, weil sie den anderen nicht an den Pranger stellen.
- Als Brückensätze eingesetzt können Ich-Botschaften unfaire Angriffe neutralisieren (siehe Kapitel 4).

Drei Anwendungsbeispiele:

Sie-Botschaft	„Sie sind nicht kompetent."
Ich-Botschaft	„Mich haben Ihre Argumente nicht überzeugt."
	oder:
	„Ihre Vorgehensweise hat mich sehr überrascht."

Sie-Botschaft	„Sie haben keine Ahnung."
Ich-Botschaft	„Ich kann nicht nachvollziehen, warum Sie diesen Lösungsweg gewählt haben."

Sie-Botschaft	„Ihr Fachchinesisch versteht doch niemand."
Ich-Botschaft	„Ich bin in Sorge, dass unsere Kunden die schwierigen fachlichen Inhalte nicht verstehen können."

Positive Ich-Botschaften spielen immer dann eine wichtige Rolle, wenn Sie Anerkennung aussprechen, die persönliche Beziehung zum Gegenüber verbessern oder Selbstwertgefühl und Motivation eines Mitarbeiters fördern wollen.

Hier abschließend Formulierungsbeispiele für positive und negative Ich-Botschaften:

Ich-Botschaften aufgrund positiver Gefühle
- „Es macht mir Freude, mit Ihnen zusammenzuarbeiten."
- „Ihr positives Feedback zu unserem Seminar höre ich gern."
- „Ich habe den Eindruck, dass Sie (wir) hiermit eine hilfreiche Lösung gefunden haben."

- „Ich denke gern an unser gemeinsames Projekt XYZ."

Ich-Botschaften aufgrund negativer Gefühle
- „Ich mache mir Sorgen über unsere Zusammenarbeit."
- „Ich bin enttäuscht, dass ..."
- „Ich fühle mich bedrängt und habe daher Schwierigkeiten, mich frei zu äußern."
- „Ich bin besorgt, dass dieser Fehler unsere gute Zusammenarbeit belasten könnte."
- „Ich erlebe es als schwierig, unter diesen Umständen mit Ihnen zusammenzuarbeiten."

II

Strategien für spezielle Stress-Situationen

10 Schwierige Situationen in Besprechungen und Diskussionen

In diesem Kapitel erfahren Sie:

Besprechungen und Diskussionen[4] sind ein unverzichtbares Führungsmittel, um Vorerfahrungen, Kreativität und Urteilsfähigkeit aller Beteiligten zur Lösung von Problemen zu nutzen, indem Sie die verschiedenen Blickwinkel und Interessen kennenlernen und gleichzeitig Motivation und Teamfähigkeit der Beteiligten fördern.

Diese Ziele können jedoch nur erreicht werden, wenn Moderator (Gesprächsleiter) und Teilnehmer die notwendigen Besprechungstechniken mitbringen und in der Lage sind, schwierige Situationen zu beherrschen.

Im Folgenden lernen Sie zunächst unverzichtbare Lenkungstechniken für den Moderator kennen. Die anschließenden Empfehlungen zeigen Ihnen, wie Sie mit den Situationen am besten umgehen, die Gesprächsleiter und Teilnehmer erfahrungsgemäß als besonders schwierig erleben.

1 Allgemeine Lenkungstechniken des Moderators

Personale Autorität und Fachkompetenz gehören genauso zum Handwerkszeug des Moderators wie die Fähigkeit, die Diskussion struktu-

---

4 In diesem Kapitel geht es vorrangig um moderierte Besprechungen im beruflichen Alltag. Die Praxistipps zur Moderation und zum Umgang mit schwierigen Situationen lassen sich weitgehend auch auf externe Diskussionsrunden und Debatten mit Publikum übertragen. Spezielle Hinweise zu den Besonderheiten des Mediums Fernsehen finden Sie in Kapitel 13.

riert, zielgerichtet (lineare Dramaturgie) und motivierend zu führen sowie unfaire Angriffe effizient und früh zu neutralisieren. Besprechungen werden umso erfolgreicher sein, je mehr es dem Leiter gelingt, Sachziele anzusteuern und gleichzeitig den emotionalen und sozialen Bedürfnissen der Teilnehmer Rechnung zu tragen. Dies gelingt durch den Einsatz von Lenkungstechniken auf Sach- und auf Beziehungsebene.

Lenkungstechniken zur Steuerung der Sachebene

Unter einem rationalen Blickwinkel hat der Moderator die Eröffnung zu optimieren, den Diskussionsprozess zielgerichtet zu lenken und eine faire, sachgerechte Argumentation sicherzustellen.

1. Eröffnung optimieren
- jede Besprechung sorgfältig vorbereiten
- Thema der Besprechung klären und Ziel eindeutig definieren
- Vorgehensweise festlegen (Dauer, Regelwerk, Protokollierung usw.)
- sicherstellen, dass jeder Teilnehmer das Thema verstanden hat

2. Zielgerichtet lenken
- Besprechungsprozess nach Phasen gliedern (siehe Kasten auf Seite 162)
- Fragetechnik einsetzen, um Erfahrungen und Sichtweisen der Teilnehmer kennenzulernen
- Ziel und Thema stets beachten; Unwesentliches aussondern
- unterschiedliche Meinungen gegenüberstellen und Gemeinsamkeiten herausarbeiten
- bei Bedarf visualisieren
- Teilergebnisse, Gesamtergebnis und Folgeaktivitäten zusammenfassen

3. Techniken fairer Dialektik nutzen
- zwischen Behauptungen und Beweismitteln unterscheiden
- eingreifen, wenn ein Sprecher sich nicht ans Thema hält
- Wortbeiträge in der Reihenfolge der Meldungen und nach inhaltlichen Gesichtspunkten
- Konflikte und Meinungsverschiedenheiten fair auffangen
- unfaire Spielarten neutralisieren (siehe Kapitel 4)

Idealtypisches Phasenkonzept

1. Eröffnung
• Begrüßung
• Anlass und Ziel darstellen; Thema abgrenzen
• Vorgehen und Regelwerk abstimmen

2. Ist-Analyse
• Informationen sammeln
• Problem(e) definieren
• Problem und Ursachen analysieren

3. Lösungen entwickeln
• Alternativen sammeln
• Vorschläge anhand von Kriterien bewerten

4. Ergebnis
je nach Zielsetzung:
• Vorbereitung einer Entscheidung oder
• (Teil-)Entscheidung gemeinsam treffen

5. Durchführung planen
• Was ist bei der Umsetzung wichtig?
• Wer hat was bis wann und wie zu tun?
• Wer ist zu informieren? usw.

6. Beenden
• Zusammenfassung und Abschluss

Lenkungstechniken zur Steuerung der Beziehungsebene

Die folgenden Lenkungstechniken tragen in erster Linie den emotionalen Bedürfnissen der Teilnehmer Rechnung:

1. Wertschätzung zeigen
• Teilnehmer angemessen oft mit Namen ansprechen
• Blickkontakt halten
• Teilnehmer nicht unterbrechen (Ausnahme: Vielredner)
• partnerschaftlich mit Einwänden und Kritik umgehen
• gleiche Beteiligungsmöglichkeiten sichern

2. Teilnehmer aktivieren
- offene Fragen stellen
- Vorteile/Nachteile für das Aufgabengebiet der einzelnen Teilnehmer ansprechen
- gemeinsames Interesse am Thema herausstellen
- nonverbale Signale beachten
- uu Vorschlägen anregen
- Sprechpausen einsetzen, um Teilnehmer zu Wortbeiträgen anzuregen

3. Ergänzende Gesprächstechniken
- Verständnishilfen geben, aktiv zuhören, Unverständliches erklären lassen
- schwierige Begriffe selbst definieren
- im Meinungsstreit unterlegene Teilnehmer ermutigen
- durch Rückfragen prüfen, ob alle folgen konnten
- als Leiter nicht mehr als 30 Prozent der Redezeit in Anspruch nehmen

2 Empfehlungen für schwierige Situationen aus der Sicht des Moderators

Als Besprechungsleiter sollten Sie in der Lage sein, die folgenden Situationen zu beherrschen. Denn ansonsten könnten sie Ihre Autorität gefährden, gute Ergebnisse verhindern und die Motivation der Beteiligten mindern.

Was tun, wenn Teilnehmer durcheinanderreden?

Wenn Rede und Gegenrede eskalieren und die übrigen Teilnehmer keine Chance mehr haben, der Argumentation zu folgen, ist ein eindeutiges, starkes Signal des Moderators notwendig, um die Wogen zu glätten und zu einer sachlichen, fairen Auseinandersetzung zurückzukehren. Wenn man die erste Störung durchgehen lässt, wird es zunehmend schwierig, die Disputation in produktive Bahnen zu lenken: Intervenieren Sie freundlich und gleichzeitig konsequent.

Einige Formulierungsbeispiele:

- Dem unterbrochenen Teilnehmer zur Seite springen: „Bitte lassen Sie Herrn Maier sein Argument zu Ende führen. Danach sind Sie an der Reihe."
- Mit Nachdruck ans Regelwerk erinnern: „Halt! Hier muss ich einschreiten. Wir können nicht alle zur gleichen Zeit sprechen. Herr Maier, Sie haben das Wort ..."; „Meine Damen und Herren – So kommen wir nicht weiter. Ich möchte unsere Ausgangsfrage noch einmal verdeutlichen ..."; „An dieser Stelle muss ich intervenieren. Es bringt uns wenig, wenn wir fortfahren, durcheinanderzureden. Herr Bauer, würden Sie Ihre Argumentation bitte zu Ende führen."

Was tun, wenn Selbstdarsteller die gestellten Fragen nicht beantworten?

Viele Teilnehmer nutzen Besprechungen und Diskussionsrunden als (vermeintlich) risikolose Plattform, sich selbst zu profilieren und Imageförderung für den eigenen Bereich zu betreiben. Sie neigen dann zu sehr langen Wortbeiträgen, die sie mit viel Engagement, großer Gestik und rhetorischem Geschick vortragen. Auf konkrete Fragen des Moderators gibt es keine direkten Antworten. Stattdessen werden vorbereitete Statements zu grundsätzlichen Aspekten oder zu (nicht gefragten) allgemeinen Themen präsentiert.

Als Moderator sollten Sie bereits in der Anfangsphase deutliche Zeichen setzen. Machen Sie von der Möglichkeit Gebrauch, freundlich, aber bestimmt zu unterbrechen und an die Spielregeln (kurze Beiträge zum Thema!) zu erinnern. Hier einige bewährte Lenkungstechniken:

- Sie können ein Stichwort des Vielredners aufnehmen und dann mit einer Frage an einen anderen Teilnehmer fortsetzen: „Das Stichwort Kundenbindung nehme ich gern auf. Wie beurteilen Sie (an einen anderen Teilnehmer gerichtet) die vorgeschlagenen Maßnahmen?"
- Sie können den Vielredner unterbrechen und noch einmal Ihre präzise Frage wiederholen: „Entschuldigen Sie, Herr Schmidt, das war nicht meine Frage. Wie stehen Sie konkret zu dem vorgeschlagenen Modell?" oder: „Herr Schmidt, welches Gegenargument ist für Sie nun das entscheidende?"
- Sie können den Selbstdarsteller freundlich mit dem Grundsatz der Chancengleichheit konfrontieren und danach einem anderen das

Wort geben: „Herr Meier, ich bitte um kurze Beiträge, damit alle Teilnehmer ihre Argumente einbringen können."

- Wenn Sie vorher wissen, wer zur Selbstprofilierung neigt, können Sie den betreffenden Teilnehmer in einem kurzen Vorgespräch „diplomatisch" an kurze Beiträge erinnern.

Was tun, um zurückhaltende Teilnehmer zum Reden zu bringen?

Während der Diskussion sollte der Moderator darauf achten, dass auch zurückhaltende (oft sehr kompetente) Teilnehmer die Chance haben, sich wieder oder stärker ins Gespräch einzubringen. Diese Verantwortung wird umso größer, je dominanter sich die anderen Mitstreiter in Szene setzen. Hier eine kleine Auswahl bewährter Empfehlungen:

- Der Moderator kann den stillen Teilnehmer direkt ansprechen: „Frau Dr. Müller, wie schätzen Sie aus Sicht Ihrer Forschungsabteilung die Risiken ein?"
- Der Moderator kann anknüpfend an einen Zeitungsartikel oder eine andere Nachricht eine Frage stellen: „Herr Schumann, die jüngsten Prognosen für den chinesischen Markt sehen nicht mehr so optimistisch aus wie vor einem Quartal. Sind die budgetierten Umsatzzahlen Ihrer Einschätzung nach überhaupt noch realistisch?"
- Der Moderator kann körpersprachliche Signale (Kopfschütteln, skeptische Mimik, abwertende Handbewegung usw.) des zurückhaltenden Teilnehmers als Einstieg in die Frage nutzen: „Herr Meier, Sie schütteln den Kopf. Ich entnehme daraus, dass Sie anderer Meinung sind."

Was tun, wenn unfaire Spielarten die Diskussion bestimmen?

Wenn emotionale Angriffe, pauschale Schuldzuweisungen oder andere Taktiken unfairer Dialektik die Erreichung der Besprechungsziele gefährden, sollten Sie sofort eingreifen. Sie laufen sonst Gefahr, dass die Situation eskaliert und die Emotionen nicht mehr zu kontrollieren sind. Da Sie als Moderator die Verantwortung für das Regelwerk tragen, sind Sie jetzt gefordert: Stoppen Sie die unfaire Diskussion und lenken Sie die Aufmerksamkeit der Beteiligten wieder auf das Sachthema:

- „Gegenseitige Schuldzuweisungen bringen uns jetzt nicht weiter. Lassen Sie uns schauen, wie wir das Problem lösen können. Was meinen Sie, Herr Müller?"

- „Meine Herren, ich darf noch einmal an unser Besprechungsziel erinnern. Die Neuorganisation soll uns doch einen Wettbewerbsvorteil verschaffen. Im Einzelnen ...“
- „Das sind sehr unterschiedliche Argumente und Einwände. Damit wir uns besser verständigen können, möchte ich die verschiedenen kontroversen Argumente am Flipchart notieren. Herr Maier, was ist Ihr Punkt?“

3 Empfehlungen für schwierige Situationen aus der Sicht der Teilnehmer

Als Teilnehmer sind zwei übergreifende Orientierungen zu beachten:

1. Sie wirken an der Erreichung der Sachziele mit, wobei Sie gleichzeitig Verantwortung für die Interessen Ihres Fachbereiches und für das gesamte Unternehmen tragen.
2. Sie betreiben – gewollt oder nicht gewollt – Selbstmarketing. Dabei wird Ihr gesamtes Verhalten wahrgenommen, also Ihr Auftreten und Ihr äußeres Erscheinungsbild genauso wie Ihr rhetorisches und dialektisches Verhalten in allen Phasen der Besprechung.

Sie befördern diese doppelte Zielsetzung allgemein dadurch, dass Sie

- sicher, kompetent, sympathisch und fair wirken,
- die eigenen Kernbotschaften in der verfügbaren Zeit geschickt einbringen,
- Ihre Wortbeiträge auf knapp eine Minute begrenzen, wenn nicht aus sachlichen Gründen längere Ausführungen notwendig sind,
- die anderen nicht unterbrechen (Ausnahme: Bei Falschaussagen freundlich und bestimmt intervenieren: „Entschuldigung, das ist so nicht richtig ...“; „Verzeihen Sie, Herr Müller, dazu muss ich eine Anmerkung machen ...“),
- Ihre verbalen Ausführungen durch körpersprachliche und rhetorische Mittel verstärken,
- konsequent auf die Qualität der eingebrachten Sachargumente achten,
- Rückfragen und kritische Einwände immer so formulieren, dass der andere sein Gesicht wahren kann,
- nicht blind auf Reizthemen anspringen.

Beachten Sie darüber hinaus spezielle Empfehlungen für drei Situationen, die in meinen Seminaren immer wieder als schwierig herausgestellt werden.

Wie kann ich Ängste vor eigenen Wortbeiträgen und Kritik beherrschen?

Gerade wenn brisante Themen auf der Agenda stehen und wenn statushöhere Führungskräfte beteiligt sind, werden Besprechungen und Konferenzen erfahrungsgemäß als stressig erlebt. Um hierbei zu einer gelassenen Grundhaltung zu kommen, sind Training und Übung unverzichtbar. Ihr persönliches Stress-Niveau können Sie zunächst dadurch in den Griff bekommen, dass Sie die Empfehlungen aus Kapitel 2 „Gelassenheit und Stress-Management" beherzigen.

Ergänzende Praxistipps für mehr Sicherheit
- Bereiten Sie für das diskutierte Thema vier bis fünf Kernbotschaften vor und prägen Sie sich diese gut ein.
- In Stress-Situationen benötigen Sie „Inseln im Wasser", damit Sie nicht ins Schwimmen kommen. Dies sind Ihre wichtigsten Kernbotschaften (siehe Seite 206ff.).
- Präparieren Sie Statements für die verschiedenen Phasen der Besprechung. Die Fünfsatztechnik (siehe Kapitel 7) erleichtert Ihnen den zielwirksamen Aufbau Ihrer Stellungnahmen.
- Ergänzend dazu können Sie auch zu den aktuellen strategischen Themen Ihres Unternehmens kurze Wissensmodule vorbereiten (siehe Seite 209ff.). Dies erleichtert es Ihnen, auf überraschende Fragen gekonnt zu antworten.
- Überlegen Sie im Rahmen der Vorbereitung, wie Sie auf Einwände und Gegenargumente reagieren wollen.
- Beantworten Sie für sich vorab, welche Positionen die übrigen Teilnehmer einnehmen und wo deren Schwachstellen und deren Angriffsflächen liegen. Bereiten Sie dazu einen kleinen Fragenkatalog vor.

Was kann ich tun, um komplizierte Zusammenhänge (z.B. durch Analogien oder Vergleiche) verständlich zu vermitteln?

Wenn an einer Besprechung vorrangig Nichtfachleute teilnehmen, kommt es auf Komplexitätsreduktion an: Komplizierte Sachzusammenhänge sind so stark zu vereinfachen, dass jeder eine Chance hat, sie zu verstehen. Falls Ihnen einzelne Mitstreiter dies vorwerfen, können Sie immer noch Detailinformationen wohl dosiert nachreichen. Sie erleichtern Ihren Zuhörern die Aufnahme Ihrer Informationen, wenn Sie

- zuhörergerecht und einfach formulieren,
- Ihre Kernbotschaften durch anschauliche Beispiele und Vergleiche aus der Welt der Beteiligten anreichern,
- Fachbegriffe und Fremdworte möglichst vermeiden und notwendige Fachbegriffe erklären,
- besonders wichtige Aussagen rhetorisch hervorheben: „Von entscheidender Bedeutung ..."; „Besonders wichtig ..."; „Ich komme jetzt zu einem wesentlichen Punkt ...",
- nicht mehr als zwei bis drei Gedanken in einen Wortbeitrag bringen,
- insgesamt kurz, prägnant und strukturiert formulieren,
- deutlich sprechen und ein mäßiges Sprechtempo wählen.

Profil gewinnen durch frühe Wortbeiträge und Aktivität während der Diskussion

Je länger Sie mit Ihrer ersten Wortmeldung warten, umso schwieriger wird es. Es kann sein, dass sich Abbruchgedanken bei Ihnen einstellen, die in „innere Kündigung" kippen können. Wenn Sie Diskussionen laufen lassen, ohne sich zu beteiligen, fühlen Sie sich in der Regel unwohl, überlassen anderen die Meinungsbildung und stellen sich und Ihre Abteilung dadurch als profillos dar.

Je nach persönlicher Risikoneigung kommen die folgenden Techniken zur Intervention infrage:

Interventionen mit *mäßigem* Risiko
- Stellen Sie Verständnisfragen.
- Stellen Sie Fragen, um die vorgetragenen Behauptungen und Beweismittel zu prüfen: „Mir ist nicht klar geworden, wie Sie Ihre These beweisen wollen."; „Woher nehmen Sie die Sicherheit, dass der Kunde Ihren Vorschlag akzeptiert?"; „Wie wollen Sie Ihren Vorschlag finanzieren?"
- Entwickeln Sie vorgetragene Argumente weiter: „Ich möchte Ihre Ausführungen um einen Aspekt ergänzen."

- Bauen Sie Koalitionen auf: „Ich stimme Ihrer Einschätzung vollkommen zu ..."; „Das ist auch meine Erfahrung ..."
- Wenn Sie angesprochen werden, können Sie die Frage beantworten und zusätzlich „freie" Information einfügen: „Ich möchte noch einen weiteren Aspekte ansprechen, der bisher noch gar nicht zur Sprache gekommen ist ..."

Interventionen mit *erhöhtem* Risiko
- Führen Sie ein neues Argument in die Diskussion ein, das bisher noch nicht zur Sprache gekommen ist. Nutzen Sie hierbei die Fünfsatztechnik (siehe Kapitel 7).
- Stellen Sie eine These auf und begründen Sie diese mit überzeugenden Argumenten (siehe Seite 134ff.).
- Achten Sie auf die Agenda und den roten Faden: „Wir entfernen uns jetzt vom diskutierten Thema. Unsere Ausgangsfrage lautete doch ..."
- Kritisieren Sie Thesen und Argumente anderer Teilnehmer.
- Bemühen Sie sich „offensiv" um das Wort, indem Sie bei einem interessanten Stichwort einhaken: „Sie nannten ein Stichwort, das ich gern aufnehmen möchte ..."; „Ihr Argument kann ich so nicht stehen lassen ..."; „Verzeihen Sie, Herr Meier, wir haben ganz andere Erfahrungen gemacht ..."

11 Schwierige Situationen im Kritikgespräch

In diesem Kapitel erfahren Sie:

Im beruflichen Alltag gibt es bestimmte Gesprächsanlässe, die erfahrungsgemäß von den Beteiligten als besonders schwierig erlebt werden. Dabei handelt es sich in erster Linie um Gesprächsthemen, die emotional aufgeladen sind und unterschiedlich bewertet werden. Zu den internen Gesprächsanlässen, die häufig mit großer Anspannung und Stress einhergehen, gehören:

- Kritikgespräche,
- Beurteilungsgespräche,
- Überzeugungsarbeit bei Change-Management-Prozessen,
- Konfliktgespräche zwischen Personen oder Abteilungen,
- negative Feedbacks.

Bei jedem dieser Gesprächsanlässe besteht die Gefahr, dass sich das Klima durch Reizthemen oder durch psychologisch ungeschicktes Vorgehen verschlechtert.

1 Gesprächsklima kann durch Reizthemen kippen

Bei diesen und anderen Gesprächen gibt es immer wieder „kritische" Phasen, in denen der sachliche Gedankenaustausch plötzlich in eine Stress-Argumentation kippt. Ein Reizwort oder eine Redewendung, die das Selbstwertgefühl eines Beteiligten verletzen, können ausreichen, um Druck und Spannung in die Auseinandersetzung zu bringen und eine frostige Atmosphäre zu schaffen.

Beispiel: Der Vorgesetzte führt mit seinem Mitarbeiter ein Feedback-gespräch über dessen letzte Kundenpräsentation. Zu Anfang des Gesprächs geht es um das Potential des betreffenden Kunden, also um ein eher neutrales Thema. In dieser Phase des Gesprächs bewegt sich die emotionale Linie (auch aus der Sicht des Mitarbeiters) leicht im positiven Bereich (siehe Abbildung 9):

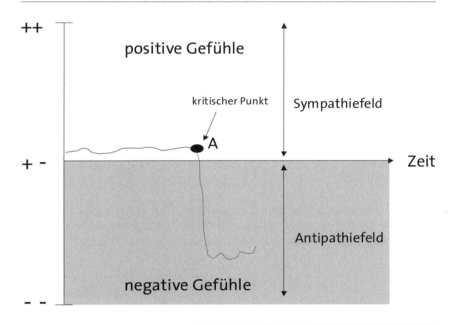

Abbildung 9: Die emotionale Kurve während eines Stress-Gesprächs

Dann kommt der Vorgesetzte recht schroff auf einen kritischen Punkt zu sprechen (Punkt A): „Herr Schäfer, Ihre Präsentation hat mir gar nicht gefallen. Die haben Sie wohl kurz vor diesem wichtigen Termin zusammengehauen: Eine Folienschlacht, wie Sie im Buche steht, mit total überladenen Folien." Während dieses Angriffs kippt das Gesprächsklima. Der Mitarbeiter fühlt sich pauschal und unsachlich abqualifiziert: Die emotionale Kurve fällt in das grau schraffierte Antipathiefeld.

In diesem Zusammenhang weist Neuberger (2004) darauf hin, dass viele Mitarbeitergespräche zwar nicht als Stress-Gespräch geplant sind, dennoch vom Betroffenen so erlebt werden. „Wenn sich der Betroffene nicht aus der Situation zurückziehen kann, wenn er sich als der Unterlegene vorkommt, wenn seine Argumente nicht akzeptiert und ständig widerlegt werden, wenn er nicht ausreden kann und jedes Wort auf die Goldwaage gelegt wird, wenn der andere willkürlich und rücksichtslos mit ihm umspringt, dann gelingt es nur selten, nüchtern und sachlich zu bleiben." Die Folge: Der Mitarbeiter fühlt sich „psychologisch eingeengt" und reagiert beispielsweise mit

- Kampf (aggressive Retourkutsche; Streitgespräch),
- Flucht (Resignation mit inneren Dialogen etwa dieser Art: „Irgendwann werde ich dir das heimzahlen ..."; „Der spinnt doch wohl, mich so in die Enge zu treiben"; „Typisch, er macht genau das, was er mit dem Kollegen Schneider gemacht hat.").

Wer als Vorgesetzter ein schwieriges Gespräch führen und den Mitarbeiter nicht demotivieren möchte, ist gut beraten, sich sorgfältig vorzubereiten und in angeheizten Gesprächsabschnitten gelassen und ruhig zu bleiben.

Im Folgenden wird exemplarisch anhand des „Kritikgesprächs" gezeigt, wie Sie durch präventive Maßnahmen das Risiko von Stress-Situationen begrenzen können. Ein Kritikgespräch ohne Restrisiko gibt es allerdings nicht.

2 Stress-Management bei Kritikgesprächen

Zum Führungsalltag gehört die häufig belastende und als stressig erlebte Pflicht, Kritikgespräche[5] führen zu müssen. Dies ist vor allem dann sinnvoll oder notwendig,

- wenn es häufig oder wiederholt zu Fehlern oder Fehlverhalten des Mitarbeiters gekommen ist,
- wenn schwer wiegende Fehler gemacht wurden oder
- wenn die Leistungen des Mitarbeiters deutlich unter der Zielvereinbarung liegen.

---

5 Um geringfügige „Fehler" (z.B. Flüchtigkeitsfehler, punktuelle Defizite im Sozialverhalten) anzusprechen, reichen in der Regel kleine Gespräche. Saul (2012) spricht in diesem Zusammenhang von Korrekturgesprächen.

Jeder weiß aus Erfahrung, dass Vorgesetzte wie Mitarbeiter diese Gespräche als schwierig erleben. Und die Gefahr ist stets gegeben, dass das Klima angespannt und frostig wird, weil der kritisierte Mitarbeiter blockiert und mit Retourkutschen oder Ausreden unterschiedlichster Art reagiert. Die Ursache für Stress liegt hier auf der Hand: Die kritischen Vorhaltungen berühren das Selbstwertgefühl des Mitarbeiters und provozieren dadurch bei ihm Widerstand und Widerspruch. Wer als Vorgesetzter diese psychologische Seite des Gesprächs ausblendet, wird Frustration ernten und den Leistungswillen des Mitarbeiters schwächen.

Viele Vorgesetzte gehen Kritikgesprächen aus dem Wege, weil sie sich nur die Risiken und weniger die Chancen dieses Führungsmittels bewusst machen, weil sie mangelnde Konfliktbereitschaft mitbringen, ein übertriebenes Harmoniebedürfnis und Angst vor emotionalen Reaktionen haben und weil sie keine probaten Mittel kennen, mit schwierigen Gesprächssituationen und schwierigen Charakteren umzugehen. Die Folgen dieses Verhaltens: Fehler werden unter den Teppich gekehrt und fehlerhaftes Verhalten wird weiterhin praktiziert. Dies bringt dann große Nachteile sowohl für das Unternehmen als auch für die Entwicklung des betreffenden Mitarbeiters.

Bedenken Sie: Wer handelt, macht Fehler. Wichtig ist, einen Fehler nicht zwei Mal zu machen und Fehler als Lernquelle anzusehen. Jede ehrliche und konstruktive Rückmeldung hierzu eröffnet die Chance, fehlerhaftes Verhalten zu korrigieren und dem betroffenen Mitarbeiter Entwicklungschancen zu eröffnen.

Als Vorgesetzter schaffen Sie günstige Voraussetzungen für erfolgreiche Kritikgespräche, wenn Sie

1. psychologische Regeln für das Kritikgespräch beachten,
2. sich Zeit nehmen für eine zielgerichtete Gesprächsvorbereitung,
3. das Gespräch zielgerichtet, strukturiert und – soweit möglich – motivierend durchführen und
4. das dialektische Rüstzeug (siehe Kapitel 4 und 5) mitbringen, um emotionale Reaktionen und andere unsachlichen Spielarten zu neutralisieren.

Psychologische Regeln für das Kritikgespräch

Allgemein sollten Sie Kritik *nicht* öffentlich, persönlich, ironisch, übertrieben, verletzend, strafend, entmutigend, *sondern* unter vier Augen, sachlich, fair, angemessen, helfend, ermutigend formulieren. Beachten Sie darüber hinaus diese speziellen Tipps:

- Ihre Kritik ist wirkungsvoller, wenn sie unmittelbar nach dem Anlass ausgesprochen wird.
- Orientieren Sie sich konsequent an den Tatsachen, nicht an bloßen Gerüchten. Sie wollen ein sachliches Problem lösen, das für die weitere Zusammenarbeit wichtig ist.
- Führen Sie das Gespräch stets nur mit der betroffenen Person, niemals mit Dritten.
- Gehen Sie niemals in ein Kritikgespräch, wenn Sie noch emotional erregt sind: Aggressionen und emotionale Ausbrüche zerstören das Gesprächsklima, sind häufig mit Unfairness verknüpft und bleiben dem Mitarbeiter sehr lange in unangenehmer Erinnerung.
- Üben Sie Kritik nur an Verhaltensweisen, die der Mitarbeiter auch ändern kann. Es wäre also unfair, seinen Sprachfehler oder das „Rotwerden in Kundengesprächen" zum Thema zu machen.
- Bringen Sie niemals Vergleiche zu anderen Mitarbeitern oder Kollegen. Vermeiden Sie es, Schuldfragen und Leistungsdefizite anderer zu erörtern.
- Artikulieren Sie klar und immer verständlich Ihre Erwartungen an das zukünftige Verhalten des Kritisierten. Lassen Sie sich nicht auf Nebenkriegsschauplätze (Grundsatzdiskussionen, Schwarze-Peter-Spiele, Retourkutschen usw.) ein.
- Stellen Sie von vornherein in Rechnung, dass es im Wesen des Menschen liegt, auf Kritik zunächst mit Ablehnung („sauer") oder mit Aggression zu reagieren.

Gesprächsvorbereitung

Kritikgespräche sollten Sie besonders gründlich vorbereiten. Weil der Gesprächsverlauf nicht eindeutig prognostiziert werden kann, ist es ratsam, präventiv verschiedene Entwicklungspfade des Gesprächs durchzuspielen. Kontrollfrage: Was mache ich, wenn der Mitarbeiter so oder so reagiert?

Wichtige Merkpunkte zur Vorbereitung:

- Was ist die Zielsetzung des Gesprächs? Was will ich mit dem Kritikgespräch erreichen? Minimal? Maximal?
- Welche Hintergrundinformationen sind relevant (beruflich: Ergebnisse der letzten Mitarbeitergespräche, Stärken-Schwächen-Profil des Mitarbeiters, Potential und Zukunftsprognose?; privat: Krankheit oder andere belastende Ereignisse in seiner Familie?)
- Was ist genau geschehen? Auf welche Fakten und Tatsachen stütze ich mich?
- Wie kann ich das Fehlverhalten des Mitarbeiters beschreiben? Wie häufig tritt es auf? Wie schwerwiegend ist es?
- Wie kann ich die negativen Auswirkungen des Fehlverhaltens auf das Unternehmen beschreiben?
- Inwieweit wusste der Mitarbeiter, welche Leistung von ihm erwartet wurde?
- Wie wird der Mitarbeiter auf Kritik reagieren? Wird er abblocken, aggressiv reagieren, sich rechtfertigen, die Schuld anderen zuschieben, eine Retourkutsche starten?
- Gibt es vergleichbares Fehlverhalten in der Vergangenheit?
- Wie werde ich das Gespräch am besten aufbauen?
- Wie werde ich auf sachliche Einwände und emotionale Rechtfertigungen reagieren?

Das Gespräch zielgerichtet, strukturiert und motivierend durchführen

Kritikgespräche bestehen – wie andere Mitarbeitergespräche – aus mehreren Phasen (siehe Kasten). Die Reihenfolge der einzelnen Schritte folgt einmal sachlichen Aspekten (z.B. Problemanalyse vor Lösungsfindung) als auch psychologischen Gesichtspunkten (z.B. Klima schaffen, Gesprächspartner beteiligen, nicht demotivieren). Wie das Gespräch konkret verläuft, lässt sich allerdings nicht mit Bestimmtheit vorhersagen. Dies hängt vom persönlichen Verhältnis zwischen dem Vorgesetzten und dem betroffenen Mitarbeiter genauso ab wie von der Persönlichkeitsstruktur des Kritisierten sowie von Inhalt und Bedeutung des thematisierten Fehlverhaltens (Differenzierte Phasenkonzepte zum Thema Mitarbeitergespräche finden sich bei Saul 2012.).

Phase 1: Eröffnung des Gesprächs

Je mehr es gelingt, eine positive Atmosphäre zu schaffen, umso leichter fällt es dem Mitarbeiter, sich zu öffnen, die „wahren" Gründe für das negative Verhalten zu nennen und kritische Rückmeldungen anzunehmen. Wenn Sie die „Sandwich-Taktik" einsetzen, also zunächst Anerkennung, dann Kritik und dann wieder Anerkennung bringen, darf der Mitarbeiter dies nicht als bloßes Ritual interpretieren („Ach so! Der Chef bringt jetzt seinen aufmunternden Vorspann, bevor der Hammer kommt!").

Stattdessen können Sie darauf hinweisen, dass jeder Mitarbeiter Fehler macht und dass es nun darauf ankommt, zu einer konstruktiven Lösung zu kommen. Sie können auch betonen, dass Sie als Vorgesetzter erst die Meinung des Mitarbeiters hören wollen, bevor Sie sich Ihr Urteil bilden.

Eine weitere Möglichkeit besteht darin, den Mitarbeiter durch offene Fragen zum Sprechen zu bringen und dadurch ein „Unfreezing" (Auftauen, Öffnen) bei ihm zu erreichen. Sie könnten zum Beispiel allgemein nach dem Projekt fragen, das im Zusammenhang mit dem Fehlverhalten steht: „Herr Meier, wie schätzen Sie das Projekt XY ein? Was lief gut, wo können wir besser werden?" Der zweite Punkt „Verbesserungspotential" kann dann genutzt werden, um zum konkreten negativen Verhalten überzuleiten.

Phase 2: Darstellung des Sachverhalts

Sprechen Sie den konkreten Sachverhalt ruhig und sicher an, fassen Sie sich dabei kurz. Sie können hervorheben, dass es sich dabei um Ihre eigene Wahrnehmung handelt. Vergessen Sie nicht, die Auswirkungen des Fehlverhaltens auf das Leistungsergebnis, die übrigen Mitarbeiter sowie gegebenenfalls auf Kunden, Lieferanten und andere externe Personengruppen darzustellen. Dies verstärkt beim Mitarbeiter das Problembewusstsein für sein Fehlverhalten.

- Ihr Mitarbeiter sollte von A bis Z merken, dass es Ihnen mit der Kritik ernst ist.
- Verzichten Sie auf Informationen aus zweiter oder dritter Hand, zum Beispiel auf Gerüchte, Interpretationen, Hörensagen.
- Verzichten Sie auf pauschalisierende Aussagen wie: „Sie sind nicht kompetent." oder: „Immer haben Sie dieses mürrische Gesicht bei Ihren Präsentationen." Durch diese Generalisierungen fühlt sich der Mitarbeiter in die Enge getrieben und stigmatisiert. Er reagiert vielleicht mit einem Streitgespräch („Das müssen Sie mir gerade sagen ..."; „Wie kommen Sie dazu, mich so pauschal anzugreifen?") oder mit negativen inneren Dialogen („Dem kann man es ja sowieso nie recht machen"; „Der spinnt doch wohl"), die ein konstruktives Gespräch erschweren.
- Sprechen Sie nicht zu viele Kritikpunkte auf einmal an, weil diese Häufung den Mitarbeiter überfordert und demotiviert: Er weiß überhaupt nicht, wo er ansetzen soll. Außerdem wird er sich fragen, ob er für den Arbeitsplatz überhaupt geeignet ist. Die wahrscheinliche Folge ist Resignation.
- Sensible Mitarbeiter werden Sie mit Ihrer Kritik eher erreichen, wenn Sie die Auswirkungen des Fehlverhaltens anschaulich darstellen und Ihre Rückmeldungen in Form von „Ich-Botschaften" formulieren: „... daher mache ich mir große Sorgen über das Image unseres Teams beim Kunden!"

Vermeiden Sie herabsetzende Redewendungen wie

- „Schon x-mal habe ich Ihnen gesagt ..."
- „Das ist mal wieder typisch für Sie."
- „Ich zweifle manchmal an Ihrer Intelligenz."
- „Sie haben in den letzten Jahren wiederholt die gleichen Fehler gemacht."
- „Wenn Sie beim Kunden auftauchen, gehen die schon auf Tauchstation."
- „An Ihrem Kollegen Müller sollten Sie sich ein Beispiel nehmen."

Phase 3: Stellungnahme des Mitarbeiters

Geben Sie dem Mitarbeiter die Chance, sich zum Sachverhalt zu äußern. So lernen Sie seine Sichtweise und Einschätzung des Sachverhalts kennen:

- Hören Sie sich in Ruhe den Standpunkt des Mitarbeiters an. Lassen Sie ihn ausreden, auch wenn es schwer fällt.
- Fragen Sie nach möglichen Ursachen und Gründen für das Fehlverhalten.
- Springen Sie nicht zu schnell auf vorgeschobene Rechtfertigungen und Ausreden an. Lassen Sie sich nicht von seinen privaten Problemen vereinnahmen. Zeigen Sie jedoch dafür Verständnis, lenken Sie dann wieder auf den Anlass des Kritikgesprächs.
- Heben Sie die Punkte hervor, bei denen Sie eine gemeinsame Einschätzung haben.

Phase 4: Lösung gemeinsam finden

Wenn auf der Grundlage der vorhergehenden Gesprächsphasen alle relevanten Informationen vorliegen und ausgetauscht sind, können Sie an den „therapeutischen Teil" des Gesprächs gehen und im Dialog nach Lösungen zu suchen.

- Lösungen sind dann am überzeugendsten, wenn man sie selbst gefunden hat. Fragen Sie daher den Mitarbeiter zunächst, inwieweit er Anregungen zur Problemlösung hat. Anregungen, die der Mitarbeiter selbst anspricht oder akzeptiert, motivieren ihn am stärksten.
- Falls Ihr Mitarbeiter keine Vorschläge bringt, sagen Sie klar und präzise, welche Erwartungen Sie an sein zukünftiges Verhalten haben.
- Bieten Sie Unterstützung an. Dazu kann auch das Angebot gehören, an einem bedarfsgerechten Seminar oder an einem Coaching teilzunehmen.
- Die vereinbarten nächsten Schritte müssen machbar sein. Lieber über Erfolgserlebnisse das erwünschte Verhalten verstärken als durch zu hohe Vorgaben Misserfolge und Resignation fördern.

Phase 5: Ergebnis zusammenfassen

Ihr Mitarbeiter wird die vereinbarten Lösungen und die nächsten Schritte zur Umsetzung als verbindlicher erleben, wenn Sie das gefundene Ergebnis kurz zusammenfassen (schriftlich festhalten) und auf die Kontrolle des künftigen Verhaltens hinweisen.

- Formulieren Sie noch einmal Ihre Erwartung an den Mitarbeiter.
- Machen Sie zudem klar, was es Ihrem Mitarbeiter nutzt, wenn er sein Verhalten ändert und somit bei seinen nächsten Schritten erfolgreich ist.
- Fertigen Sie ein Ergebnisprotokoll an, das auch die vereinbarten Ziele und mögliche Maßnahmen zur Leistungsverbesserung und Förderung beinhaltet. Das Protokoll sollten beide unterschreiben. Ein Doppel erhält der Mitarbeiter.

Phase 6: Gespräch beenden

Wenn das Gespräch produktiv gelaufen ist, empfiehlt es sich, das Gespräch positiv ausklingen zu lassen mit

- einem Dank für das konstruktive Gespräch,
- der Hoffnung auf eine gute weitere Zusammenarbeit und
- der Vereinbarung eines Folgetermins.

Tipps für den Mitarbeiter

Bei pauschalen Aussagen, unfairer Kritik oder emotionalen Ausbrüchen des Vorgesetzten besteht die Gefahr, dass man als Mitarbeiter in eine Stress-Situation gebracht wird und dadurch reflexartig mit gleichen Waffen zurückschlägt. Dies würde nur zu einer Eskalation der Auseinandersetzung beitragen und die eigene Souveränität und Gelassenheit mindern. Wer sich auf ein Streitgespräch einlässt, geht das Risiko der Emotionalisierung ein. Psychologischer Nebel kann sich breitmachen und zu einer Denkblockade führen.

Erfolg versprechender hingegen ist es, auf Ruhe, Gelassenheit und auf eigenes Agieren zu setzen. Eine Reihe von Lenkungstechniken steht hier zur Verfügung, um die Situation zu entkrampfen und aus dem Antipathiefeld in ein mindestens neutrales Gesprächsklima zu kommen. Hier einige Anregungen zum Umgang mit dieser Stress-Situation:

- Lassen Sie Ihren Chef ausreden und verzichten Sie darauf, zu schnell „anzuspringen".
- Bauen Sie Ihren persönlichen Schutzschild als „psychologischen Puffer" auf und nutzen Sie das Argumentations-AIKIDO, um in ein sachbezogenes Gespräch zu kommen.
- Bei unfairen Attacken, Fangfragen und Pauschalisierungen stehen Ihnen die Empfehlungen aus Kapitel 4 und 5 zur Verfügung.

Im Zweifel ist die Rückfrage die einfachste und beste Strategie, um selbst zu agieren und die Aufmerksamkeit des Chefs auf das Sachthema, Lösungsvorschläge oder einen anderen Aspekt zu lenken.

- Zudem können diese Lenkungstechniken zur Deeskalation beitragen:
  - Wechseln Sie das Thema. Faustregel: Weg vom emotional stark aufgeladenen Thema hin zu einem neutralen oder positiven Thema!
  - Weisen Sie auf die gemeinsame Zielsetzung hin.
  - Fassen Sie den Stand des Gesprächs zusammen.
  - Bitten Sie um Vorschläge.
  - Bringen Sie selbst einen neuen Vorschlag ins Spiel.

12 Schwierige Situationen beim Verhandeln

Themen dieses Kapitels:

Verhandlungen werden vor allem dann als schwierig erlebt, wenn eine Seite die andere dominieren will, wenn Psychotricks und eristische Taktiken die Argumentation bestimmen und wenn die Beteiligten nicht gelernt haben, mit festgefahrenen Situationen umzugehen und den Dialog ohne Belastung des Klimas in Gang zu halten. Die Empfehlungen dieses Kapitels helfen Ihnen, Stress-Situationen beim Verhandeln besser in den Griff zu bekommen. Diese Fragen stehen im Mittelpunkt: Wie kann ich das Harvard-Konzept nutzen, um mit festgefahrenen Situationen besser zurechtzukommen und Konflikte strukturiert zu bearbeiten? Wie kann ich unfaire Spielarten und Tricks neutralisieren?

1 Was ist der Grundgedanke des Harvard-Konzepts?

Das Harvard-Konzept ist eine Strategie, die Konsequenz in der Sache mit einer kooperativen Grundhaltung verbindet. Sie versucht damit eine Synthese aus einem harten und einem weichen Verhandlungsstil. Was hierunter zu verstehen ist, zeigt die folgende Übersicht (siehe Seite 182). In den beiden linken Spalten sind die Merkmale eines weichen und eines harten Verhandlungsstils aufgeführt, auf der rechten Seite hingegen finden Sie als Lösung die wesentlichen Elemente sachgerechten Verhandelns.

„Weich" verhandeln	„Hart" verhandeln	„Sachbezogen" verhandeln (nach dem Harvard-Konzept)
Allgemein	*Allgemein*	*Allgemein*
• Teilnehmer sind Freunde • Ziel: Übereinkunft mit der Gegenseite *Niederlage-Sieg-Modell*	• Teilnehmer sind Gegner • Ziel: Sieg über die Gegenseite *Sieg-Niederlage-Modell*	• Teilnehmer sind Problemlöser • Ziel: vernünftige Ergebnisse *Sieg-Sieg-Modell*
Konzessionen werden zur Verbesserung der Beziehung gemacht • weich zu den Menschen und Problemen • Vertrauen zu den anderen	**Konzessionen werden als Voraussetzung der Beziehung gefordert** • hart zu den Menschen und Problemen • Misstrauen gegenüber den anderen	*4 Prinzipien* **(1) Menschen und Probleme werden getrennt behandelt** • weich zu den Menschen und hart in der Sache • Vorgehen unabhängig von Vertrauen und Misstrauen
Bereitwillige Änderung der eigenen Position • Angebote werden unterbreitet • Verhandlungslinie wird offengelegt	**Beharren auf der eigenen Position** • Drohungen aussprechen • Verhandlungslinie bleibt verdeckt	**(2) Konzentration auf Interessen – nicht auf starre Positionen** • Interessen werden erkundet • starre „Verhandlungslinie" wird vermieden
Einseitige Zugeständnisse werden im Interesse einer Übereinkunft in Kauf genommen • Suche nach der einzigen Antwort, die die anderen akzeptieren	**Einseitige Vorteile werden als Preis für die Übereinkunft gefordert** • Suche nach der einzigen Lösung, die ich akzeptiere	**(3) Möglichkeiten für gegenseitigen Nutzen suchen** • unterschiedliche Wahlmöglichkeiten suchen **(4) Bestehen auf objektiven Kriterien**
Bestehen auf einer Übereinkunft • Willenskämpfe werden vermieden • starkem Druck wird nachgegeben	**Bestehen auf der eigenen Position** • Willenskampf muss gewonnen werden • starker Druck wird ausgeübt	• das Ergebnis suchen, unabhängig vom jeweiligen Willen • offen für vernünftige Argumente

Im Mittelpunkt des Harvard-Konzepts stehen vier Prinzipien:

1. Trenne Mensch und Problem.
2. Weg von festen Positionen hin zu beweglichen Interessen.
3. Entwickeln Sie alternative Entscheidungsmöglichkeiten (Optionen) zum beiderseitigen Vorteil.
4. Suchen Sie nach neutralen Beurteilungskriterien.

1. Prinzip: Trenne Mensch und Problem

Verhandlungen und Gespräche spielen sich immer auf zwei Ebenen ab:

a) Sachebene (Verhandlungsgegenstand),
b) Beziehungsebene (Prozess des Miteinander).

Der Punkt a) betrifft das strittige Thema und das Sachziel der Argumentation/Verhandlung. Beim Punkt b) geht es um den Verhandlungsprozess. Wollen Sie das Thema weich oder hart oder auf irgendeine andere Weise behandeln?

Beim Verhandeln besteht das Problem darin, dass persönliche Beziehungen zwischen den Parteien mit sachlichen Auseinandersetzungen vermengt werden: Wir tendieren nämlich oft dazu, Mensch und Problem in einen Topf zu werfen. Wenn jemand sagt: „Ihre Forderung ist überzogen" oder: „Ihre Terminvorgabe war viel zu eng und im Grunde nicht einzuhalten", so mag damit schlichtweg ein bestimmtes Problem gemeint sein, man kann es aber auch leicht als persönlichen Angriff verstehen. Die Konsequenz ist nicht selten, dass der Angesprochene sich ärgert und infolgedessen das Verhandlungsklima belastet wird.

Tipps zur Sicherung eines fairen Miteinander
An anderer Stelle haben wir Praxishilfen vorgeschlagen, um ein gutes Gespräch (siehe Seiten 20 und 174ff.) aufzubauen. Über diese Anregungen hinaus finden sich im Harvard-Konzept ergänzende Orientierungen:

Perspektive des Partners bedenken

- Bedenken Sie immer, dass die Verhandlungspartner ein und denselben Gegenstand vermutlich unterschiedlich sehen und bewerten. Dies liegt begründet:

- in der unterschiedlichen Perspektive,
- in der unterschiedlichen persönlichen Interessenlage,
- in den unterschiedlichen Erfahrungen und Vorurteilen,
- im unterschiedlichen Informationsstand und
- in unterschiedlichen Stimmungen.

Konflikte im Verhandlungsprozess lassen sich somit dadurch mildern und sogar vermeiden, wenn man diese Unterschiedlichkeiten berücksichtigt und eine gemeinsame Basis einschließlich objektiver Kriterien findet.

- Versetzen Sie sich daher bei der Vorbereitung und bei der Verhandlung in die Lage des anderen. Versuchen Sie seine Sicht der Dinge zu verstehen und sie nicht zu früh zu bewerten. „Den Standpunkt verstehen" heißt dabei noch lange nicht, dass man damit einverstanden ist. Die an anderer Stelle behandelte Fragetechnik (siehe Kapitel 9) ist hier ein unverzichtbares Werkzeug.
- Selbst wenn Ängste oder Aggressionen beim Partner unbegründet sind, so sind sie doch real vorhanden und müssen beachtet werden. Es wäre ein Kardinalfehler, die emotionale Verfassung des Gegenübers auszublenden.
- Beteiligen Sie die Gegenseite am Verhandlungsprozess und am Ergebnis. Wer sich beteiligt fühlt, ist in der Regel motivierter und wird dem Ergebnis eher zustimmen. Daher der Grundsatz, den Partner früh einzubinden. Bieten Sie Ihren Rat an. Gehen Sie – wo immer möglich – auf neue Ideen ein und beteiligen Sie den anderen auch daran, die gewonnenen Vorstellungen gegenüber Dritten zu verteidigen.
- Achten Sie darauf, dass jeder sein Gesicht wahren kann. Versuchen Sie bei der Gegenseite das Gefühl des „Kleinbeigebens" zu vermeiden. Es geht darum, das Ergebnis so zu fassen und zu formulieren, dass es eine faire Lösung ist. Fair bedeutet, dass diese Lösung in Einklang mit den Grundsätzen der Verhandlungspartner und dem Image, das sie von sich haben, steht. Im günstigsten Fall fühlen sich alle Beteiligten als Gewinner (Win-win-Modell).

Emotionen berücksichtigen

Besonders bei harten Auseinandersetzungen sind Gefühle mitunter wichtiger als das Sachthema. Die Beteiligten sind möglicherweise eher zum Kampf bereit, als nach kooperativen Lösungen zu suchen. Negative Emotionen und Antipathie können Verhandlungen dann recht schnell in die Sackgasse oder zum Abbruch führen. Nehmen Sie als

Beispiel die vielen vergeblichen Verhandlungsansätze zwischen Israelis und Palästinensern im Nahen Osten. Wenn es nicht gelingt, Emotionen und Sache zu trennen, wird sich der Krieg (Kampfdialektik) im Verhandlungsraum fortsetzen. Und der Weg zu tragfähigen Kompromissen bleibt verstellt. Wie man in emotionalisierten Situationen eine Konfrontation vermeiden und das Sachthema ins Zentrum rücken kann, haben wir in Kapitel 4 dargestellt.

Missverständnisse vermeiden

Die erwähnten emotionalen Belastungen können Missverständnisse verursachen oder verstärken. Sie zeigen sich dann häufig so:

- Die Partner sprechen nicht (wirklich) miteinander.
- Die Partner hören nicht zu.
- Die Beteiligten reden auf verschiedenen Sprachebenen.
- Die Partner zeigen mangelndes Einfühlungsvermögen für die Interessen der anderen Seite.
- Die Partner haben Vorurteile und eine verzerrte Wahrnehmung.
- Das Klima ist angespannt.

Dass Vorurteile und Beziehungsprobleme häufig in der eigenen Phantasie gemacht sind, belegt eindrucksvoll Paul Watzlawicks *Geschichte mit dem Hammer.*

Ein Mann will ein Bild aufhängen. Den Nagel hat er, nicht aber den Hammer. Der Nachbar hat einen. Also beschließt unser Mann, hinüberzugehen und ihn auszuborgen. Doch da kommt ihm ein Zweifel: Was, wenn der Nachbar mir den Hammer nicht leihen will? Gestern schon grüßte er mich nur flüchtig. Vielleicht war er in Eile. Aber vielleicht war die Eile nur vorgeschützt und er hat was gegen mich. Aber was? Ich habe ihm nichts angetan; der bildet sich da etwas ein. Wenn jemand von mir ein Werkzeug borgen will, ich gäbe es ihm sofort. Und warum er nicht? Wie kann man einem Mitmenschen einen so einfachen Gefallen abschlagen? Leute wie dieser Kerl vergiften einem das Leben. Und dann bildet er sich noch ein, ich sei auf ihn angewiesen. Bloß weil er einen Hammer hat. Jetzt reicht's mir wirklich. – Und so stürmt er hinüber, läutet, der Nachbar öffnet, doch noch bevor er „Guten Tag" sagen kann, schreit ihn unser Mann an: „Behalten Sie Ihren Hammer, Sie Rüpel!"

Analog zu dieser Geschichte können Missverständnisse dadurch verursacht sein, dass sich die Beteiligten Phantasiegeschichten aufbauen, die mit der Realität nicht in Einklang stehen. Im Zweifel ist es hilfreich, diesen Mechanismus zu durchschauen und das direkte, sachbezogene Gespräch mit dem anderen zu suchen. In vielen Fällen können Sie durch Fragen abklären, wie Ihr Partner zu dem betreffenden Thema steht, wo möglicherweise Missverständnisse liegen oder wie er das persönliche Verhältnis zu Ihnen einschätzt.

Gerade wenn Sie mit einem Kunden, einem Kollegen oder einer sonstigen Person (vielleicht aus der Verwandtschaft) nicht so gut können, wenn Funkstille zwischen ihnen herrscht, wenn man sich aus dem Weg geht, lohnt es sich, diesen Mechanismus zu durchdenken: Ist der andere wirklich so übel, wie ich vermute? Habe ich dafür Fakten oder nur Phantasieprodukte? Wie denkt mein Gegenüber wohl über mich? Realistisch – so wie ich bin? Oder hat er sich vielleicht auch seine „Geschichte" gemacht, nachdem ich ihn vor einigen Monaten so offen kritisiert habe?

2. Prinzip: Weg von festen Positionen hin zu beweglichen Interessen

„Alle Verhandlungspartner haben Interessen: Das sind Bedürfnisse, Wünsche und Befürchtungen, die unsere Verhandlungen lenken. Interessen sind verschieden von Positionen – den Behauptungen, Forderungen und Angeboten – der Parteien während einer Verhandlung. Eine Position ist nur eine Möglichkeit, Interessen zu befriedigen" (Fisher 2009).

Im Harvard-Konzept findet sich die Geschichte von den zwei Mädchen, die um eine Orange streiten. Jedes beharrt auf seiner Position: „Ich bekomme die Orange!" Schließlich einigen sie sich darauf, die Orange zu teilen. Beide waren unzufrieden mit dem Kompromiss. Denn – wie sich zeigte, wollte ein Mädchen nur die Schale, um einen Kuchen zu backen, das andere wollte die Frucht, um Orangensaft zu machen. Also hätte man die zugrunde liegenden Interessen besser befriedigen können, wenn die eine die ganze Frucht und die andere die ganze Schale erhalten hätte. Durch die Rückfrage „Warum möchtest du die Apfelsine?" hätte man die Interessen leicht herausfinden können.

Um in einer Verhandlung also erfolgreich zu sein, kommt es darauf an, ein Ergebnis zu finden, das den Interessen beider Seiten entspricht. Wie lässt sich dies erreichen?

- Stellen Sie sich selbst und der Gegenseite Fragen: „Warum ...?" oder: „Zu welchem Zweck ...?", um die Interessen in Erfahrung zu bringen. Führt dies nicht zum Ziel, stellen Sie Fragen wie: „Warum nicht ...?"; „Was wäre verkehrt, wenn ...?"
- Setzen Sie Prioritäten bei Ihren Interessen. Dies erleichtert es Ihnen später, vorgeschlagene Optionen rascher zu bewerten.
- Sprechen Sie über die Interessen. Zweck jeder Verhandlung ist es, Ihren Interessen zu nützen. Damit eine Chance auf Erfolg besteht, müssen Sie über Ihre Interessen sprechen. Die Gegenseite weiß möglicherweise gar nichts darüber, genauso wie Sie umgekehrt nichts über die Interessenlage Ihres Gegenübers wissen.

3. Prinzip: Entwickeln Sie alternative Entscheidungsmöglichkeiten (Optionen) zum beiderseitigen Vorteil

„Optionen" sind mögliche Übereinkünfte oder Teile einer möglichen Übereinkunft im Rahmen der Verhandlung. Bei den meisten Verhandlungen zeigen sich vier Haupthindernisse bei der Entwicklung alternativer Lösungen:

- vorschnelles Urteil („Das geht nicht."),
- Suche nach „der" richtigen Lösung,
- Annahme, dass der Kuchen begrenzt ist,
- Ich-bezogene Haltung.

Praxistipp
Wer kreative Wahlmöglichkeiten entwickeln will, muss

- den Prozess der Ideengewinnung von der Beurteilung eben dieser Ideen trennen,
- danach trachten, die Zahl der Optionen eher zu vermehren als nach der „richtigen" Lösung zu suchen,
- nach Vorteilen für alle Beteiligten Ausschau halten,
- Vorschläge entwickeln, die dem anderen die Entscheidung erleichtern.

Die „Beste Alternative (BA)" bestimmen

„Was werde ich tun, falls wir uns in der Verhandlung nicht einigen können?" Das ist die Frage nach der „Besten Alternative". Nehmen Sie an, Sie bewerben sich bei der Firma „A". Dann lautet die Frage: „Was ist meine beste Alternative, wenn ich mit dieser Firma zu keiner Übereinkunft komme?" Dies kann zum Beispiel ein Vertrag mit der Firma „B" sein, den Sie bereits unterschriftsreif in der Tasche haben. Oder es kann ein Aufbaustudium sein, das Sie beginnen könnten und dessen Finanzierung bereits gesichert wäre, falls es mit der Stelle nicht klappt.

Das ausgehandelte Ergebnis Ihrer Verhandlung sollte also in jedem Falle besser sein als Ihre „Beste Alternative". Ist das Angebot der Gegenseite schlechter als Ihre „Beste Alternative", dann können Sie mit Zuversicht die Verhandlung beenden und zur Tür gehen.

Zur Vorbereitung Ihrer Verhandlung gehört es jedoch auch, die „Beste Alternative" der Gegenseite zu durchdenken: „Was wird die Gegenseite (vermutlich) tun, falls wir uns nicht einigen können?"

4. Prinzip: Suchen Sie nach neutralen Beurteilungskriterien

Es fällt leichter, ohne gegenseitigen Druck zu einer Lösung zu kommen, wenn Sie gemeinsam mit dem Verhandlungspartner Kriterien formulieren, an denen die Entscheidung gemessen wird.

Suchen Sie nach objektiven Kriterien möglichst vor der Verhandlung. Versuchen Sie, sich mit Ihrem Gegenüber auf gemeinsame Kriterien zu einigen. Gerade in festgefahrenen Situationen ist dies eine wirkungsvolle Strategie.

Beispiel: Sie verhandeln um einen Gebrauchtwagen und haben unterschiedliche Vorstellungen hinsichtlich des Preises. Anstatt zu feilschen oder in ein Streitgespräch zu geraten, können Sie sagen: „Sie fordern einen hohen Preis und ich biete einen niedrigen. Lassen Sie uns herausfinden, welcher Preis fair ist und mit welchem Preis wir beide leben können. Anhand welcher Kriterien können wir das herausfinden?" Nun können Sie Seite an Seite versuchen, das gemeinsame Ziel – einen fairen Preis – zu erreichen. Sie können selbst ein Kriterium nennen, etwa den Listenpreis des Fahrzeugs und die gefahrenen Kilometer. Fordern Sie den Verhandlungspartner auf, seine Vorstellungen zu nennen. Ihre

Argumentation wird dann natürlich noch überzeugender, wenn Sie sich auf Kriterien beziehen, die die Gegenseite eingeführt hat.

Konsequenz für das Verhandeln:

1. Funktionieren Sie jeden Streitfall zur gemeinsamen Suche nach objektiven Kriterien um.
2. Argumentieren Sie sachgerecht und seien Sie selbst offen gegenüber solchen Argumenten, die auf einsichtigen Kriterien beruhen.
3. Geben Sie niemals irgendwelchem Druck nach, beugen Sie sich nur sinnvollen Prinzipien.

Sie können diese vier Prinzipien – je nach Szenario, Schwierigkeitsgrad und Beziehung zum Gegenüber – in den verschiedenen Phasen des Verhandlungsprozesses anwenden. Im Folgenden wird das wichtigste Modell für die Strukturierung von Verhandlungen vorgestellt.

2   Phasenkonzept für Verhandlungen

Um Verhandlungen zu strukturieren, eignet sich die bekannte Problemlösungsformel (siehe Seite 133f.). Danach können Sie den Verhandlungsprozess idealtypisch nach sechs Phasen gliedern:

Phasenkonzept für Verhandlungen	
1. Eröffnung:	Mensch-Problem analysieren; Arbeitsklima herstellen
2. Situation und Problem darlegen:	eigene Sicht darlegen; Sicht des Gegenübers analysieren/erfragen
3. Lösungswege suchen:	im Dialog alternative „Optionen" zusammentragen
4. Diskutieren:	objektive Kriterien beachten
5. Ergebnis:	Kompromiss; geordneter Rückzug o.Ä.
6. Beenden:	positiver Ausklang

Anwendung

Ihr Verhandlungskonzept muss den Besonderheiten der betreffenden Situation und Zielsetzung angepasst werden: Sie können die Reihenfolge der Phasen ändern oder bestimmte Phasen (z.B. die Phasen 3 bis 5) mehrfach durchlaufen.

1. Phase: Eröffnung
Hierzu gehören Begrüßung, Klima schaffen, Ziel und Themen festlegen, Vorgehensweise und Zeitplan abstimmen. Die Harvard-Prinzipien zum Thema Mensch und Problem haben hier einen besonders hohen Stellenwert.

2. Phase: Situationsdarstellung
Hier geht es darum, die relevanten Informationen auszutauschen und die Interessen der Verhandlungsparteien genauer in Erfahrung zu bringen. Eine gekonnte Fragetechnik ist auf dieser Stufe unverzichtbar.

3.–4. Phase: Diskussion von Lösungsvorschlägen
Hier kommen vor allem die Prinzipien „Wahlmöglichkeiten entwickeln" und „Objektive Kriterien suchen" zur Anwendung.

5. Phase: Ergebins
Die Ergebnisse der Verhandlung sind hier zu sichern. Um Missverständnisse und unsachliche Spielarten zu vermeiden („Das habe ich anders im Gedächtnis"; „Das habe ich nicht zugesagt"; Das haben Sie mich falsch verstanden"; „Ich habe das handschriftlich anders protokolliert"; „Sie haben uns doch bei der Verhandlung die Zusage für XY gegeben" usw.), ist es ratsam, ein Ergebnisprotokoll zu erstellen und mit den Beteiligten verbindlich abzustimmen. Dringen Sie darauf, das Protokoll von den Beteiligten gegenzeichnen zu lassen.

6. Phase: Abschluss
Hier geht es darum, die Verhandlung mit persönlichen Worten ausklingen zu lassen.

Hinweis

Werden in den Phasen 3 und 4 unterschiedliche Lösungsvorschläge eingebracht und divergierende Forderungen artikuliert, kann es leicht zu Streitgesprächen und emotional angespannten Situationen kommen. Hier helfen die in den Kapiteln 4 und 5 beschriebenen Strategien, um den Dialog in produktiven Bahnen zu halten.

3 Aus der Sackgasse kommen – Wie Sie festgefahrene Situationen überwinden

Sie kennen das: Es gibt Verhandlungssituationen, in denen nichts vorangeht. Ihr Gefühl sagt Ihnen, dass kein andere Wahl bleibt, als die Verhandlung abzubrechen. Dass es so weit kommt, liegt an mangelnder Kompromissbereitschaft, extremen Forderungen und einer Blockadehaltung. Darüber hinaus kann sich eine Situation verhärten, wenn Ihr Verhandlungspartner manipulative Taktiken und Kampfdialektik einsetzt. So kann der unfaire Kontrahent

- Ihnen das verweigern, was Ihnen wichtig ist,
- Dominanz- und Kampfrituale einsetzen, um Sie einzuschüchtern,
- mit unliebsamen Konsequenzen drohen,
- Reizthemen, Killerphrasen und andere unfaire Spielarten einsetzen, um Sie unter Druck zu setzen.

Rufen Sie sich die in diesem Buch vorgeschlagenen Abwehrstrategien ins Gedächtnis, bevor Sie in Verhandlungen gehen.

Neben einer souveränen Grundhaltung benötigen Sie in verhärteten Situationen ausgearbeitete Strategien, um Wege aus der Sackgasse zu finden. Welche Möglichkeiten bieten sich also an, um Bewegung in die Verhandlung zu bringen, neue Spielräume zu eröffnen oder Kompromisse zu erzielen? Erst wenn diese Bemühungen versagen, sollten Sie auch die unten beschriebene Möglichkeit nutzen, die Verhandlung „temporär" abzubrechen.

Überwinden Sie den toten Punkt

Beide Seiten verteidigen mit allen Mitteln Ihre Positionen. Die gegensätzlichen Auffassungen prallen in Rede- und Gegenrede aufeinander. Eine Übereinkunft scheint unmöglich. Das Problem ist psychologischer Natur: Die Beteiligten sind einseitig auf die Gegensätze fixiert und haben den Blick für kreative Lösungen verloren. Behindert wird die Entwicklung alternativer Lösungen häufig durch vorschnelles Urteilen, das mit inneren Dialogen einhergeht wie: „Das geht nicht", „Es ist sinnlos weiterzumachen", „Wir sind in einer Sackgasse". Man ist der festen Überzeugung, dass es keine Lösung gibt. Dabei wird jedoch ein Umstand übersehen, der für Gesprächsblockaden häufig verantwortlich ist: die persönliche Betriebsblindheit. Die subjektive (begrenzte)

Sichtweise schränkt die Suche nach neuen Lösungen ein. Dies können Sie sich sehr gut an der Aufgabe mit den acht Quadraten bewusst machen.

Die Frage: Wie viele Möglichkeiten finden Sie, ein Quadrat in vier gleich große Teile (gleiche Form und gleiche Größe) aufzuteilen?

Eine Möglichkeit wäre – wie in Abbildung 10 eingezeichnet – ein einfaches Kreuz. Suchen Sie mindestens sieben weitere Lösungen.

Die 8-Quadrate-Aufgabe

Aufgabe: Teilen Sie ein Quadrat in vier kongruente (form- und inhaltsgleiche) Segmente auf. Suchen Sie viele alternative Lösungen.

Abbildung 10: 8-Quadrate-Aufgabe

Die Erfahrung zeigt, dass Sie vier Lösungen ohne Weiteres entwickeln können. Dann kommt der tote Punkt. „Es geht nicht weiter!" oder: „Das ist unmöglich!", sagt Ihnen Ihr Großhirn. Das Dilemma: Nur weil einem keine weitere Lösung einfällt, geht man davon aus, dass es keine weitere Möglichkeit gibt. Ein großer Irrtum!

Nutzen Sie die Helikopterkompetenz, um das Terrain von oben zu betrachten und nach neuen Ideen und Lösungsansätzen Ausschau zu halten. Sie können sich zum Beispiel durch Gespräche mit anderen Teammitgliedern inspirieren lassen oder sich auf eine kreative Suche mit dem Verhandlungspartner einlassen.

Es gibt zu unserer Aufgabe mit den acht Quadraten übrigens unendlich viele Lösungen (siehe Seite 318).

Durchdenken Sie vorab Lösungsvarianten (oder alternative Lösungen)

Es kommt also darauf an, eine vermeintliche Barriere („Es geht nicht weiter!") als normale Durchgangsphase in einer Verhandlung zu betrachten. Nehmen sie diese als Anstoß, um die Perspektive zu ändern, sich Anregungen von anderen zu holen und gleichzeitig die gemeinsamen Interessen zu betonen. Wo sind Berührungspunkte und Schnittmengen zwischen den Interessen, wo sind Ansätze für Lösungen, mit denen beide Parteien leben können? Es begünstigt Ihre Einfälle, wenn Sie bei der Vorbereitung diese Fragen durchdenken:

- Welche Vorteile haben beide Seiten im Falle einer Vereinbarung/Zusammenarbeit? Wo liegen gemeinsame Interessen?
- Anhand welcher Kriterien können wir diskutieren, ob eine Lösung fair und sachgerecht ist?
- Gibt es andere Optionen zum gegenseitigen Nutzen, die helfen, den toten Punkt zu überwinden?
- Gibt es Möglichkeiten, den Verhandlungskuchen zu vergrößern, indem man zum Beispiel die Zeitachse („Wenn nicht jetzt, dann in Zukunft"), Paketlösungen („Wir übernehmen die Kosten für die Schulungen") oder andere Varianten mit ins Spiel bringt.

Überlegen Sie, wie die Verhandlung in neue, kreative Bahnen gelenkt werden kann. Wichtig ist, dass Sie für Bewegung sorgen und neue Reize setzen, wenn sich die Argumentation im Kreis dreht. Sie können dabei selbst Anstöße geben, durch geschickte Fragen Ihr Gegenüber zu neuen Sichtweisen bringen oder ihm die Konsequenzen eines Scheiterns vor Augen führen.

Auch wenn Sie hart verhandeln, sollten die Beweglichkeit und der Blick für neue Optionen und gemeinsame Interessen nicht leiden. Sagen Sie sich: „Ich bleibe im Dialog und prüfe, welche Brücken zwischen den Möglichkeiten und Interessen beider Seiten gebaut werden können." Die folgenden Empfehlungen helfen Ihnen, den toten Punkt in Verhandlungen zu überwinden.

Praxistipps für festgefahrene Situationen

Sondieren Sie Verhandlungsspielräume und Bedingungen für eine Lösung

Sie können mit geschickten Fragen ausloten, wo Ihr Gegenüber mögliche Kompromisslinien und Lösungsansätze sieht und was getan werden müsste, um zu einer Einigung zu kommen:

- „Wo sehen Sie Ansätze für eine Lösung?"
- „Auf welcher Basis wäre ein Kompromiss möglich?"
- „Unter welchen Bedingungen können wir zu einer Übereinkunft kommen?"
- „Welche Bewertungskriterien sind Ihnen wichtig?"

Bringen Sie neue Lösungsansätze ins Spiel

Sie können mit Hilfe der folgenden Fragen Bewegung ins Spiel bringen und die Aufmerksamkeit des Verhandlungspartners auf neue Lösungsvarianten lenken:

- „Was halten Sie davon, wenn wir die Laufzeit des Vertrags in unsere Überlegungen einbeziehen?"
- „Ich schlage vor, dass wir den Aspekt XYZ bei der Lösungssuche ebenfalls berücksichtigen."
- „Bisher haben wir noch nicht über Schulung und Service gesprochen. In diesen Bereichen könnten wir Ihnen einen Zusatznutzen bieten ..."

Klammern Sie strittige Punkte zunächst aus

Dies ist vor allem dann ein probates Mittel, wenn der Verhandlungsgegenstand komplex ist und jede Seite einen Katalog eigener Interessen und Forderungen hat:

- „Ich schlage vor, dass wir uns zunächst über ABC unterhalten."
- „Was halten Sie davon, wenn wir den Punkt XYZ zunächst zurückstellen?"
- „Über den strittigen Punkt ‚Laufzeit'" möchte ich noch gern mit der Geschäftsführung sprechen."

Sie konzentrieren sich also zunächst auf die Themen, bei denen Sie vermutlich leicht zu einer Übereinkunft kommen. Dieses Vorgehen bietet die Chance, „eingefrorene" Positionen wieder aufzutauen („Unfreezing") und über kleine Erfolgserlebnisse dem Verhandlungsprozess neuen Schwung zu geben.

Erbitten Sie Kritik und Ratschläge vom Gegenüber
Wenn Ihr Verhandlungspartner skeptisch reagiert, können Sie ihn zum Beispiel durch offene Fragen dieser Art zum Sprechen bringen:

- „Was stört Sie an meinem Vorschlag?"
- „Was würden Sie an meiner Stelle tun?"
- „Sie haben eine Menge Erfahrungen in diesem Bereich.
- Wie würden Sie in dieser Situation vorgehen?"
- „Was können wir gemeinsam tun ...“
- „Vielleicht haben Sie damit recht. Was müssten wir noch ändern, um ...?"

Nehmen Sie unangenehme Einwände offensiv auf
Trauen Sie sich, heikle und unangenehme Punkte offensiv anzusprechen. Positive Ich-Botschaften geben Ihrer Aussage eine persönliche Note:

- „Gut, sprechen wir darüber, was Ihnen daran nicht gefällt."
- „Ich habe Ihre Skepsis verstanden. Dann lassen Sie uns über Ihre Bedenken sprechen."

Erinnern Sie an übergreifende Werte und Prinzipien
Sie argumentieren hierbei mit Werten, die vermutlich auch aus der Sicht des Partners einen hohen Stellenwert haben, zum Beispiel mit Fairness, Vertrauen oder einer sachgerechten Lösung zum gegenseitigen Nutzen:

- „Alles, was wir wollen, ist eine faire Lösung."
- „Wir wollen zu einer Einigung kommen, die Ihnen entgegenkommt und die für uns machbar ist."
- „Wir haben in der Vergangenheit vertrauensvoll und erfolgreich zusammengearbeitet. Das ist auch unser Ziel für die Zukunft ...“

Stehen Sie auf und bewegen Sie sich

Körperliche Bewegung regt die Durchblutung an und hilft den Beteiligten, aus einer geistigen Endlosschleife herauszukommen. Die Akteure haben Gelegenheit aufzustehen, durchzuatmen, ein wenig Distanz aufzubauen und neue Eindrücke zu sammeln. Offenbar begünstigen psychomotorische Bewegungen die Kreativität und erleichtern es, die Dinge aus einer anderen Perspektive zu sehen. Erinnert sei in diesem Zusammenhang an den berühmten Parkspaziergang zwischen Ronald Reagan und Michael Gorbatschow beim Gipfeltreffen im Jahre 1985 in Genf. Dieser trug während des Kalten Kriegs dazu bei, das frostige Klima aufzutauen, das Vertrauen zwischen den Regierungschefs zu fördern und den Verhandlungsprozess zwischen Ost und West wieder in Gang zu bringen.

Unterbrechung oder temporärer Abbruch

Wenn alle Möglichkeiten ausgeschöpft sind, Differenzen zu überbrücken und tragfähige Ergebnisse zu erzielen, können Sie als Ultima Ratio eine kreative Denkpause vorschlagen. Bleiben Sie auch in dieser Phase höflich, aber konsequent. Machen Sie deutlich, dass Sie grundsätzlich eine Fortsetzung des Gesprächs begrüßen.

Eine Unterbrechung macht zum Beispiel Sinn, wenn es an bestimmten Punkten hakt und zusätzliche Gespräche daher notwendig sind.

Formulierungsbeispiele:
- „Ihre Wünsche und Anforderungen habe ich verstanden. Um die Machbarkeit zu klären, möchte ich mit unserem Qualitätsmanagement sprechen."
- „In der Preisfrage kann ich hier keine Entscheidung treffen. Wir müssen die gesamte Kalkulation noch einmal mit unserem Einkauf durchgehen."
- „Inwieweit eine Paketlösung infrage kommt, muss mit meiner Geschäftsführung geklärt werden."

Wenn die offenen Punkte geklärt sind, kann die Verhandlung fortgesetzt werden.

Beim temporären Abbruch ist noch nicht klar, unter welchen Voraussetzungen der Verhandlungsfaden wieder aufgenommen werden kann.

Bei dieser Option stellen Sie fest, dass trotz aller Bemühungen keine tragfähige Lösung zum beiderseitigen Vorteil gefunden werden konnte. Sie machen dem Verhandlungspartner bewusst, dass die Grenze dessen erreicht ist, was heute möglich war. Dies ist ein klares Signal für den Partner. Wichtig ist auch hier, dass dies nicht zulasten der Beziehung geht. Also nicht eingeschnappt, beleidigt oder geknickt sein. Jedenfalls nicht nach außen sichtbar. Achten Sie darauf, dass die Türen für eine Rückkehr an den Verhandlungstisch geöffnet bleiben. Das folgende dreiphasige Konzept (vgl. dazu auch Schranner 2010) erleichtert dies:

1. Sie fassen die Gemeinsamkeiten und Teilergebnisse zusammen und verdeutlichen die noch zu überbrückenden Differenzen.
2. Sie bedanken sich für die positive Zusammenarbeit und die offene Argumentation.
3. Sie öffnen durch den folgenden Satz Türen, durch die Sie wieder in die Verhandlung zurückkommen können, und zwar ohne das Gesicht zu verlieren: „Aus meiner Sicht (1. Tür) ist unter diesen Umständen (2. Tür) eine Einigung schwer vorstellbar.

Erläuterung:

1. Tür: „Aus meiner Sicht" – Das heißt, Sie könnten nach der Verhandlung mit einem Berater, einer Fachabteilung oder Ihrem Vorgesetzten sprechen und argumentieren, dass diese Gespräche neue Ideen und Optionen für eine Verständigung gebracht hätten. Sie würden Ihrem Gesprächspartner mitteilen, dass diese neuen Perspektiven Spielraum für die Wiederaufnahme der Verhandlung eröffnen.

2. Tür: „Unter diesen Umständen" – Dies ist praktisch Ihr Joker. Denn Sie können zum Beispiel durch veränderte Rahmenbedingungen den Weg in die Verhandlung zurückfinden:
- „Ich habe inzwischen neue Untersuchungen über die Marktentwicklung ..."
- „In der Zwischenzeit ist unsere Vertriebsstrategie weiterentwickelt worden. Dadurch vergrößert sich der Spielraum für eine Paketlösung ..."
- „Inzwischen ist es zu personellen Veränderungen in meinem Unternehmen gekommen. Dadurch hat sich unsere Strategie in einem Punkt verändert ..."
- „Wir haben intern Kompromissmöglichkeiten diskutiert, die für Sie interessant sein könnten."

- „Wir haben uns entschlossen, das Verhandlungsteam neu aufzu-
stellen. Herr Schulte, den Sie aus den vergangenen Jahren kennen, wird mit dazukommen ...“

Die Phase nach dem Abbruch der Verhandlung ist psychologisch stressig, weil beide Seiten in der Regel unter Druck geraten. Geduld und
Stehvermögen sind unverzichtbar. Wenn Sie mit dem Persönlichkeitstyp, dem Temperament oder dem Argumentationsstil Ihres Verhandlungspartners nicht zurechtgekommen sind, kann es sinnvoll sein, den
Verhandlungsführer auszutauschen oder die Zusammensetzung des
Verhandlungsteams zu verändern. Unter welchen Vorzeichen Sie auch
immer die Verhandlung wieder aufnehmen: Verzichten Sie auf Nach-
karten, kritische Fußnoten und verbale Spitzen. Buchen Sie den bisherigen Verhandlungsprozess unter der Überschrift „Erkenntnisgewinn“
und verhalten Sie sich sachgerecht, professionell und zielorientiert. Es
fördert Ihre Verhandlungsmacht, wenn Sie auf Augenhöhe (weder Über-
legenheits- noch Unterlegenheitsgefühle zeigen) argumentieren und
Ihre „Beste Alternative“ (BA) vorab bestimmt haben. Die Schlüsselfrage
bei der BA lautet: „Was werde ich tun, falls wir uns auch in der neuen
Verhandlungsrunde nicht einigen können?“ (siehe auch Seite 188f.).

4 Wie schützen Sie sich gegen Tricks und unfaire Taktiken?

Die folgende Auflistung enthält Praxistipps zur Neutralisierung unfairer Spielarten bei Verhandlungen. Die mit Kapitel 4 und 5 korrespondierenden Tipps sind bewusst kurz gehalten, um Doppelungen
auf ein Mindestmaß zu beschränken. Querverweise mit Seitenangaben
erleichtern es Ihnen, bei Bedarf Hintergrundinformationen in relevanten Kapiteln rasch zu finden.

In der Eröffnungsphase der Verhandlung	
Unsachliche Spielarten	*Praxistipps*
Der angekündigte Ver-handlungspartner ist nicht anwesend. Ein nachgeordneter Mitarbeiter vertritt ihn.	Klären Sie zunächst zwei Fragen: Warum ist der Entscheider nicht erschienen? und: Welche Voll-machten hat der Vertreter? Auf dieser Grundlage entscheiden Sie dann, ob Sie den Termin wahrneh-men oder einen Folgetermin vereinbaren.

Die Verhandlungspartner lassen Sie bei der Vorstellung über ihre Kompetenzen und Vollmachten im Unklaren.	Fragen Sie nach den Vollmachten und Zuständigkeiten. Klären Sie, ob die Punkte der Agenda mit den „richtigen" (verantwortlichen) Partnern verhandelt werden können.
Ungünstige Sitzanordnung und Rahmenbedingungen.	Übernehmen Sie die Initiative und nehmen Sie Einfluss auf Sitzanordnung und Rahmenbedingungen (siehe hierzu Seite 98ff.).
Ihr Gegenüber versucht, Zeitdruck zu erzeugen.	Gleich zu Beginn: den Zeitrahmen absprechen; bei Änderungen die Agenda auf ein realistisches Maß reduzieren.
Die abgesprochene Agenda wird einseitig verändert.	Sprechen Sie diesen Punkt an: Warum wurde die neue Reihung der Tagesordnungspunkte gewählt? Warum sind neue Punkte aufgenommen worden?

In den Phasen 2 bis 6 der Verhandlung

Unsachliche Spielarten	*Praxistipps*
Der Verhandlungspartner schweigt.	Durch Fragen aktivieren: – „Was ist Ihre Einschätzung?" – „Was halten Sie von dem Lösungsvorschlag?" – „Darf ich Ihr Schweigen als Zustimmung deuten?"
Ihr Gegenüber greift Sie persönlich an.	Nutzen Sie das Argumentations- AIKIDO, um die Energie des Angreifers auf die Sache umzulenken (siehe Seite 72ff.).
Ihr Gegenüber droht Sanktionen an.	Ignorieren Sie zunächst die Drohung. Betonen Sie, dass Sie eine Lösung anstreben, die für beide Seiten akzeptabel ist, die also die Gegenseite zufriedenstellt und die für Ihre Seite machbar ist.
Ihr Gegenüber kommt mit extremen Forderungen.	Fragen Sie nach sachbezogener Rechtfertigung für die vertretene Position – so lange, bis deutlich wird, dass die extreme Forderung eine unrealistische Basis hat.
Ihr Gegenüber lenkt ab und macht Nebenkriegsschauplätze auf.	Lenken Sie zurück zum Sachthema. Fassen Sie den Zwischenstand der Verhandlung zusammen; in ausweglosen Situationen: „Unter welchen Umständen würden Sie zustimmen?" oder: „Welche Voraussetzungen müssten wir erfüllen, damit Sie zu einer positiven Entscheidung kommen?"

In den Phasen 2 bis 6 der Verhandlung

Unsachliche Spielarten	*Praxistipps*
Ihr Gegenüber blättert in seinem Kalender oder liest in Unterlagen, die nicht zum Gespräch gehören.	Bringen Sie Ihren Partner durch Rückfragen zum Sprechen: „Welche Punkte sind Ihnen, Herr Maier, besonders wichtig?"; „Wie sehen Ihre zeitlichen Möglichkeiten heute aus?"; „Was halten Sie von unserem Vorschlag?"
Ihr Gegenüber möchte nicht ernsthaft verhandeln. Das Gespräch hat einen Alibi-Charakter. Die Entscheidung ist bereits gefallen.	Drücken Sie über Ich-Botschaften Ihre Befindlichkeit aus. „Ich habe den Eindruck, dass die Entscheidung bereits getroffen ist..."; „Welche Chancen haben wir, mit Ihnen ins Geschäft zu kommen?"; „Wie liegen wir im Vergleich zu Mitbewerbern?"
Ihr Gegenüber reitet wiederholt auf Projekten herum, die in der Vergangenheit schiefgelaufen sind.	Wechseln Sie das Spielfeld. Machen Sie sich stark für eine zukunftsorientierte Diskussion: „Das Thema gehört zum Glück der Vergangenheit an. Sie können sich in Zukunft darauf verlassen, dass ..."; „Wir haben aus den Problemen Konsequenzen gezogen. Was halten Sie davon, jetzt über konkrete Lösungen zu sprechen? Ich schlage daher vor ..."
Ihr Gegenüber monologisiert. Er bringt eine lange Reihe von Einwänden.	Fragen Sie nach den wichtigsten Punkten: „Sie haben viele Aspekte angesprochen. Welche Punkte sind für Sie die wichtigsten?" Schreiben Sie während des Monologs stichwortartig mit und fassen Sie auf dieser Grundlage die Kernpunkte zusammen. Bitten Sie um Bestätigung. Kommen sehr viele heterogene Punkte, bietet sich die Visualisierung an.
Ihr Gegenüber versucht durch nonverbale Dominanz- und Kampfsignale Unterlegenheitsgefühle bei Ihnen zu erzeugen.	Praxistipps hierzu finden Sie in Kapitel 5.
Ihr Gegenüber argumentiert mit nicht nachprüfbaren („fingierten") Zahlen, Statistiken und Behauptungen.	Vorsicht! Nicht zu früh auf pure Behauptungen anspringen. Tipps: Fragen Sie nach Info-Quellen oder verzichten Sie darauf, die Aussagen zu kommentieren. Sie können auch Ihre Argumente und Beweismittel dagegenhalten (siehe Seite 105ff.).
Ihr Gegenüber wertet Mitbewerber durch Gerüchte ab („Schurkentechnik").	Hier ist besondere Skepsis angesagt. Lenken Sie auf das Sachthema und das Verhandlungsziel zurück.

In den Phasen 2 bis 6 der Verhandlung	
Unsachliche Spielarten	*Praxistipps*
Ihre Partner spielen den Good Guy & Bad Guy, um Sie in die Zange zu nehmen.	Bleiben Sie Ihrer Verhandlungslinie treu und beachten Sie diesen „Dirty Trick" nicht (siehe Seite 110f.).
Ihr Gegenüber beachtet Ihre Argumente nicht.	Bringen Sie erneut Ihre Beweismittel und Nutzenargumente vor. Heben Sie auch Zusatznutzen und Alleinstellungsmerkmale heraus.
Ihr Gegenüber macht vage Versprechungen.	Vorsicht! Lassen Sie diese konkretisieren und fixieren Sie diese schriftlich. Beachten Sie auch Zeitziele („Was soll wer bis wann tun?").
Ihr Gegenüber bricht die Verhandlung ab.	Fassen Sie die Schlussposition der anderen Seite zusammen. Leiten Sie mit wertschätzenden Formulierungen ein: „Wenn ich Sie richtig verstanden habe ..."; „Bitte geben Sie mir Feedback, wenn ich Ihre Position nicht korrekt wiedergebe." Fassen Sie Ihre eigene Position ebenfalls klar und verständlich zusammen.

13 Schwierige Situationen bei Auftritten in Funk und Fernsehen

„Hat jemand Fragen zu meinen Antworten?"

Henry Kissinger

Dieses Kapitel behandelt im Einzelnen:

Medienauftritte werden häufig als außerordentlich stressig erlebt. Allein der Gedanke an Kamera, Studio und Mikrofon kann Ängste der unterschiedlichsten Art auslösen: Werde ich den Erwartungen meines Unternehmens genügen? Wie werde ich rüberkommen? Werde ich den komplizierten Sachverhalt knapp und klar darstellen können? Werde ich mit Fangfragen und Interviewtricks des Journalisten zurechtkommen? Was mache ich bei einem Blackout? Diese und ähnliche innere Dialoge können Ihnen viel Stress bereiten und Sie in Panik versetzen.

Diese Kapitel vermittelt Ihnen das Rüstzeug, um Auftritte in den Medien umsichtig vorzubereiten, Redehemmungen in den Griff zu bekommen und Ihre persönlichen Auftritte und Ihre TV-Rhetorik zu optimieren. Im Mittelpunkt stehen dabei drei Standardsituationen bei Funk- und Fernsehauftritten:

1. Statements – Die Kernbotschaft auf den Punkt bringen
2. Stress-Interviews – So meistern Sie schwierige Situationen
3. Talkshows – Tipps für den verbalen Schlagabtausch in der Gruppe

Eine sorgfältige Vorbereitung ist auch hier der Schlüssel zum Erfolg. Zunächst ist zu klären, inwieweit ein TV- oder Radio-Beitrag überhaupt sinnvoll ist. Nimmt eine Redaktion mit Ihrem Unternehmen oder Ihrer Abteilung Kontakt auf, sind zunächst mindestens die folgenden Punkte zu klären.

1 Vorfragen klären – Risiken minimieren

- Liegt der TV- oder Radio-Beitrag im Interesse des eigenen Unternehmens?
- Ist ein Statement, ein Interview, ein Diskussionsbeitrag überhaupt sinnvoll?
- Welche Art von Beitrag ist geplant? In welcher Sendung soll er wann laufen?
- Lassen Sie sich vom Sender ein Video der Sendung zuschicken, in der Sie vorgesehen sind. Dieses Video gibt Ihnen Aufschluss über die Frageform, Frageart und die Vorgehensweise des Journalisten.
- Wie sieht das thematische Umfeld aus?
- Welcher Zeitrahmen steht zur Verfügung?
- Wer soll ebenfalls zu Wort kommen?
- Wurde bereits bei anderen Stellen Ihres Unternehmens um ein Statement/Interview angefragt? Was ist bereits gelaufen?
- Welche Fragen sollen zu welchen Themenkomplexen gestellt werden?
- Prüfen Sie, ob Sie wirklich der richtige (kompetente) Interviewpartner sind. In welcher Rolle sind Sie eingeplant?
- Welches Interesse verfolgt (vermutlich) der Journalist?
- Klären Sie im Vorgespräch mit dem Journalisten, für welche Fragen oder Aspekte Sie nicht zur Verfügung stehen.
- Klären Sie bei einer Talkshow ergänzend die Fragen: Wer wird teilnehmen? Was verbirgt sich genau hinter dem Thema der geplanten Sendung?

Ist die Entscheidung für einen Beitrag gefallen, sollten Sie sich ausreichend Zeit für die detaillierte Vorbereitung nehmen. Hierbei sind inhaltliche und persönliche Vorbereitung gleichermaßen wichtig. Beides hilft Ihnen, die eigenen Ziele bestmöglich zu erreichen.

Bedenken Sie immer die dreifache Wirkung Ihrer Beiträge: Im Kern vertreten Sie die Sache mit (hoffentlich) guten Argumenten und setzen

sich möglichst kompetent mit Einwänden und kritischen Fragen auseinander. Gleichzeitig machen Sie (indirekt) Öffentlichkeitsarbeit für
Ihr Unternehmen, Ihren Geschäftsbereich, Ihre Organisation. Schließlich geben Sie durch Ihr Auftreten immer eine Kostprobe Ihrer Persönlichkeit: Sie betreiben Öffentlichkeitsarbeit in eigener Sache.

2 Zielgerichtet vorbereiten – Grundstein für Ihren Erfolg

Bei Ihrem Auftritt werden Sie nur dann die notwendige Sicherheit
ausstrahlen, wenn Sie sich Zeit nehmen, um das Interview oder ein
Statement vorzubereiten und schwierige Situationen gedanklich
durchzuspielen. Nehmen Sie sich auch deshalb ausreichend Zeit für
vorbereitende Überlegungen, weil schlechte oder fehlerhafte Auftritte
vor Kamera und Mikrofon oft langanhaltend kritisiert und immer wieder aufgewärmt werden.

Stichpunkte zur sachlichen Vorbereitung
- Definieren Sie Ihre Zielsetzung.
  - Welche Sachziele will ich erreichen?
  - Welches Image des eigenen Unternehmens soll herüberkommen?
  - Wie will ich persönlich wirken?

- Wer ist der Journalist, was kann ich über ihn und seinen Interview-
  stil erfahren? Ist der Interviewer
  - ein Selbstdarsteller, der lange redet und viele Fragen des Typs „In-
    formation plus Frage" stellt?
  - ein Promotor des Befragten, der kurze Fragen stellt und dem Be-
    fragten viel Raum zur Selbstdarstellung gibt?
  - ein Stellvertreter der Zuschauer, der eher sachlich-ruhig oder po-
    lemisch-aggressiv nachfragt?

Bedenken Sie, dass der Journalist in der Regel ein fachlicher Laie ist.
Daher ist es durchaus möglich, dass er unter dem Thema oder den relevanten Schlüsselbegriffen etwas anderes versteht als Sie als Experte.
Stellen Sie sich darauf ein, dass der Journalist häufig auch übergreifende Aspekte ansprechen kann, die mit den ethischen, ökologischen,
volkswirtschaftlichen oder politischen Implikationen des Themas zu
tun haben.

- Analysieren Sie gründlich den betreffenden Sachverhalt.
  - Besorgen Sie sich Hintergrundmaterialien, Statistiken, Presse-informationen sowie Aussagen Ihres Unternehmens und gesellschaftlich relevanter Gruppen.
  - Wie denken die Zuschauer (vermutlich) über den betreffenden Sachverhalt? Welches Vorwissen können Sie voraussetzen?
  - Welchen Bezug hat das Thema zur Lebenspraxis der Zuschauer/Zuhörer?

- Gewichten und veranschaulichen Sie Ihre Argumentation.
  - Welche Argumente und Fakten sind aus der Sicht Ihres Unternehmens entscheidend?
  - Welchen Nutzen bringt das Thema der Öffentlichkeit?
  - Wie kann ich meine Sachargumente durch Bilder und Vergleiche veranschaulichen? Wählen Sie Beispiele, die jeder Zuschauer verstehen kann. Holen Sie den Zuschauer/Zuhörer „in seiner Welt" ab!

- Sammeln Sie sachliche und unsachliche Einwände/Fragen und überlegen Sie sich bzw. im Team dazu Reaktionsmöglichkeiten. Wie Sie mit unsachlichen Fragen souverän umgehen, erfahren Sie am Ende dieses Kapitels.

- Erstellen Sie einen Stichwortzettel mit Ihren Kernbotschaften.
  - Formulieren Sie dabei Ihre Aussagen so knapp und präzise wie möglich.
  - Heben Sie Ihre Beispiele, Vergleiche und wichtige Zahlen hervor.
  - Beschränken Sie sich auf Stichworte, weil dies das freie Sprechen fördert.
  - Wählen Sie eine wirkungsvolle Einstiegsantwort („psychologischer Haltepunkt") und eine zusammenfassende Ausstiegsantwort. Letztere sollte die entscheidenden Punkte enthalten, die Sie beim Zuschauer verankern wollen.

- Bei Talkshows ist es ratsam, zusätzlich sachliche und unsachlich/polemische Angriffe Ihrer Kontrahenten zu sammeln und Reaktionsmöglichkeiten zu erarbeiten. Zudem ist es hilfreich, Einwände und kritische Fragen zu den Schwachstellen der Gegenseite zu erstellen, damit Sie für eine offensive Attacke präpariert sind.

3 Lampenfieber beherrschen – Finden Sie Ihr persönliches Ritual

Je seltener Sie mit Funk und Fernsehen zu tun haben, umso wichtiger ist es, ein persönliches Ritual zu finden, um Ängste und Redehemmungen in den Griff zu bekommen. Im Kapitel „Wege zur inneren Gelassenheit" haben Sie bereits allgemeine Praxistipps kennengelernt. Hier ergänzende Empfehlungen für Ihren Medienauftritt:

- Prägen Sie sich Ihre wichtigsten Kernbotschaften (fünf bis sieben) sehr gut ein. Memorieren Sie diese Inhalte. Ihre Kernbotschaften sind Ihre „Sicherheitsinseln" (siehe Seite 209f.) in schwierigen Situationen.
- Fernsehprofis wie zum Beispiel Ulrich Kienzle prägen sich vor Talkshows Ihre Kernargumente mit Hilfe eines mentalen Trainings ein (siehe Seite 39ff.).
- Machen Sie Sprechproben mit Aufzeichnungsgerät oder Videokamera. Checken Sie Ihre Beiträge auf Stimme, Flüssigkeit, Verständlichkeit und Länge. Holen Sie gegebenenfalls Feedback von anderen ein.
- Üben Sie das Frage-Antwort-Spiel, wenn das Thema brisant ist. Hierbei ist der Rat von Kollegen, eines Trainers oder eines Coach hilfreich.
- Falls Sie beim Blick in die Kamera viel Stress empfinden, stellen Sie sich einfach einen Freund vor, der hinter der Kamera steht und dem Sie die Inhalte darstellen.
- Aus vielen Coachings und Seminaren kann ich Ihnen versichern: Sie wirken sehr viel besser, als Sie zu wirken meinen!

4 Statements – Die Kernbotschaft auf den Punkt bringen

Wenn Sie in Funk oder Fernsehen eine Stellungnahme zu einem aktuellen Ereignis oder Thema abgeben müssen, haben Sie in der Regel nur wenige Sekunden Zeit. In Stress-Interviews ist das Zeitbudget für Ihre Antworten ebenfalls sehr begrenzt. Auch in Talkshows können Sie Pluspunkte sammeln und Ihren Sympathiewert fördern, wenn Sie durch kurze und anschauliche Wortbeiträge auf sich aufmerksam machen.

Für Führungskräfte hat die Fähigkeit, Statements kurz und knapp zu formulieren, Schlüsselcharakter. Nicht nur bei Medienauftritten, sondern auch in den übrigen beruflichen Kommunikationssituationen:

Konferenzen, Gespräche und Diskussionsrunden, und zwar unternehmensintern wie -extern.

Spezielle Empfehlungen

- Beschränken Sie die Komplexität auf wenige Botschaften und Beispiele. Denn: Was nicht sofort verstanden wird, wird nie verstanden!
- Sie sollten Ihre Botschaft in 20 bis 30 Sekunden übermittelt haben. Das sind etwa 7 bis 8 Schreibmaschinenzeilen. Faustregel: 15 Zeilen = 1 Minute.
- Trainieren Sie, ein Mini-Statement von drei bis vier Sätzen zu formulieren. Redaktionen benötigen oft nur eine kurze Stellungnahme, die dann in einen Sendebeitrag integriert wird.
- Halten Sie Ihre Sprache so einfach wie möglich: kurze Sätze, keine Abkürzungen, kein Fachchinesisch und möglichst wenig Fremdwörter. Benutzen Sie Ihre eigenen Formulierungen. Bleiben Sie natürlich!
- Verwenden Sie ein imageförderliches Vokabular, das positive Assoziationen beim Zuhörer weckt.
- Zeigen Sie Verständnis für die Anliegen und Probleme der Zuschauer.
- Kommen Sie sofort zur Sache. Verzichten Sie auf die Anrede des Journalisten und des Publikums. Wiederholen Sie niemals die Ausgangsfrage.
- Je kürzer das Statement, desto wichtiger ist es, es Wort für Wort zu formulieren.
- Beim Statement gilt: Halten Sie stetigen Blickkontakt zum Journalisten, der neben der Kamera steht, oder schauen Sie in die Kamera.
- Ihre Selbstüberzeugung und Ihren Sympathiewert können Sie durch freundliches Lächeln verstärken. Nehmen Sie sich bei Stellungnahmen in Krisensituationen entsprechend zurück.
- Unterstreichen Sie Ihre Aussagen durch angemessene Mimik und Gestik. Vermeiden Sie ablenkende Extreme (Verlegenheitsrituale, zu viel oder zu wenig Gestik).
- Nutzen Sie Aufbaupläne für die Strukturierung von Statements.

Aufbaupläne für Statements

Erfahrungsgemäß bereitet es für den Ungeübten große Schwierigkeiten, eine Stellungnahme zu einem komplexen Thema in einer halben Minute abzugeben. Gerade Fachexperten und technisch orientierte Manager haben häufig ein schlechtes Gewissen, wenn sie „Oberflächeninformation" in einem 30-Sekunden-Statement unterbringen sollen.

Bei der Abgabe von Statements ist es ratsam, die Vorteile der Fünfsatztechnik zu nutzen. In Kapitel 7 haben Sie eine Reihe von Strukturplänen für die Argumentation kennengelernt. Bei Stellungnahmen in Funk und Fernsehen bietet sich häufig der folgende einfache Standardaufbau an.

Standardaufbau eines Statements

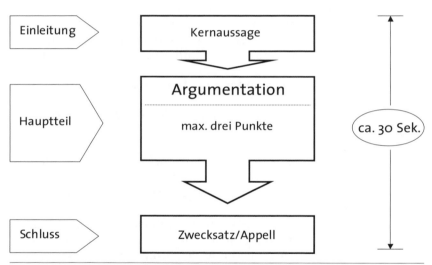

Abbildung 11: Standardaufbau eines Statements

Erläuterung:
- Einleitung: die Kernaussage am Anfang
  Hierbei formulieren Sie Ihren Standpunkt zu dem Problem oder zu der gestellten Frage. Die Zuhörer sollten in wenigen Sekunden erkennen, wie Ihr Unternehmen zu der angesprochenen Thematik steht. Hinweis: Wenn Sie sich aus taktischen Gründen in Ihrer Stellungnahme nicht festlegen wollen, können Sie andere Fünfsätze nutzen (siehe Seite 127ff.).

- Hauptteil: die Argumentation im mittleren Teil
  Beschränken Sie sich auf maximal drei Punkte. Diese Zahl passt am besten zur begrenzten Aufnahmefähigkeit der Zuschauer/Zuhörer. Das können beispielsweise Fakten, Zahlen, Referenzen oder anschauliche Beispiele sein.

- Schluss: der Zwecksatz, Appell oder Ausblick
  Hierbei geht es darum, die eigene Position noch einmal zu verstärken, auf einen wichtigen Zukunftsaspekt hinzuweisen oder einen Appell an die Zuschauer/Zuhörer zu richten.

Wer in den Medien erfolgreich sein will, sollte so oft wie möglich die Fähigkeit trainieren, kurze, klare und anschauliche Statements in etwa 30 Sekunden so einfach und logisch zu erklären, dass sie von jedem Zuschauer/Zuhörer verstanden werden.

Statements in „Notfallsituationen"

Wenn Sie nach einem Unglücksfall oder in einer anderen Krisensituation vor der Kamera Stellung nehmen müssen, ist es wichtig, vor dem Eintreffen der Presse und der Medien ein Notfallstatement vorzubereiten. Von der Sachlogik her empfehlen sich hierfür ebenfalls fünf Schritte (vgl. Kriebel 2000):

Notfallstatement
1. Was ist passiert?
2. Ist jemand zu Schaden gekommen?
3. Was wissen Sie bisher über die Auswirkungen?
4. Was haben Sie bisher unternommen?
5. Was sind die nächsten Schritte?

Beschränken Sie sich darauf, nur das kurz und präzise zu sagen, was Sie bis zum aktuellen Zeitpunkt wissen. Halten Sie sich mit Bewertungen, Interpretationen und Vermutungen strikt zurück.

Wissensmodule – Ihre „Inseln im Wasser"

Bei Stress-Interviews kann es Ihnen passieren, dass Sie mit überraschenden Fragen konfrontiert werden. Wenn Sie keine Notprogramme bereithalten, können Sie leicht ins Schwimmen geraten. In dieser Situation helfen Wissensmodule weiter, die als „Inseln im Wasser" fungieren. Dabei handelt es sich um abrufbereite Statements, die Sie präventiv zu den aktuellen und künftigen Schlüsselthemen Ihres Unternehmens (Ihrer Organisation, Partei ...) vorbereitet haben. Wenn also Stegreif-Fragen kommen, können Sie ein relevantes Statement abrufen und sich damit jederzeit auf eine Sicherheitsinsel retten. Vera Birkenbihl (2010) bezeichnet diese Wissensmodule als „Steine im Fluss". Um den Fluss zu überqueren, springen Sie von Stein zu Stein. Ihr Vorteil: Sie wissen, wo diese Steine (knapp unter der Wasseroberfläche) liegen, während es für den Zuschauer so aussieht, als ob Sie „über Wasser gehen".

Sie können Ihre Wissensmodule durch ein Brainstorming erarbeiten, wobei Sie die relevanten Themen Ihres Unternehmens zunächst sammeln, dann clustern und daran anschließend 30-Sekunden-Statements zu den einzelnen Themen entwickeln.

Sie können diesen Vorgang auch mit Hilfe der auf Seite 53f. dargestellten Merkstütze ETHOS strukturieren. Sie erinnern sich: ETHOS symbolisiert die Anfangsbuchstaben der unternehmerisch wichtigen Dimensionen. Dabei steht E für Economic, T für Technical, H für Human, O für Organizational sowie S für Social. Zur Differenzierung der Wissensmodule ist diese Formel außerordentlich leistungsfähig, weil jede Unternehmung mit diesen fünf Dimensionen zu tun hat.

E1	E2	E3
E4	T1	T2
T3	H1	H2
O	S1	S1

Diese fünf Themenfelder bilden Ihr Grobraster, um korrespondierende Statements zu entwickeln. Sie würden also je nach Bedarf eines oder mehrere Statements für jede Rubrik erarbeiten. Das kleine Schachbrett veranschaulicht dies: In unserem Beispiel hätten Sie insgesamt zwölf Statements präpariert: vier Statements zu wirtschaftlichen Fragen (Buchstabe E für Economic), drei Statements zu technologischen Fragen (Buchstabe T für Technical), zwei Statements zu kundenbezogenen Aspekten (H für Human), ein Statement für organisatorischen

Fragen (O steht für Organizational) sowie zwei Statements zu sozialen Aspekten (S steht für Social).

5 Praxistipps für überzeugendes Verhalten bei TV-Auftritten

Es ist wissenschaftlich erhärtet, dass die Gesamtwirkung Ihrer Persönlichkeit (Optik, Körpersprache und Stimme) nachhaltiger im Gedächtnis des Publikums bleibt als der Inhalt. Ihr Sympathiewert und Ihre emotionale Glaubwürdigkeit sind die entscheidenden Dimensionen für die Akzeptanz beim Zuschauer.

Allgemeine Hinweise

- Sprechen Sie möglichst nicht vor grellen Farben oder Negativsymbolen.
- Achten Sie auf seriöse, gepflegte und situativ angemessene Kleidung. Im Studio: Kleidung auf Farbe der Dekoration abstimmen, wenn bekannt. Vorteilhaft sind weiche, blasse Pastelltöne. Ungünstig: Feingestreiftes oder Kleinkariertes. Günstig: dunkelblaues Jackett mit hellblauem Hemd; für Kostüme und Bluse gilt Ähnliches. Für Männer: dezente Krawatten (kein Extra-Blickfang); lange Strümpfe, die bis zum Knie reichen („Fernsehstrümpfe"); dunkle, gut geputzte Schuhe. Verzichten Sie auf weiße Kleidungsstücke sowie teuren Schmuck und auffallende Statussymbole.
- Lassen Sie sich typgerecht schminken. Sie müssen sich wohlfühlen.
- Brillengestelle können unliebsame Schatten werfen; vielleicht sind Kontaktlinsen vorteilhafter. Achten Sie in jedem Falle auf geputzte und entspiegelte Gläser. Beobachten Sie den Kontrollmonitor.
- Optik, Körpersprache und Stimme wirken stärker auf den Zuschauer als die inhaltlichen Botschaften.
- Wenn Sie sich echt und situationsgerecht verhalten, haben Sie die beste Voraussetzung, um glaubwürdig und sympathisch zu wirken.
- Vermeiden Sie alle Extreme: Eine zu starke Körpersprache lenkt genauso vom Inhalt ab wie zu lautes, zu schnelles, undeutliches Sprechen oder zu viele Dehnungslaute (Äh-Sagen ...).
- Tupfen Sie Schweißperlen auf der Stirn mit einem Stofftaschentuch ab,
- Vermeiden Sie Stress-Interviews ohne Zeugen. Ein Zeuge kann Sie gegebenenfalls auch optisch beraten (Kleidung, Schweiß, Gestik, Haltung ...).

Auftreten und Körpersprache

- Achten Sie auf einen guten ersten Eindruck. Ob Sie als sympathisch, attraktiv und intelligent eingeschätzt werden, geschieht – so psychologische Untersuchungen der Universität Saarbrücken – in der Zeitspanne von 150 Millisekunden (weniger als das Sechstel einer Sekunde) bis 90 Sekunden.
- Gehen Sie daher freundlich und positiv eingestimmt vor die Kamera. Ein ruhiger Blick und gelassene Bewegungen werden mit Selbstsicherheit in Verbindung gebracht.
- Verstärken Sie Ihre Aussagen durch stimmige Gestik und Mimik! (siehe hierzu Kapitel 3)
- Agieren Sie insgesamt ruhig und gelassen. Lernen kann man in dieser Hinsicht beispielsweise von Bill Clinton, Gerhard Schröder oder auch Helmut Schmidt.
- Achten Sie auf einen guten letzten Eindruck, der Zuversicht und Optimismus vermittelt. Legen Sie sich dafür vorab einen originellen einprägsamen Gedanken, ein motivierendes Motto oder einen zukunftsgerichteten Appell zurecht.

Empfehlungen zur Rhetorik

- Kommen Sie rasch auf den Punkt. Sprechen Sie in klaren, kurzen und einprägsamen Sätzen. Ein wenig Müntefering-Stil macht Ihre Botschaften eingängig.
- Achten Sie auf eine geläufige und zuhörergerechte Sprache, weil dies Verständlichkeit und Sympathiewert fördert.
- Bringen Sie anschauliche Bilder, Beispiele und Vergleiche aus der Erfahrungs- und Erlebniswelt der Zuschauer/Zuhörer. Dadurch erzeugen Sie ein „Kopfkino" und ein besseres Einprägen der Kernbotschaften beim Zuschauer.
- Sprechen Sie möglichst frei.
- Sprechen Sie wichtige und schwierige Inhalte betont langsamer.
- Sprechpausen helfen, Schnellsprechen zu vermeiden und den Gedankengang zu strukturieren.
- Gliedern Sie Ihre Antwort: „Dafür gibt es drei Gründe: Erstens ..., zweitens ..., drittens ..."
- Geben Sie bei notwendigen Fachbegriffen Verständnishilfen. Vermeiden Sie Abkürzungen und Fremdworte (z.B. unnötige Amerikanismen).

- Gehen Sie bei Versprechern einfach zum nächsten Gedanken über oder nutzen Sie Floskeln wie „Mit anderen Worten ...“; „Besser ausgedrückt ...“ und beginnen Sie dann den Satz von vorn.

6 Stress-Interviews – So meistern Sie schwierige Situationen

In diesem Abschnitt lernen Sie Empfehlungen und bewährte Strategien kennen, um in Fernseh- und Hörfunk-Interviews sicher, kompetent und sympathisch rüberzukommen. Neben Tipps zum Frage-Antwort-Verhalten erfahren Sie, wie man am besten mit Fangfragen und Reizthemen umgeht. Dabei können Sie die Technik „Blocken, Überbrücken, Kreuzen“ nutzen, um im Stress-Interview das Heft in die eigene Hand zu bekommen.

Allgemeine Tipps zum Frage-Antwort-Verhalten im Interview

- Legen Sie vorab fest, was Sie sagen wollen und was nicht. Gehen Sie mit Ihren Kernbotschaften in das Interview und nutzen Sie die Chancen, Ihre Kernbotschaften auch unterzubringen.
- Verbinden Sie in Ihren Antworten „freie“ mit „gebundener“ Information:
  - Gebundene Information antwortet direkt auf die Frage.
  - Freie Information nutzen Sie zur Darstellung der Position Ihres Unternehmens und zur eigenen Imageförderung. Freie Information ist das, was Sie losgelöst von den gestellten Fragen noch „unterbringen“ wollen: Die freie Information muss geschickt mit der gebundenen verknüpft werden. Günstig ist es, wenn Sie nach der Antwort ohne Sprechpause (Stimme bleibt oben!) den ergänzenden Punkt anschließen („Eine Anmerkung noch zu unseren Investitionen im Bereich Umweltschutz ...“).
- Je unangenehmer die Frage, desto kürzer und freundlicher sollte Ihre Antwort ausfallen. Der Journalist hat dadurch weniger Zeit, sich die nächste Frage zu überlegen. Je länger man spricht, umso mehr Angriffsflächen bietet man und umso geringer ist im Allgemeinen der Sympathiewert.
- Wiederholen Sie niemals abwertende und negative Formulierungen, die der Journalist in seiner Frage verwendet hat.
- Aus der Sicht Ihrer Zuschauer/Zuhörer ist eine Botschaft dann interessant,
  - wenn das Thema aktuell und bedeutend ist,

- wenn durch Hinweise auf die Folgen im Alltag Betroffenheit ausgelöst wird,
- wenn anschauliche Beispiele gegeben werden,
- wenn mit dem Nutzen argumentiert wird.

Spezielle Tipps für den Umgang mit Fangfragen und Reizthemen

- Springen Sie nicht blind auf „Reizthemen" an. Die Gefahr blinder Reizreaktionen ist speziell bei heiklen Themen groß. Überlegen Sie gut, ob Sie etwas sagen wollen, wie viel Sie sagen wollen, ob Sie diplomatisch Nein sagen zu einer Frage, die Ihre Kompetenz oder Zuständigkeit übersteigt.
- Prüfen Sie sorgfältig die Prämissen in der Fragestellung. Bei Stress-Interviews sollten gravierende Falschbehauptungen in der Fragestellung sofort zurechtgerückt werden.
- Lassen Sie sich nach Möglichkeit nicht auf ein „Minus-Spielfeld" (dort sind „heiße Eisen" und „brisante" Themen, zu denen Sie ungern Stellung nehmen) ziehen. Wenn es „eng" wird, können Sie einfach Ihre Kernbotschaften wiederholen (vorher gut einprägen!). Hilfreiche Redewendungen sind hierbei:
  - „Das sind zum Glück Einzelfälle. Insgesamt ist unsere Strategie sehr erfolgreich. Hier drei Beispiele ..."
  - „Wie bei jedem Großprojekt gibt es auch hier Risiken. Die Chancen für die Menschen und für die Wirtschaft dürfen jedoch nicht übersehen werden ..."
  - „Unser Unternehmen steht für Wirtschaftlichkeit und Umweltschutz. Ich will das gern veranschaulichen ..."

Eine leistungsfähige Technik, die es Ihnen erlaubt, selbst das Spielfeld zu bestimmen und auch in schwierigen Situationen das Heft des Handelns in der Hand zu halten, finden Sie im Folgenden.

Blocken, Überbrücken, Kreuzen – So bekommen Sie das Heft in die Hand!

Medienprofis aus Politik und Wirtschaft nutzen jede Chance, um im Interview diejenigen Botschaften unterzubringen, die sie unterbringen möchten. Hierbei setzen sie mehr oder weniger bewusst Lenkungstechniken ein, die wegführen von der gestellten Frage und hinführen zum eigenen Thema. Fernsehinterviews bieten reichlich Anschauungsmaterial für eine Technik, die sich „Blocken, Überbrücken, Kreuzen" nennt. Zu den Politikern, die diese Klaviatur meisterhaft spielen, gehören der ehemalige Außenminister Hans-Dietrich Genscher, Gerhard Schröder, Wolfgang Schäuble oder Peer Steinbrück. Auch Gregor Gysi gehört zu den Könnern dieser dialektischen Spielart. Wie diese Technik im Frage-Antwort-Prozess funktioniert, zeigt Abbildung 12.

Blocken, Überbrücken, Kreuzen

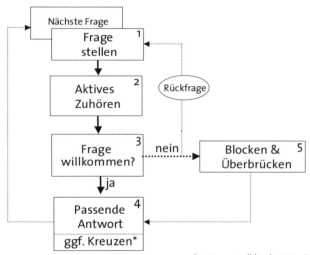

* „Kreuzen" bedeutet: Durch einen Impuls
aktiv Einfluss auf die nächste Frage nehmen!

Abbildung 12: Mit Fragen gekonnt umgehen: „Blocken, Überbrücken, Kreuzen"

Erläuterung:

Phasen 1 und 2
Hören Sie genau zu, wenn der Journalist seine Frage stellt. Welche Absicht steckt vermutlich hinter der Frage? Ist es
- eine sachliche Frage,
- eine hypothetische Frage,
- eine Unterstellung mit Folgefrage,
- eine pauschale Abwertung,
- eine Frage, die einen Randaspekt thematisiert, oder
- eine andere unsachliche Fragevariante?

Phase 3
In der Regel werden Sie sehr schnell entscheiden können, ob Ihnen die Frage willkommen ist oder nicht.

Phase 4
Ist Ihnen die Frage willkommen, haben Sie die Möglichkeit, mit einer relevanten Kernbotschaft zu antworten. Zum Schluss Ihrer Antwort bietet sich vielfach die Chance, ein Schlüsselwort zu bringen, das den Interviewer zu einer entsprechenden Folgefrage veranlassen soll. Dies kann zum Beispiel der Hinweis auf ein Projekt sein, das Sie in Zukunft vorhaben (Wenn Sie beispielsweise Ihre Antwort mit diesem Satz beenden: „... in Kürze führen wir ein neues Umweltschutzprogramm ein, das die Emissionen um 40 Prozent reduziert", wird der Journalist mit hohen Wahrscheinlichkeit nachfragen: „Können Sie uns zu dem neuen Umweltschutzprogramm etwas Genaueres sagen?").

Springt der Journalist auf Ihren zukunftsgerichteten Impuls an, haben Sie aktiv Einfluss auf den weiteren Gang des Interviews genommen („Kreuzen").

Phase 5
Ist Ihnen die Frage nicht willkommen, haben Sie die Möglichkeit, geschickt auf ein Thema umzulenken, das Ihnen entgegenkommt. Dies geschieht durch „Blocken" und „Überbrücken":
• Blocken bedeutet dabei, die Frage nicht zu beachten bzw. ins Leere laufen zu lassen und selbst zu agieren. Der Ausdruck „Blocken" impliziert die Fähigkeit, diplomatisch Nein zu sagen und in einer freundlichen, aber bestimmten Weise auf das eigene Thema umzulenken.
• Überbrücken heißt, vom unerwünschten zum erwünschten Thema zu lenken, um dann die eigene Kernbotschaft zu bringen. Im Grunde handelt es sich dabei um „freie" Information, die man im Interview unterbringt, ohne dass sie gefragt ist.

- Optional Kreuzen: Auch hier können Sie zum Schluss einen zukunftsgerichteten Impuls bringen, der Ihren Interviewer zu einer korrespondierenden Folgefrage motiviert.

Drei Formulierungsbeispiele
Der Journalist stelle eine „brisante" Frage, die Ihnen nicht passt. Sie könnten im Sinne von „Blocken und Überleiten" so reagieren:

„Ihre Frage trifft eher einen Randaspekt (Blocken). Die wichtigste Herausforderung liegt bei unserer Servicestrategie (Überbrücken)." Dann Kernbotschaft bringen ...

„Ihre Frage führt zu einem zentralen Punkt unserer Strategie (Blocken). Wir haben ein neues Sicherheitskonzept, das weit über die gesetzlichen Vorgaben hinausgeht (Überbrücken)." Dann Kernbotschaft bringen ...

„Auf den ersten Blick mag das so aussehen (Blocken). Wenn man jedoch genauer hinschaut, dann ist unser Service nachweislich viel besser geworden (Überbrücken)." Dann Kernbotschaft bringen ...

Im übernächsten Abschnitt finden Sie Vorschläge, wie man bei Fangfragen und unsachlichen Spielarten des Journalisten zunächst Zeit gewinnen und dann im Sinne der eigenen Zielsetzung antworten kann. Die Formulierungsbeispiele bieten Ihnen zusätzliche Anregungen, um geschickt zu blocken und auf Ihre Kernbotschaften überzuleiten.

Mit Hilfe der Abwehrtechnik Blocken, Überbrücken, Kreuzen und den Empfehlungen zur Abwehr unsachlicher Interviewtricks (Seite 223ff.) fällt es Ihnen auch in Talkshows leichter, Fangfragen des Moderators oder unfaire Spielarten der Kontrahenten abzuwehren.

7 Talkshows – Vor großem Publikum bestehen

Die meisten Führungskräfte erleben die Teilnahme an Talkshows[6] als risikoreich und stressig. Das hängt zusammen mit dem besonderen

---

6 Unter Talkshows sind Diskussionsrunden zu verstehen, die von einem Moderator oder einer Moderatorin (z.B. Günther Jauch, Maybrit Illner oder Frank Plasberg) geleitet werden und bei denen geladene Gäste über aktuelle Themen

Charakter einer Livesendung, der Präsenz des politischen Gegners und der Breitenwirkung in der Öffentlichkeit. Hinzu kommen der Erwartungsdruck der eigenen Klientel und die Befürchtung, bei Fangfragen des Moderators oder überraschenden Attacken der Kontrahenten schlecht auszusehen und den Gang der Diskussion kaum beeinflussen zu können.

Um als Teilnehmer eine gute Figur zu machen, benötigen Sie neben hinreichendem Selbstvertrauen (siehe Kapitel 1) und Training die in diesem Kapitel besprochenen Soft Skills – also sympathisches und glaubwürdiges Auftreten sowie die Fähigkeit, Statements auf den Punkt zu bringen und mit Fangfragen, Reizthemen und Kritik gekonnt umzugehen. Sie sollten zudem über Gesprächstechniken verfügen, um zu Wort zu kommen und sich offensiv mit den Thesen der Gegenseite auseinandersetzen zu können. Damit Sie die Risiken beherrschen und die Chancen Ihres Auftritts nutzen können, ist gründliche Vorbereitung zwingend und ein individuelles videogestütztes Training ratsam.

Prüfen Sie vorab genau, ob Sie zur geplanten Thematik auch der passende Repräsentant sind. Aus dramaturgischen Gründen werden Talkshows nämlich so besetzt, dass sich Gegenspieler und Koalitionen bilden: Kein Unternehmenssprecher ohne Gewerkschaftsvertreter, kein Regierungsmitglied ohne Kontrahenten aus der Opposition. Werden Sie sich vorab darüber klar, welche Rolle Sie in der Runde spielen sollen. Ist zum Beispiel die Gefahr eines Kreuzfeuers gegeben, das Sie in die undankbare und risikoreiche Position des „Einer gegen alle" manövrieren könnte? Zur Vorbereitung gehört also eine gründliche Recherche über Haltungen, mögliche Argumente sowie dialektische Spielarten der geladenen Teilnehmer wie auch des Moderators. Durchdenken Sie auch die Frage, wie Sie auf mögliche sachliche und unsachliche Angriffe reagieren werden. Sparen Sie die Ermittlung von Schwachstellen möglicher Kontrahenten nicht aus und setzen Sie dazu einen Fragenkatalog auf. Bereiten Sie sich aber auch darauf vor, gezielt Koalitionen mit anderen Talkgästen aufzubauen.

Sie werden Ihre Interessen im verbalen Schlagabtausch besser wahrnehmen, wenn Sie neben guten Argumenten auch über Interventionstechniken verfügen. Diese haben vor allem die Funktion, dass Sie zu

---

kontrovers diskutieren: Eine gute Talkshow will unterhaltend informieren oder informierend unterhalten.

Wort kommen und den verbalen Schlagabtausch engagiert prägen. Es gibt Techniken mit mäßigem und erhöhtem Risiko (siehe Seite 168f.).

Von den Polit-Profis lernen: die Kunst der Intervention

Bei geringer persönlicher Stressresistenz können Sie Ihrem Gegenüber zum Beispiel eine Verständnisfrage stellen oder eine vorgetragene Behauptungen hinterfragen: „Woher nehmen Sie die Sicherheit, Herr Dr. Schmidt, dass Ihr Vorschlag vom Bürger akzeptiert wird?" Ihr Risiko ist ebenfalls überschaubar, wenn Sie den Ausführungen eines anderen Teilnehmers völlig oder teilweise zustimmen und damit eine Koalition aufbauen. Mit etwas Geschick finden Sie einen Zugang für „freie" Information: „Dazu möchte ich einen anderen wichtigen Aspekt ansprechen, der noch gar nicht zur Sprache gekommen ist ..."

Andere Formen der Intervention bergen das Risiko der verschärften Auseinandersetzung, aber auch die Chance, ein eindeutigeres Profil zu gewinnen. Sie können zum Beispiel bei einem Stichwort einhaken und daran einen eigenen Wortbeitrag (eigenes Statement oder kritische Frage) anknüpfen oder auf den roten Faden hinweisen, wenn „Nebenkriegsschauplätze" diskutiert werden. Weitere Interventionstechniken bestehen darin, eine Unterstellung oder einen persönlichen Angriff hart, aber fair zurückzuweisen oder ein völlig neues Argument in die Diskussion einzubringen. Bei Thesen und Argumenten, die aus Ihrer Sicht falsch oder kritikbedürftig sind, können Sie freundlich und bestimmt das Wort nehmen: „Moment, Frau Schmidt, Ihr Argument kann ich so nicht stehen lassen. Die Fakten sehen anders aus..." oder: „Verzeihen Sie, aber das steht im Widerspruch zur herrschenden Meinung in der Wissenschaft..." Talk-Profis nutzen häufig eine spezielle Technik, um früh Aufmerksamkeit für die eigene Seite zu wecken und dadurch den weiteren Gang der Diskussion zu beeinflussen: Sie verknüpfen eine frühe Wortmeldung mit einer provokanten These oder einem besonders emotionalen, nicht selten dramatischen Szenario.

Generell gilt für die Gesprächsrunde im Fernsehen, dass jene Teilnehmer positiv auffallen, die eine Diskussion engagiert und konstruktiv beeinflussen und gleichzeitig sympathisch und authentisch wirken. In der Fernsehrhetorik lautet das zugespitzte Motto: Wer sympathisch wirkt, hat recht. Sie gewinnen daher beim Zuschauer, wenn Sie die Sprache des Publikums sprechen und durch schlagfertige Pointen, Humor oder dosierte Ironie positive Gefühle wecken.

Ergänzende Hinweise zur Überzeugungswirkung in Talkshows

- Bereiten Sie vier bis fünf Kernbotschaften vor einschließlich der stützenden Fakten und Beweismittel sowie anschaulicher Beispiele. Von Ausnahmen abgesehen, sollte ein Wortbeitrag nicht länger als 30 bis 45 Sekunden (Faustregel) dauern.
- Platzieren Sie Ihre Kernbotschaften möglichst früh.
- Falls Sie in einer heftigen Auseinandersetzung ins Schwimmen kommen, sind Ihre Kernbotschaften Ihre „Inseln im Wasser".
- Durch Brückensätze (siehe Seite 77ff.) und die beschriebene Technik „Blocken, Überbrücken, Kreuzen" behalten Sie auch in heftigen Auseinandersetzungen die Kontrolle.
- In Ihrem Schluss-Statement können Sie entweder Ihre Kernbotschaft verstärken, einen Appell an bestimmte Zielgruppen (Gewerkschaften, Öffentlichkeit, Politik, Forschung, Medien ...) richten oder einige Worte zum Erkenntnisfortschritt in der Diskussionsrunde sagen.
- Bedenken Sie: Es geht nicht darum, den Moderator oder die übrigen Teilnehmer zu überzeugen, sondern das Publikum.
- Wenn Sie das Wort haben: Schauen Sie im ruhigem Wechsel den Moderator und die Teilnehmer an.
- Wenn Sie zuhören: Halten Sie Blickkontakt zu der Person, die das Wort hat. Beachten Sie, dass Sie in jedem Moment im Bild sein können.
- Nutzen Sie bei emotionalen Themen die Chance, eigene Erfahrungen und Ihre Betroffenheit einzubringen; nehmen Sie die Besorgnisse und Ängste in der Öffentlichkeit ernst.

Vermeiden Sie Dominanzgebärden, auch wenn Sie sich überlegen fühlen. Dominanz mindert nämlich Ihren Sympathiewert. Setzen Sie diese und ähnliche Formulierungen daher auf Ihre „schwarze Liste": „Nein, da sind Sie falsch informiert."; „Das sehen Sie völlig falsch."; „Ihnen fehlt der Durchblick in finanzwirtschaftlichen Fragen." (siehe auch Seite 80).

Sprechen Sie Schwachstellen beim Gegner offensiv an

- Achten Sie bei Behauptungen der Gegenseite konsequent auf die Qualität der Beweismittel. Lassen Sie sich nicht durch den Schein bloßer Rhetorik beeindrucken, insbesondere wenn Zahlen, Zitate und Untersuchungen im Brustton der Überzeugung präsentiert werden. Sie könnten fingiert sein. Fragen Sie als Advocatus Diaboli nach den Informationsquellen oder den Interessen, die hinter der zitierten Untersuchung stehen. Sie können zudem Zahlen oder Zitate anzweifeln oder bei Untersuchungen darauf verweisen, dass es zu jedem Thema heute Hunderte unterschiedlicher wissenschaftlicher Untersuchungen gibt.

- Die Beweisführung Ihres Gegenübers ist so stark wie das schwächste Glied in seiner Argumentationskette. Sie haben einen taktischen Vorteil, wenn Sie an den verwundbaren Stellen in die Offensive gehen. Ein wirksames Mittel, um Lösungsvorschläge auf den Prüfstand zu stellen, ist der Realitätstest: Hierbei fragen Sie Ihren Diskussionspartner anhand von Prüfkriterien, wie er seine Vorstellungen in die Praxis umsetzen will. Formulierungsbeispiele: „Wie wollen Sie Ihren Vorschlag finanzieren?"; „Wie wollen Sie eine Mehrheit hinter Ihre Position bringen?"; „Ist Ihr Vorschlag in Einklang mit den Wünschen der Bevölkerung?"

- Nutzen Sie den dialektischen „Test der Sicherheit", um herauszufinden, inwieweit sich Ihr Gegenüber verunsichern lässt und – unter Druck – Schwachstellen in Erscheinung treten. Verunsichernde Fragestellungen sind etwa: „Woher nehmen Sie die Sicherheit, dass dies der beste Weg ist?"; „Wodurch zeichnet sich Ihr Vorschlag im Vergleich zu den vorliegenden Alternativen aus?"; „Wieso sprechen Sie nicht von den Risiken?"; „Was machen wir, wenn sich Ihre Prognosen als viel zu optimistisch herausstellen?"

Tipps für den Moderator

Die persönlichen Voraussetzungen und die Lenkungstechniken des Moderators sind bis zu einem gewissen Grad vergleichbar mit denen eines Besprechungsleiters (siehe Kapitel 10). Gravierende Unterschiede gibt es allerdings hinsichtlich der Zielsetzung und des Themas, der Zusammensetzung des Teilnehmerkreises, der Dramaturgie sowie der öffentlichen Wahrnehmung.

Der Moderator einer Talkshow sollte

- überparteilich agieren, auf die Bewertung bestimmter Positionen verzichten und auf das Regelwerk des Fair Play achten,
- die gesamte Diskussion so strukturieren, dass die relevanten Aspekte des Themas diskutiert werden,
- diejenigen Fragen stellen, die vermutlich aus Sicht des nicht fachkundigen Publikums brennend und interessant sind (siehe unten),

- durch Impulsfragen zum nächsten Teilthema überleiten, wenn ein Aspekt/eine These behandelt worden ist,
- eingreifen, wenn sich ein Sprecher nicht ans Thema hält, seine Redezeit überschreitet oder unfair agiert,
- Rede- und Gegenrede zwischen den Kontrahenten auch einmal laufen lassen,
- mit den Teilnehmern von A bis Z wertschätzend umgehen, für Chancengleichheit sorgen und gleichzeitig konsequent den Fahrplan der Sendung einhalten,
- in der Lage sein, sich in schwierigen Situationen durchzusetzen und emotionale Diskussionen zu deeskalieren. Anregungen finden Sie dazu in Kapitel 10.

Die Aufmerksamkeit des Publikums wecken und erhalten
Mit der Wahl eines interessanten Themas und der Teilnehmer werden die Weichen für eine kurzweilige und gewinnbringende Diskussion gestellt. Hierfür stehen die Chancen gut, wenn

- viele Menschen von dem diskutierten Thema betroffen sind (z.B. Renten, Alterspyramide, Gesundheit, sichere Arbeitsplätze; Finanzkrise),
- das Thema in der Öffentlichkeit polarisiert und somit leidenschaftlich diskutiert wird (z.B. Hartz IV, Niedriglöhne, Energiewende, Ausländerfeindlichkeit),
- das Thema einen großen Neuigkeitswert hat (z.B. Quantensprünge in Medizin und Technik),
- das Thema weitreichende Konsequenzen für Natur und Menschheit hat (z.B. Klimawandel, Terrorismus),
- ein Thema die Welt bewegt (z.B. der erste Mensch im All, der Fall der Berliner Mauer, die Terroranschläge vom 11. September 2001, Kriegsgefahren, Arabischer Frühling),

Während der Diskussion kann der Moderator dazu beitragen, die Aufmerksamkeit der Zuschauer auf einem hohen Niveau zu halten. Er sollte intervenieren, wenn

- die Diskussionsgäste sich unverständlich ausdrücken und eine abstrakte Expertensprache benutzen,
- der rationale Anteil der Diskussionsbeiträge überwiegt und der Unterhaltungswert zu kurz kommt,

- mit Zahlen, Statistiken und Untersuchungen argumentiert wird, die niemand nachprüfen kann,
- einzelne Teilnehmer zur Selbstdarstellung neigen und ihr Redekonto überziehen,
- Themen diskutiert werden, die nichts oder wenig mit dem Alltag der Zuschauer zu tun haben,
- emotionale Angriffe, pauschale Schuldzuweisungen und rhetorische Rituale nach dem Muster „Greif den Gegner an, wenn du schlechte Karten hast" gestartet werden, bei denen die Zuschauer leicht das Interesse verlieren.

8 Exkurs: Brückensätze für schwierige Situationen in Stress-Interviews

Nutzen Sie Brückensätze (zum Begriff siehe Seite 77ff.) als psychologische Puffer bei besonders schwierigen Fragen. Die folgende Zusammenstellung enthält Formulierungen, die bei schwierigen und unfairen Spielarten des Journalisten geeignet sind, Zeit zu gewinnen und auch bei Gegenwind ruhig und gelassen zu bleiben.

Situation 1: Der Interviewer reiht unbewiesene Behauptungen und Vorwürfe aneinander

Die Gefahr dieser unfairen Taktik besteht darin, dass ein rundum schlechtes Image Ihres Unternehmens erzeugt wird. Lassen Sie sich hierdurch auch dann nicht verunsichern, wenn die Behauptungen mit viel Emotion vorgetragen werden.

Frage	„Das Image Ihres Unternehmens war noch nie so schlecht wie heute. Sie schreiben seit zwei Jahren rote Zahlen, entlassen 3000 erfahrene Mitarbeiter, sind laut Öko-Institut in Freiburg auf dem ökologischen Auge blind und waren bei Ihren Kunden noch nie so unbeliebt. Wie erklären Sie sich diese Talfahrt?"

Ein dialektischer Kardinalfehler würde darin bestehen, einen einzelnen negativen Aspekt herauszugreifen und diesen zu widerlegen. Aus der Sicht des Publikums blieben die übrigen Vorwürfe dann praktisch unwidersprochen. Daher ist es ratsam, in einem Satz alles zu bewerten, was Ihr Gegenüber behauptet hat. Daran anknüpfend bringen Sie zwei bis drei Argumente, die das Image Ihres Unternehmens fördern und Ihre Position stärken.

Reaktion	„Sie zeichnen da ein völlig falsches Bild (Brückensatz). Zuerst möchte ich klarstellen ...“ (Hierbei bewerten Sie in einem Satz alles, was Ihr Gegenüber gesagt hat.)
	oder:
	„Ihre Feststellungen haben mit der Wirklichkeit zum Glück nichts zu tun (Brückensatz). Ich möchte zum Thema XY drei Bemerkungen machen ...“
	oder:
	„Sie reihen sehr pauschale Vorwürfe aneinander; die Wirklichkeit sieht zum Glück anders aus (Brückensatz).“

Situation 2: Der Interviewer bringt pauschale Unterstellungen

Der Journalist bringt pure Behauptungen und verzichtet auf eine tragfähige Begründung.

Frage	1. „Wie erklären Sie sich, dass wichtige Marketingexperten Ihre Strategie in Bausch und Bogen ablehnen?“
	2. „Als langjähriger Sicherheitsbeauftragter wissen Sie doch auch, dass Ihr Unternehmen im Umweltschutz immer erst auf Druck der Öffentlichkeit aktiv wird. Warum fehlt Ihnen ökologisches Bewusstsein?“

In Ihrer Antwort können Sie darauf hinweisen, dass die Aussage in dieser allgemeinen Form nicht zutrifft. Sie können auch durch eine Ich-Botschaft Ihr Erstaunen ausdrucken und dann reagieren. Die Rückfragetechnik bietet sich ebenfalls an, um den Journalisten aus der Reserve zu locken und Beweismittel einzufordern.

Reaktion	zu 1.: „Das ist eine sehr undifferenzierte Feststellung, die so nicht zutrifft. Richtig ist, dass ..."
	oder:
	„Ihre Frage enthält eine Unterstellung, die so nicht zutrifft."
	zu 2.: „Das mag Ihre subjektive Meinung sein. Das Gegenteil ist richtig..."
	oder:
	„Ihre Frage erstaunt mich sehr, denn gerade im Umweltschutz haben wir eine Reihe von Maßnahmen auf den Weg gebracht, die weit über den gesetzlichen Auflagen liegen. Drei Beispiele ..."

Situation 3: Der Journalist bringt Fragen oder Einwände, die teilweise richtig sind

Wenn Sie Fragen und kritischen Anmerkungen teilweise zustimmen wollen, können Sie hierfür entsprechende Brückensätze einsetzen. Beispielsweise durch Formulierungen wie: „Im Prinzip stimme ich Ihnen zu ..."; „Ich stimme weitgehend zu ..."; „Teils, teils ..."; „Ihre Einschätzung kann ich gut nachvollziehen ..."; „In dem Punkt X stimme ich Ihnen zu, beim Punkt Y bin ich anderer Meinung ..."

Frage	1. „Sie schreiben seit zwei Jahren rote Zahlen. Da müssen doch gravierende Managementfehler gemacht worden sein."
	2. „Ihr Unternehmen setzt 3000 Leute auf die Straße. Und das bei 4,5 Millionen Arbeitslosen. Wo bleibt da die beschäftigungspolitische Verantwortung Ihres Unternehmens?"

Wenn in der Frage des Journalisten ein Stückchen Wahrheit steckt, fördert es Ihre Glaubwürdigkeit, wenn Sie zunächst markieren, wo Sie seine Einschätzung teilen, und daran anknüpfend neue Argumente bringen, die Ihre Position stützen.

Reaktion	zu 1.: „Das mag auf den ersten Blick so aussehen (Brückensatz). Wenn man jedoch genauer hinschaut, dann wird deutlich, dass vor allem beträchtliche Zukunftsinvestitionen unsere Bilanz belastet haben. Zwei Zahlen mögen dies verdeutlichen ..."
	zu 2.: „Wir nehmen unsere beschäftigungspolitische Verantwortung sehr ernst (Brückensatz). Deshalb ging es vor allem darum, 45.000 Arbeitsplätze zu sichern ..."

Situation 4: Der Journalist bringt Unterstellungen mit Folgefrage

Ihr Gegenüber stellt eine falsche Behauptung auf und verknüpft diese unmittelbar mit einer Frage. Je größer das erlebte Stress-Niveau, umso eher wird der Ungeübte auf diese unfaire Taktik anspringen (siehe auch Kapitel 4).

Frage	„Ihr Unternehmen gilt ja seit der Ölkatastrophe vor vier Jahren als das schwarze Schaf in Sachen Umweltbewusstsein. Wie werden Sie Ihre ökologischen Ziele in Zukunft formulieren?"

Die Abwehrstrategie liegt auf der Hand: Rücken Sie die falsche Prämisse in aller Klarheit zurecht, die in der Frage steckt.

Reaktion	„Ich weiß nicht, wie Sie zu solchen Aussagen kommen. Das Gegenteil ist richtig ..."
	oder:
	„Das mag Ihre subjektive Wahrnehmung sein. Die Wirklichkeit sieht zum Glück ganz anders aus ..."
	oder:
	„Zunächst enthält Ihre Frage eine Unterstellung, die unrichtig ist. Ich nutze gern die Gelegenheit, um unser Umweltschutzkonzept zu erläutern. Im Einzelnen ..."

Situation 5: Der Journalist bringt in seiner Frage negative Aspekte und Erfahrungen

Der Interviewer konzentriert sich in seiner Frage auf negative Punkte (Risiken, Schwachstellen, Akzeptanzprobleme usw.) Ihres Konzepts oder Lösungsvorschlags. Zur Beweisführung und Illustration zitiert er kritische Presseberichte, Kommentare von Fachexperten oder Erfahrungen unzufriedener Kunden.

Frage	1. „Die Autoreisenden sind stocksauer, dass Sie gerade zu Beginn der Urlaubszeit die Bauarbeiten hier an der A 3 aufnehmen müssen."
	2. „Als Airline, die Billigflüge anbietet, sprechen Sie zwar immer von Service und Kundenorientierung. Dabei erleben die Kunden Buchung und Einchecken als chaotisch und den Service als nicht vorhanden. Wie stehen Sie dazu?"

Reaktion	zu 1.: „Aus der Sicht der Autoreisenden macht das zunächst keinen Sinn (Brückensatz). Wenn man sich jedoch mit den Details beschäftigt, dann ..."
	oder:
	„Die emotionale Reaktion der Autoreisenden kann ich gut nachvollziehen (Brückensatz).Wer den Hintergrund für das Timing kennt, wird sehen, dass es praktisch keine Alternative gab ..."
	zu 2.: „Sie sprechen punktuelle negative Erfahrungen an. Dabei wird häufig übersehen, was wir schon erreicht haben ..."
	oder:
	„Ihre Frage zeigt mir, dass noch nicht deutlich geworden ist, was wir unter Service und Kundenorientierung verstehen. Ich nutze gern die Gelegenheit, um ..."

Situation 6: Journalist stellt hypothetische Fragen

Der Interviewer zielt darauf, Sie aufs Glatteis zu führen. Er möchte Sie veranlassen, zu einem hypothetischen Szenario eine Aussage zu machen.

Frage	„Was machen Sie, wenn Ihre Kunden das neue Servicekonzept nicht annehmen?"

Gerade bei hypothetischen Szenarien ist die Gefahr blinder Reizreaktionen groß. Springen Sie niemals unüberlegt auf spekulative Szenarien an.

Reaktion	„Ihrer Frage liegt eine sehr pessimistische Annahme zugrunde. Wir gehen davon aus, dass dieses Servicekonzept auf große Akzeptanz stößt. Es sind drei Gründe, die uns optimistisch stimmen ..."
	oder:
	„Das sind sehr spekulative Szenarien, die Sie entwickeln ..."
	oder:
	„Das ist eine sehr hypothetische Frage. Auf der Grundlage seriöser Untersuchungen gehen wir davon aus, dass ..."

Situation 7: Der Journalist zitiert eine „kritische" Untersuchung

Der Interviewer zitiert einen Wissenschaftler oder eine Untersuchung mit einer kritischen Einschätzung zu Ihrer Argumentation.

Frage	„In Sachen Elektrosmog kommen Professor Wassermann aus Kiel und das Öko-Institut in Freiburg zu sehr kritischen Einschätzungen ..."

Bedenken Sie bei Ihrer Replik, dass es heute zu jedem strittigen Thema eine Fülle, oft Hunderte seriöser Untersuchungen gibt. Diese Tatsache können Sie in Ihrer Antwort nutzen.

Reaktion	„Sie wissen, dass es zum Thema Elektrosmog zig Untersuchungen gibt. Wir stützen uns bei der Beurteilung der Gefahren von Elektrosmog auf die Max-Planck-Gesellschaft und das Fraunhofer-Institut. Zwei Untersuchungen möchte ich stellvertretend zitieren ..."
	oder:
	„Zu jedem Thema gibt es ein Pro und ein Contra ..."
	oder wenn mit Zahlen argumentiert wird:
	„Es gibt neue Zahlen, die Ihre Aussagen relativieren ..."

Situation 8: Der Journalist unterbricht laufend und erhöht das Fragetempo

Der Journalist verletzt das Regelwerk eines fairen Interviews, um Sie zu verunsichern und aus dem Gleichgewicht zu bringen. Hierbei nutzt er zwei unsachliche Spielarten, die in Stress-Interviews auch kombiniert angewendet werden können. Zum einen unterbricht er Sie laufend, bevor Sie Ihren Gedanken zu Ende geführt haben. Und zwar nicht, um – wie etwa bei Vielrednern – die Sache zu befördern, sondern um Sie aus dem Konzept zu bringen. Außerdem kann der Interviewer das Fragetempo erhöhen, um Sie zusätzlich unter Druck zu setzen.

Bei diesen unfairen Spielarten gilt der Satz: „Wehret den Anfängen!" Verteidigen Sie also freundlich, aber konsequent das Wort und bringen Sie Ihre Argumentation zu Ende. Lassen Sie sich das Heft nicht aus der Hand nehmen. Bleiben Sie ruhig und gelassen. Wenn der Journalist das Fragetempo erhöht, ist es ratsam, einen Kontrapunkt zu dieser Spielart zu schaffen, indem Sie bewusst langsam und deutlich sprechen. Lassen Sie sich das Tempo Ihres Gegenübers unter keinen Umständen aufdrängen.

Reaktion	Bei Unterbrechungen:
	„Herr Maier, Sie haben eine Frage gestellt, die ich gern beantworten möchte ..."
	oder:
	„Entschuldigung, ich möchte gern mein Argument für die Zuschauer zu Ende führen ..."
	oder:
	„Herr Maier, lassen Sie mich bitte ausreden. Dieser Punkt ist nämlich für die Zuschauer sehr wichtig ..."
	Bei Tempozunahme:
	„Herr Maier, warum diese Eile? Unsere Zuschauer erwarten doch Verständlichkeit. Ich möchte noch einmal betonen ..." (dann bewusst langsam und deutlich formulieren)
	oder:
	„Herr Maier, nicht so schnell. Unsere Zuschauer sollten doch alles nachvollziehen können (Brückensatz). Meine zwei Hauptpunkte sind ..." (dann bewusst langsam und deutlich formulieren).

Situation 9: Der Journalist bringt persönliche Angriffe oder Beleidigungen

Gerade bei brisanten und emotional aufgeladenen Themen kann es passieren, dass Sie persönlich angegriffen werden. Beispielsweise durch Unterstellung unlauterer Motive, durch Beleidigungen oder durch Herabsetzung mit Schlagworten oder Ironie.

Für diese und ähnliche Situationen haben wir in Kapitel 4 Reaktionsmöglichkeiten dargestellt. Hier noch einige ergänzende Brückensätze für Interviews:

- „Was beabsichtigen Sie mit dieser herabsetzenden Frage?"
- „Ich kann nicht erkennen, was Ihre Frage mit Fairness zu tun hat."
- „Mit Polemik kommen wir in der Sache nicht weiter. Worum geht es?"
- „Wenn ich auf den sachlichen Gehalt Ihrer Frage eingehe, dann ..."

Überlebensstrategie für Notfälle

Wenn es „eng" wird, können Sie sich an Ihren positiven Kernbotschaften orientieren und diese an den Anfang Ihrer Antwort setzen! Bringt der Journalist die Rede auf negative Erfahrungen, z.B. beim Service, können Sie zunächst auf wichtige Verbesserungen und Zusatzleistungen hinweisen und dies mit anschaulichen Beispielen untermauern.

Reaktion	„Erlauben Sie mir zunächst eine Vorbemerkung zum neuen Servicekonzept ..."
	oder:
	„Unser Servicekonzept enthält drei Elemente: Erstens ..., zweitens ..., drittens ..."
	oder:
	„Eine kurze Vorbemerkung zu Ihrer Frage ..."
	oder:
	„Oft wird übersehen, was wir in den Bereichen XY schon erreicht haben. Drei Beispiele ..."
	oder:
	„Bevor ich Ihre Frage beantworte, möchte ich den Grundgedanken des Servicekonzepts verdeutlichen ..."

Rechtliche Aspekte

Wer nur sporadisch mit Leuten von Funk und Fernsehen zu tun hat, weiß kaum, welche Rechte er in Interviews oder bei der Abgabe von Statements hat. Je brisanter die Interviewthemen, umso wichtiger sind diese Stichpunkte:

- Sprechen Sie die Länge des Interviews genau ab. Vereinbaren Sie, dass bei Kürzungen nur ganze Fragen und ganze Antworten herausgenommen werden. Sonst wird der Manipulation Tür und Tor geöffnet.
- Die Aufzeichnung beginnt erst dann, wenn Sie das Einverständnis dazu gegeben haben.
- Sollten Sie sich versprechen, können Sie jederzeit unterbrechen und auf einer erneuten Aufzeichnung bestehen.
- Lassen Sie sich – falls möglich – das Interview nach der Aufnahme noch einmal in Bild und Ton vorspielen. Achten Sie darauf, dass Sie die Kernbotschaft klar formuliert haben und dass Ihre Körpersprache das Gesagte unterstreicht.
- Lassen Sie sich niemals vorschreiben, welche Aussagen des Interviews verwertet werden sollen.
- Bestehen Sie darauf, dass die Ihnen wichtigen Kernaussagen im Interview erhalten bleiben.

- Grundsätzlich sind alle Tonaufnahmen, wie sie beim Statement/ Interview entstehen, nur mit Zustimmung des Interviewten zulässig, es sei denn, er hat bewusst das „Restrisiko der Öffentlichkeit" auf sich genommen. Damit sind z.B. öffentliche Veranstaltungen gemeint, wo Sie an sichtbar angebrachte Mikrofone gehen und dort vor Publikum Wortbeiträge produzieren. Jederzeit geschützt sind Sie allerdings gegen Überfallinterviews, bei denen man Ihnen unvorbereitet ein Mikrofon entgegenhält und ein Statement einfordert.
- Bei Schmutzkampagnen oder unsauberer Berichterstattung sollten Sie einen erfahrenen Juristen zurate ziehen.

14 Schwierige Situationen beim Präsentieren

Bei Präsentationen[7] wie auch bei den damit einhergehenden Interaktionen und Diskussionen können Sie mit schwierigen Situationen konfrontiert werden, die erheblichen Stress mit sich bringen. Die Ausführungen dieses Kapitels zeigen Ihnen Erfolg versprechende Wege, wie Sie diese Klippen am besten umgehen und Qualität und Wirkungsgrad Ihres Auftritts fördern. Die Ausführungen konzentrieren sich auf Präsentationen mit Notebook und Beamer, weil dies die mit Abstand häufigste Präsentationsform ist. Die Empfehlungen zum Diskussionsverhalten und zum Umgang mit Störungen lassen sich problemlos auf andere Präsentationsformen übertragen.

1 Mehr Sicherheit durch kundenorientierte Vorbereitung

Eine gute Vorbereitung ist unverzichtbar, um eine maßgeschneiderte Präsentationsstrategie zu entwickeln, Wahl und Einsatz der Medien zu optimieren und sich auf schwierige Situationen bei der Durchführung und Diskussion einzustellen.

Für den Erfolg Ihrer Präsentation ist vor allem entscheidend, dass sie positive Gefühle bei den Zuhörern auslöst. Fehleinschätzungen vermeiden Sie dadurch, dass Sie bei der Vorbereitung Ihrer Präsentation die Perspektive wechseln und die Folien sowie die gesamte visuelle

---

7 Präsentationen sind dadurch gekennzeichnet, dass Sie einem Zuhörerkreis bestimmte Inhalte unter Einsatz bestimmter Medien vermitteln. Die meisten Präsentationen sind mit Diskussionsphasen gekoppelt. Hier werden Fragen und Einwände beantwortet oder Lösungsvorschläge im Dialog mit den Zuhörern weiterentwickelt.

Strategie mit den Augen, dem Erfahrungshintergrund und den Präferenzen Ihrer Zuhörer sehen. Dabei sind folgende Fragen hilfreich:

- Welche Medien setzen Ihre Zuhörer vermutlich selbst ein? Beschaffen Sie sich daher im Vorfeld Informationen über die Präsentationskultur im Unternehmen Ihres Kunden. Gerade auch im internationalen Geschäft. Weil sich jeder Zuhörer in seiner Welt „abgeholt" fühlen möchte, sollte die Lücke („gap") zwischen den Medien, die Sie einsetzen, und den Medien, die der Kunde selbst einsetzt, nicht zu groß werden. So ist es zum Beispiel angemessen, auf Beamerpräsentationen weitgehend zu verzichten, wenn Sie es mit Entscheidungsgremien der ersten und zweiten Ebene oder mit Politikern zu tun haben. Hier ist häufig ein Handout die bessere Option.
- Gehen Sie Ihre Präsentationsfolien in der Sortieransicht durch und streichen Sie alle Folien, die keinen Mehrwert, keinen Nutzen bringen und die vermutlich den Kenntnisstand und die Bildungsvoraussetzungen des Publikums überfordern oder unterfordern. Parken Sie die gestrichenen Charts als Back-up-Folien.

Beachten Sie: Die Sicht der Zuhörer ist in jeder Phase der Präsentation entscheidend. Wahrnehmen, Verarbeiten und Einprägen der Informationen dürfen an keiner Stelle gestört werden. Oder anders gesagt: Ihre Zuhörer sollten sich während der gesamten Präsentation weitestgehend gut fühlen.

Im Hinblick auf die Gestaltung der Schaubilder sollten Sie bei Präsentationen mindestens diese Tipps beachten:

- Begrenzen Sie die Informationsmenge pro Folie. Faustregeln: 25 Prozent der Folie frei lassen; maximal 7 Zeilen pro Folie; Schlüsselworte statt Sätze.
- Selbsterklärende Folien und differenzierende Details gehören ins Handout.
- Nicht mehr als zwei Textcharts hintereinander; wenn möglich Textcharts durch einfache Strukturbilder ersetzen.
- Wecken Sie Emotionen, zum Beispiel durch flächenfüllende Fotos, Animationen oder Video-Einschübe.
- Vermeiden Sie schrille Effekte und optische Sensationen. Dies gefährdet die Seriosität Ihres Auftritts.

Allgemeine Anregungen zur zielgerichteten Vorbereitung wurden bereits im 2. Kapitel gegeben. Spezielle Praxistipps zur Erarbeitung von Präsentationen mit und ohne Notebook finden Sie in entsprechenden Ratgebern (siehe z.B. Thiele 2010; Seifert 2011).

2 Spezielle Tipps zur Durchführung

Sie haben Ihre Präsentation sorgfältig vorbereitet. Die Bildschirmpräsentation ist optimiert. Der Vortragsraum ist wunschgemäß präpariert. Sie wissen aufgrund Ihrer Probevorträge und Übungen, dass Sie die Präsentation in der vorgegebenen Zeit schaffen und das Handling der elektronischen Medien beherrschen. Sie besitzen jetzt die notwendige Sicherheit, Ihre Präsentation überzeugend zu „verkaufen".

Inwieweit Ihre Präsentation aus der Sicht Ihrer Zuhörer überzeugend erscheint, hängt von Ihrem Auftreten, dem inhaltlichen Konzept, der medialen Unterstützung und Ihrem interaktiven Verhalten ab. Die folgenden Praxistipps helfen Ihnen, zuhörerorientiert zu präsentieren, Spannung zu erzeugen und die Aufmerksamkeit des Publikums auf einem hohen Niveau zu halten.

Spezielle Tipps zur Durchführung von Präsentationen
1. Sie sind die Botschaft!
2. Halten Sie Blickkontakt zum Auditorium
3. Bauen Sie Spannung auf durch dramaturgische Elemente
4. Präsentieren Sie nach dem „Reißverschlussprinzip"
5. Inszenieren Sie Ihre Folien zuhörergerecht
6. Eine Fernbedienung ist ein Muss

1. Sie sind die Botschaft!

Bei allen Auftritten personalisieren Sie Ihre Botschaften: Sie geben Ihren Botschaften ein Gesicht, nämlich Ihres. Die Personalisierung kommt einem Wunsch der Zuhörer entgegen: Sie möchten wissen, mit wem sie es zu tun haben und interessieren sich an erster Stelle für die Persönlichkeit des Vortragenden und erst an zweiter Stelle für die Inhalte. Achten Sie daher darauf, dass nicht Schaubilder oder visuelle Highlights Ihre Präsentation dominieren. Es wäre schade, wenn sich die Zuhörer Wochen nach der Präsentation zwar an PowerPoint- oder

Keynote-Bilder erinnern, nicht aber an den Vortragenden. Rücken Sie daher Ihr Gesicht, Ihre Persönlichkeit und Ihre Aussagen in den Mittelpunkt. Sie fesseln Ihr Publikum durch Auftrittsfreude und Begeisterung und nicht durch eine Reihe von Schaubildern. Der Technikeinsatz ist nur insoweit sinnvoll, als er Ihre persönliche Ausstrahlung, Flexibilität und die emotionale Beziehung zum Publikum nicht einschränkt. Jedes Präsentationsmedium hat grundsätzlich nur unterstützenden Charakter.

2. Halten Sie Blickkontakt zum Auditorium

Damit Sie Ihren Zuhörern gleichmäßig Blickkontakt anbieten und niemanden vergessen, teilen Sie Ihr Publikum in drei (etwa gleich große) virtuelle Kreise ein, einen zentralen, einen linken und einen rechten. Diese „Wahrnehmungskreise" erleichtern es Ihnen, jedem Zuhörer in einem ruhigen Wechsel Blickkontakt anzubieten. Vergessen Sie niemanden, jeder Mensch hat ein Bedürfnis nach Wertschätzung. Bei kleinen Gruppen ist diese Empfehlung leichter umzusetzen als bei Auftritten vor einem großen Auditorium. Ab und zu werden Sie den Blickkontakt unterbrechen müssen, um zum Beispiel im Notebook zu prüfen, ob das richtige Chart eingeblendet wurde oder um an der Leinwand mit Hilfe eines Laserpointers wichtige Informationen hervorzuheben. Unsichere und unerfahrene Vortragende neigen dazu, beim Sprechen den Blick vorrangig auf die technischen Hilfsmittel zu lenken. Damit Sie den Kontakt zum Publikum halten, sollten Sie sich an der Faustregel orientieren, 90 Prozent der Vortragszeit die Zuhörer anzuschauen und 10 Prozent für Notebook und Leinwand zu reservieren.

3. Bauen Sie Spannung auf durch dramaturgische Elemente

Um Aufmerksamkeit zu sichern und Ihre Persönlichkeit stärker ins Spiel zu bringen, ist die Frage der Dramaturgie außerordentlich wichtig. Sie können zum Beispiel von Zeit zu Zeit Ihre Bildschirmpräsentation unterbrechen (schwarze Folie einblenden) und Ihren Standort auf der Bühne gezielt wechseln: Gehen Sie zum Beispiel ins Zentrum der Bühne, um von dort aus ein Referenzbeispiel zu erläutern, eine Erfolgsgeschichte darzustellen, eine Kernbotschaft zu verstärken oder eine Fragerunde zu moderieren. Der exponierte Standort – vorn in der Mitte – ist am besten geeignet, um Ihr Publikum emotional anzusprechen und zu begeistern. Eine andere dramaturgische Variante für einen Standortwechsel: Sie gehen ans Flipchart und zeichnen dort „live" ein Strukturbild oder schreiben ein Schlüsselwort oder eine wichtige Zahl an. Durch folienfreie Abschnitte können Sie die Aufmerksamkeit der Zuhörer zu 100 Prozent auf Ihre Person lenken.

4. Präsentieren Sie nach dem „Reißverschlussprinzip"

Sie erleichtern dem Zuhörer die Informationsaufnahme, wenn Folieninhalt und Vortrag komplementär – wie bei einem Reißverschluss – ineinander greifen. Wichtig ist dabei, dass die Information auf der Folie zeitgleich mit dem gesprochenen Wort gezeigt wird. So sichern Sie ein hohes Maß an Aufmerksamkeit und minimieren ablenkende Effekte.

Vermeiden Sie in jedem Falle Doppelungen, indem Sie das vortragen, was auf der Leinwand ohnehin zu sehen ist. Wort und Bild sollten miteinander harmonieren und sich ergänzen. Als positives Beispiel galt Steve Jobs: Bei ihm passten mündliche Ausführungen und visuelle Hilfsmittel perfekt zusammen. Er setzte auf einfache, bildhafte Folien mit viel Leerraum bei minimalem Text. Diese Folienaskese schaffte den Spielraum, um seine Präsentationsstory zu erzählen und dabei persönlichen Kontakt mit dem Publikum zu halten. Bei YouTube können Sie sich diesen exzellenten Präsentationsstil einmal in Ruhe anschauen.

Aus der Logik des Reißverschlussprinzips folgt, dass die Vortragsfolien einfach zu gestalten sind. Daher empfiehlt es sich, in separaten Arbeitsschritten

(1) „abgespeckte" Folien für Ihren Vortrag und
(2) selbsterklärende, umfangreichere Folien für das Handout

zu erstellen. Die Folien im Handout sind naturgemäß komplexer. Denn sie müssen es den Zuhörern erlauben, die präsentierten Inhalte (auch ohne die verbalen Ausführungen des Vortragenden) nachzuvollziehen.

5. Inszenieren Sie Ihre Folien zuhörerorientiert

Als Vortragender kennen Sie in der Regel jedes Bild und die Bilderfolge Ihrer Präsentation aus dem Effeff. Dies kann dazu führen, dass man das Tempo beim Präsentieren falsch einschätzt. Man macht sich nicht klar, dass die Folieninhalte für die Zuhörer neu sind und dass es zu Verständnisschwierigkeiten kommen kann. Machen Sie sich daher bei der Vorbereitung und Durchführung Ihrer Präsentation stets bewusst, dass Ihre Zuhörer den Inhalt noch nicht kennen.

Sie erleichtern den Zuhörern die Informationsaufnahme, wenn Sie Ihre Folien in den folgenden vier Schritten vortragen:

Schritt 1: Folie ankündigen („Diesen Zusammenhang erläutert das nächste Schaubild ...")
Schritt 2: Folien einblenden und kurz wirken lassen
Schritt 3: Folie erklären (zuerst den Aufbau/Kontext, dann die Details)
Schritt 4: knappes Fazit und Übergang zur nächsten Folie

6. Die Fernbedienung ist ein Muss

Mit Hilfe einer Fernbedienung können Sie sich während der Präsentation frei im Raum bewegen und auf Knopfdruck die Charts ein- und ausblenden. Dies wirkt professionell und bietet Ihnen mehr Spielraum für die erwähnten dramaturgischen Elemente. Mit dem integrierten Laserpointer können Sie zudem die Aufmerksamkeit der Zuhörer auf wichtige Punkte an der Leinwand lenken.

3 Störungen und schwierige Situationen meistern

Welche Störungen und schwierigen Situationen werden behandelt?
1. Frühe Diskussionsbeiträge
2. Privatgespräche und Unruhe im Plenum
3. Monologe und Dominanzgebärden
4. Weniger Präsentationszeit als geplant
5. Technische Pannen
6. Diskussion kommt nicht in Gang
7. Moderation der Diskussion
8. Einwände und Fragen, die jenseits Ihrer Fachkompetenz liegen
9. Viele Wortbeiträge zur gleichen Zeit
10. Unsicherheiten beim Abschluss der Diskussionsphase

In Präsentationen werden Sie – ähnlich wie bei Gesprächen und Diskussionsrunden – bestimmte Verhaltensweisen Ihrer Zuhörer als „Störung" erleben. Dies sind Ereignisse, die die Beteiligten davon abhalten,

Ihnen und dem Sachthema die ungeteilte Aufmerksamkeit zu schenken. Es ist ratsam, starke Antennen für schwache (z.B. körpersprachliche) Signale zu entwickeln, damit man früh reagieren kann. Sonst ist die Gefahr gegeben, dass Störungen ein Eigenleben entwickeln und sich zu einem Flächenbrand ausweiten. Darüber hinaus sollte man sich gedanklich darauf vorbereiten, wie man schwierige Situationen in Interaktion und Diskussion meistert.

Bedenken Sie stets, dass Sie beim Umgang mit Störungen und schwierigen Situationen Präsentator und Beziehungsmanager zugleich sind. Ihre Interventionen sollten daher in jedem Falle wertschätzend sein. Das Mensch-zu-Mensch-Verhältnis ist für Vertrauensbildung und Entwicklung einer langfristigen Partnerschaft wichtiger als Digitaltechnik und Multimedia. Achten Sie deshalb vor, während und nach der Präsentation darauf, dass entlang der gesamten Kontaktkette die Wirkung auf die Zuhörer positiv ist. Jeder Zuhörer muss spüren, dass er stets im Mittelpunkt steht und dass es Ihnen als Präsentator Freude macht, mit ihm zu sprechen und mit ihm gemeinsam seine Probleme zu lösen.

1. Frühe Diskussionsbeiträge

Wenn bereits in der Einstiegsphase Ihrer Präsentation Fragen gestellt werden, bringt das die Gefahr mit sich, dass sich eine zeitraubende Diskussion entwickelt, die Ihr Konzept durcheinanderbringt.

Bewährte Interventionen:

- Beantworten Sie Verständnisfragen sofort und bieten Sie bei weiterführende Fragen und Einwänden ein gesondertes Gespräch an. Dies fällt leichter, wenn Sie im Rahmen der Einleitung Ihre Zuhörer auf dieses Vorgehen hinweisen. Mögliche Formulierung: „Wenn Sie Verständnisfragen haben, stellen Sie Fragen direkt während der 15-minütigen Präsentation. Weiterführende Fragen beantworte ich gern in der anschließenden Diskussion."
- Sie können weiterführende Fragen, die während der Diskussion aufkommen, am Flipchart notieren und später in der anschließenden Diskussion behandeln. Auf die erste „störende" Frage könnten Sie folgendermaßen reagieren: „Das ist eine sehr spezielle Frage, auf die ich gern in der Diskussion zurückkomme. Ich nehme Ihre Frage in

unsere Rubrik ‚offene Fragen' auf." Dann schreiben Sie die Frage auf das Flipchart.

- Die sofortige Beantwortung früh gestellter Fragen oder vorgebrachter Einwände kann man häufig auch durch Hinweis auf spätere Gliederungspunkte umgehen: „Herr Schumann, Sie erwähnen einen Aspekt an, auf den ich unter Punkt 3 zu sprechen komme. Sind Sie einverstanden, wenn ich in ein paar Minuten auf Ihre Frage eingehe?" Dieses Vorgehen wird erleichtert, wenn Sie Ihre Gliederung auf ein Dauermedium (z.B. Flipchart) geschrieben haben und daher den entsprechenden Gliederungspunkt auch zeigen können.

2. Privatgespräche und Unruhe im Plenum

Wenn Zuhörer Privatgespräche führen und sich Unruhe breitmacht, ist dies in der Regel ein Alarmzeichen: Es besteht die Gefahr, dass die Aufmerksamkeit Ihrer Teilnehmer nachlässt und infolgedessen der Erfolg Ihrer Präsentation gefährdet ist.

Reaktionsmöglichkeiten:

- Aktivieren Sie die Teilnehmer durch offene Fragen: „Inwieweit habe ich mich verständlich machen können ...?"; „Was ist offen geblieben ...?"; „Welche Erfahrungen haben Sie damit gemacht ...?"
- Bringen Sie einen neuen (motivierenden) Gesichtspunkt.
- Stellen Sie den Nutzen Ihres Vorschlags heraus. Nutzen motiviert stärker als Fakten und Detailinformationen.
- Setzen Sie rhetorische Mittel ein: Lautstärke variieren; mehr Dynamik und Emotionen, anschauliche Beispiele und Vergleiche.
- Wechseln Sie die Medien.
- Bemühen Sie sich, die desinteressiert wirkenden Teilnehmer (über „Schlüsselwörter", die mit deren Ressort zu tun haben) zu aktivieren und an der Diskussion zu beteiligen.
- Wenn dies alles nicht hilft, ist es ratsam, die Kernbotschaft zusammenzufassen und zur Diskussion überzuleiten.

3. Monologe und Dominanzgebärden

Es verlangt dialektisches Geschick und Fingerspitzengefühl, mit Teilnehmern umzugehen, die kritische Koreferate halten oder zu nervtötender Besserwisserei neigen (siehe Kapitel 4).

Bewährt haben sich diese Reaktionsmöglichkeiten:

- Bei Präsentationen vor ranghöheren Führungskräften oder Kunden ist es im Zweifel ratsam, auch bei längeren Beiträgen geduldig zuzuhören und dann kurz und kompetent zu antworten. Bedenken Sie stets, dass sich hinter den Wortmeldungen eines Teilnehmers auch emotionale Motive (nach Bestätigung, Anerkennung ...) verbergen können.
- In vielen Fällen können Sie freundlich unterbrechen und nach den entscheidenden Argumenten oder Kriterien fragen: „Herr Dr. Müller, mir ist nicht deutlich geworden, welches Argument für Sie das entscheidende ist?"

4. Weniger Präsentationszeit als geplant

Wer präsentiert, muss damit rechnen, dass die ursprünglich geplante Zeit nicht zur Verfügung steht: Andere Referenten haben die Zeit überzogen, eine frühe Diskussion ging zulasten des Zeitbudgets oder der Einladende signalisiert Ihnen kurz vor oder gar während der Präsentation, dass Sie Ihre Präsentation drastisch kürzen sollen.

Die überraschende Veränderung der Rahmenbedingungen kann als außerordentlich stressig erlebt werden. Dies hängt auch damit zusammen, dass es bei einer Bildschirmpräsentation nicht so einfach ist, auf bestimmte Charts zuzugreifen und andere wegzulassen.

Praxistipps
- Fertigen Sie vorab eine Gliederungsübersicht der Folien an. So sehen Sie auf einen Blick die Reihenfolge der Folien mit den korrespondierenden Foliennummern.
- Trainieren Sie, während einer laufenden Präsentation auf eine bestimmte Bildschirmfolie zu „springen". Hierzu benötigen Sie die folgenden Tastenkürzel und Befehle für PowerPoint:
  - Springen zu einer bestimmten Folie: Eingabe der Ziffer der entsprechenden Folie n und bestätigen mit der Enter-Taste.
  - Ausblenden (schwarzer Bildschirm) bzw. Einblenden (Zurückkehren zur Bildschirmpräsentation): Eingabe des Buchstaben B bzw. Eingabe . (Punkt).
  - Ausblenden (weißer Bildschirm) bzw. Einblenden (Zurückkehren zur Bildschirmpräsentation): Eingabe des Buchstaben W bzw. Eingabe , (Komma).

- Alternativ können Sie Präsentationspfade und Hyperlinks präparieren, die es Ihnen ermöglichen, auf Folien zu springen, die nach Ihrer Einschätzung besonders wichtig sind und die zu der veränderten Situation passen können.
- Es ist ratsam, eine kürzere Fassung mit den Kernbotschaften der Präsentation für alle Fälle bereitzuhalten. Sie können diese als Backup-Folien speichern. Im Worst Case sollten Sie in der Lage sein, die Quintessenz Ihrer Präsentation auch in freier Rede zusammenzufassen.
- Üben Sie vorher den Ernstfall und kontrollieren Sie dabei die Zeit.

5. Technische Pannen

Erfahrungsgemäß steigt beim Einsatz elektronischer Medien die Zahl der Sollbruchstellen: Der Computer kann abstürzen, der Beamer kann ausfallen.

„Notprogramme", die sich bewährt haben:

- Beim „Absturz" während Ihrer Präsentation können Sie entweder Ihre Tischvorlage verteilen und die verbleibenden Inhalte anhand dieses „Dauermediums" darstellen.
- Falls Sie weder Handout noch Folien haben, bleibt Ihnen nur der verbale Vortrag und die unterstützende Nutzung eines verfügbaren Dauermediums (z.B. Flipchart oder Copyboard).
- „Absturz" in der Schlussphase der Präsentation: Sie fassen den bisherigen Teil der Präsentation zusammen und leiten in die Diskussion über.
- Trainieren Sie vorher Ihre „Notprogramme"!

6. Diskussion kommt nicht in Gang

Die formelle Eröffnung „Welche Fragen sind entstanden?" oder gar „Haben Sie Fragen?" birgt die Gefahr, dass niemand etwas sagt. In den meisten Fällen ist es daher besser, eine Eröffnungsvariante zu wählen, bei der Sie direkt in die Interaktion kommen.

Sie können zum Beispiel

- an einem Vor- oder Pausengespräch anknüpfen: „Herr Dr. Müller, Sie hatten in unserem Vorgespräch auf die Bedeutung der Recyclingfähigkeit hingewiesen. Wie beurteilen Sie unseren Vorschlag?" oder: „In der Pause wurde ich gefragt ..."

- einen Teilnehmer, den Sie persönlich kennen, um seine Einschätzung bitten: „Herr Winkler, wie beurteilen Sie die Umsetzbarkeit dieses Lösungsvorschlags für Ihre Sparte?"
- offene Fragen stellen, um die Zuhörer zu aktivieren: „Wie sehen Ihre Erfahrungen zu diesem Punkt aus?" oder: „Wie schätzen Sie diesen neuen Lösungsweg ein?"

7. Moderation der Diskussion

Bei den meisten Präsentationen sind Sie Präsentator und Diskussionsleiter zugleich. Achten Sie bei der Leitung der Aussprache darauf, die Beiträge sachgerecht und partnerschaftlich zu behandeln, auch wenn Sie mit schwierigen Fragen und kritischen Einwänden konfrontiert werden. Diesen Grundsatz können Sie einlösen, wenn Sie

- dem Zuhörer Interesse und Zuwendung zeigen,
- situationsgerecht ein paar Schritte auf den Zuhörer zugehen,
- Blickkontakt anbieten und ausreden lassen,
- den Zuhörer mit seinem Namen ansprechen,
- sich bemühen, den Beitrag zu verstehen,
- bei Meinungsverschiedenheiten zunächst die gemeinsamen Punkte herausstellen.

Weitere Hinweise zur Moderation finden Sie in Kapitel 10.

8. Einwände und Fragen, die jenseits Ihrer Fachkompetenz liegen

Trotz sorgfältiger Vorbereitung kann es passieren, dass Sie eine spezielle Frage nicht beantworten können. Je nach Situation können Sie diplomatisch Nein sagen und einen späteren Dialog anbieten oder einschränkende Redewendungen nutzen (siehe hierzu Kapitel 8).

9. Viele Wortbeiträge zur gleichen Zeit

Wenn Sie selten Diskussionen moderieren, kann Ihr Adrenalinspiegel erheblich ansteigen, wenn verschiedene Teilnehmer durcheinanderreden und gleichzeitig zu Wort kommen wollen.

Hier helfen einfache Lenkungstechniken weiter:

- Erteilen Sie das Wort in der Reihenfolge der Wortmeldungen oder nach inhaltlichen Gesichtspunkten. Wenn es turbulent wird, können Sie mit deutlicher Stimme sagen: „Entschuldigung, es gibt mehrere Wortmeldungen. Ich möchte sie gern der Reihe nach beantworten. Herr Maier, Sie hatten sich zuerst gemeldet. Wie lautet Ihre Frage?"
- Wenn zahlreiche und sehr heterogene Fragen und Einwände kommen, können Sie die Fragenkreise thematisch bündeln. Stimmen Sie dieses Vorgehen jedoch mit Ihren Zuhörern ab.
- Prüfen Sie bei unterschiedlichen Meinungen zunächst, ob Sie über das gleiche Thema sprechen.
- Sie können die Beiträge zunächst auf einem Flipchart visualisieren und dann Punkt für Punkt beantworten. In sehr emotionalen Diskussionen ist dies häufig ein probates Mittel.
- Bei sehr speziellen Fragen, die den Großteil der Runde überfordern würden, können Sie eine kurze Antwort geben und dem Fragesteller ein weiterführendes Vier-Augen-Gespräch nach der Veranstaltung anbieten.

Zwei ergänzende Tipps:

- Greifen Sie in der Diskussion ruhig noch einmal auf Folien oder andere visuelle Hilfsmittel zurück.
- Ein taktischer Hinweis: Im Anschluss an einen heiklen Einwand können Sie weitere Fragen entgegennehmen (und z.B. auf dem Flipchart notieren), um Zeit zu gewinnen.

10. Unsicherheiten beim Abschluss der Diskussion

Fassen Sie am Ende die Quintessenz der Diskussion so zusammen, dass die wesentlichen Punkte (Kernbotschaften) von Präsentation und Diskussion noch einmal betont werden. Dies erübrigt sich in der Regel, wenn der Einladende diesen Part übernimmt. Dann genügt es, wenn Sie sich abschließend für die Einladung bedanken.

15 Exkurs: Stressrhetorik für weibliche Führungskräfte

Viele Frauen haben Ängste und Selbstzweifel, wenn sie neue Herausforderungen annehmen und in schwierigen Situationen Überzeugungsarbeit leisten sollen. Sie fürchten, den Anforderungen nicht gewachsen zu sein, Fehler zu machen und im verbalen Schlagabtausch zu unterliegen. Während Männer dazu neigen, sich zu überschätzen, trauen sich Frauen eher weniger zu und unterschätzen ihre eigenen Potentiale. In kommunikativen Situationen zeigt sich das zum Beispiel darin, dass Frauen trotz guter Fachkompetenz Wortbeiträge zurückhalten, sich durch Killerphrasen verunsichern lassen oder Auftritte vor Männergremien als besonders stressig erleben.

Dieses Kapitel wendet sich in erster Linie an weibliche Führungs- und Fachkräfte, die ihre Stressargumentation gezielt weiterentwickeln wollen. Die Praxistipps konzentrieren sich auf solche Situationen und Lernbedürfnisse, die Frauen in unseren Argumentationstrainings als besonders wichtig und dringlich herausstellen. Sie helfen natürlich auch den nicht wenigen Männern, die nicht zu Selbstüberschätzung und brachialem Durchsetzungswillen neigen, sondern ähnliche

Schwierigkeiten haben. Zunächst soll jedoch eine Frage erörtert werden, die mit den Empfehlungen im zweiten Teil eng verknüpft ist: die Besonderheiten männlicher und weiblicher Kommunikation.

1 Auf den Spuren eines Klischees: „typisch männlicher" und „typisch weiblicher" Kommunikationsstil

Wenn Sie sich oder anderen diese Frage stellen, werden Sie Antworten erhalten wie: Männer argumentieren sachlich, dominant und zeigen wenig Emotionen. Sie mögen Machtspiele, sind gut vernetzt und wollen sich mit allen Mitteln durchsetzen. Sie nutzen Auftritte dazu, ihren Status zu fördern und Selbstmarketing zu betreiben. Frauen dagegen argumentieren emotional, verfügen über Empathie und Einfühlungsvermögen und formulieren eher fragend und vorsichtig. Sie wollen beliebt sein, können gut zuhören und lassen sich durch Kritik leicht verunsichern. Frauen haben im beruflichen Alltag Scheu vor dem offenen Schlagabtausch und vor Selbstmarketing.

Sicherlich könnten Sie diese Auflistung an Besonderheiten männlicher und weiblicher Kommunikation problemlos modifizieren und erweitern, wenn Sie eigene Erfahrungen im beruflichen und privaten Leben einbeziehen.

Die große Mehrheit der Bevölkerung ist davon überzeugt, dass es signifikante Unterschiede in den Kommunikationsstilen zwischen Mann und Frau gibt. Zu diesem Ergebnis kommt eine aufschlussreiche repräsentative Untersuchung des Instituts für Demoskopie in Allensbach.[8]

Die folgenden Geschlechterklischees sind gerade in der jüngeren Generation stark verbreitet:

- Männer argumentieren aus Sicht der Befragten sachlich und direkt, sie wollen sich durchsetzen und haben keine Angst vor Konflikten. Als typisch männlich gilt es beispielsweise für 63 Prozent der Befragten, in Gesprächen rasch auf den Punkt zu kommen, und für 56 Prozent, persönliche Probleme eher sachlich anzugehen und Ge-

---

8 Die Untersuchung basiert auf einer bevölkerungsrepräsentativen Befragung im November bis Dezember 2010. Sie ist der dritte Teil der Studienreihe „Gesprächskultur in Deutschland". Details unter: www.gesprächskultur-in-deutschland.de

spräche gern zu lenken. 47 Prozent der Bevölkerung meinen, dass Männer eher auch mal in eine Konfrontation gehen und einen Streit riskieren.

- Frauen gelten im Gesprächsverhalten dagegen als emotional, mitteilungsfreudig, als gute Zuhörerinnen und empfindlich gegenüber Kritik. Über 80 Prozent der Befragten halten es für „typisch weiblich", gern über Gefühle zu reden und mit Vorliebe Beziehungsfragen anzusprechen. Dazu passt sachlogisch, dass etwa drei Viertel der Meinung sind, Frauen reagieren emotional. Knapp 50 Prozent meinen, dass Frauen Kritik sehr persönlich nehmen. 41 Prozent der Befragten sind davon überzeugt, dass Frauen andere eher ausreden lassen, und 36 Prozent, dass Frauen es in der Regel vermeiden, andere direkt und offen zu kritisieren.

Was den Erkenntniswert der Studie angeht, bleibt festzuhalten: Die Befragung gibt keinen Aufschluss darüber, inwieweit die Unterschiede in Auftreten und Gesprächsverhalten tatsächlich existieren oder nicht. Sie hat weniger die konkreten Kommunikationsstile von Männern und Frauen analysiert als vielmehr die Zuschreibungen und Klischees, die mit den Attributen „männlich" und „weiblich" in Verbindung gebracht werden. Da die Personen lediglich zu ihren Einschätzungen befragt wurden, zeigen die Ergebnisse nur ein breites Meinungsbild zu der Frage, welche Stereotype in den Köpfen offensichtlich noch sehr präsent sind.

Praxistipp
Gehen Sie in Gesprächen und Diskussionen davon aus, dass die erwähnten Rollenbilder das Denken Ihres Gegenübers unterschwellig beeinflussen. Um auf gleicher Augenhöhe wahrgenommen zu werden, helfen die unten dargestellten Tipps zur Stressrhetorik.

Unterschied zwischen Klischee und Wirklichkeit erkennen

Die Befragten der Allensbach-Studie sind der Meinung, dass sich die Geschlechterklischees nicht undifferenziert auf konkrete Situationen übertragen lassen. Die erlebte Realität und die Kommunikationsweise einzelner Menschen entsprächen nicht den verbreiteten Zuschreibungen. Beispiel Angela Merkel: Sie verfügt im Gegensatz zu den weiblichen Stereotypen über Durchsetzungsstärke, selbstbewusstes Auftreten, Eloquenz und Konfliktbereitschaft. Wer Auseinandersetzungen mit der Bundeskanzlerin hatte, wird dies sicherlich bestätigen. Dazu gehören der ehemalige Fraktionsvorsitzende der CDU/CSU Friedrich Merz, Ex-Bundeskanzler Gerhard Schröder, der frühere Umweltminister Norbert Röttgen oder Regierungschefs anderer Staaten, die mit Angela Merkel auf Gipfeltreffen aneinandergeraten sind.

Auch in den Befragungsergebnissen zur beruflichen Welt bestätigt sich die Differenz zwischen Klischee und Wirklichkeit. Arbeitnehmer sind zwar zu einem hohen Anteil der Ansicht, dass es Unterschiede zwischen männlichen und weiblichen Vorgesetzten gibt. Demnach seien Frauen als Chef einfühlsamer, sensibler und verständnisvoller, während männlichen Vorgesetzten häufiger bescheinigt wird, Kritik sachlich und nicht persönlich zu äußern, sehr bestimmt aufzutreten und keinen Widerspruch zu dulden.

Fragt man aber die Berufstätigen nach ihren persönlichen Erfahrungen mit Vorgesetzten, dann widerspricht ihre Einschätzung geschlechterspezifischen Klischees. Sie erleben nämlich keine signifikanten Unterschiede im Führungsstil von Männern und Frauen. Dieses Urteil entspricht unserer Lebenserfahrung: Denn die meisten von uns kennen männliche Chefs, die einen empathischen und wertschätzenden Gesprächsstil pflegen, und Frauen, die rasch auf den Punkt kommen und rhetorisch brillant, durchsetzungsstark und konfliktfähig auftreten.

Empirisch deutet wenig darauf hin, dass es überhaupt einen spezifisch männlichen oder weiblichen Führungsstil gibt. Es gibt vielmehr gute und schlechte Führung. Bemerkenswert ist in diesem Zusammenhang: Annähernd 60 Prozent der Befragten ist es heute gleichgültig, ob sie in ihrem Berufsalltag von einem Mann oder einer Frau geführt werden. Dieses Urteil teilen weibliche und männliche Berufstätige gleichermaßen. Offenbar schwingt bei dieser Einschätzung die Lebenserfahrung mit, dass andere Faktoren als das Geschlecht die Qualität des Führungsverhaltens und des Kommunikationsstils beeinflussen.

Fazit: Das Geschlecht sagt wenig über die Qualität der Kommunikation

Wie ausgeprägt erwünschte Soft Skills wie Durchsetzungsfähigkeit oder Empathie bei einzelnen Menschen sind, hängt weniger von männlichen oder weiblichen Chromosomen ab. Von entscheidender Bedeutung sind vielmehr ihre Sozialisation und die Prägungen durch ihre berufliche Laufbahn. Die Erfahrungen, die der einzelne bisher in Gesprächen, Diskussionen und Konfliktsituationen gemacht hat, bestimmen, inwieweit er das kommunikative Know-how beherrscht und das notwendige Selbstbewusstsein mitbringt. Je größer das Selbstvertrauen, desto leichter fällt es, offensiv zu argumentieren und auch mal einen Streit zu riskieren.

Frauen haben häufig in privater Runde weniger Scheu, das Wort zu ergreifen, andere zu kritisieren oder die eigene Meinung gegen Widerstand zu verteidigen. Das hebt auch die Allensbach-Studie hervor. In diesem „geschützten" Umfeld ergreifen Frauen sogar etwas öfter das Wort als Männer. Dagegen halten sich Frauen bei offiziellen und öffentlichen Veranstaltungen wie auch in männerdominierten berufsbezogenen Konferenzen tendenziell zurück. Die Verfasser der Untersuchung vermuten eine Ursache darin, dass Frauen häufig sensibler auf Kritik reagieren als Männer und sie sich daher eher zurücknehmen.

Wer die besten Bedingungen für eine erfolgreiche Kommunikation schaffen will, ist gut beraten, einen Kommunikationsstil zu praktizieren, der weder männlich noch weiblich ist. Ideal ist eine Kombination aus beiden. Dabei sind weibliche wie männliche Führungs- und Fachkräfte gut beraten, sich bei der persönlichen Weiterbildung die gesamte Bandbreite der Soft Skills vor Augen zu führen. In unseren Argumentationstrainings zeigt sich regelmäßig, dass Frauen zum Beispiel bei ihrer Durchsetzungsfähigkeit und Konfliktbereitschaft Nachholbedarf haben, während Männer gut beraten sind, Empathie und Sensibilität – etwa für die Konsequenzen von Entscheidungen – verstärkt in ihren Lernzielkanon aufzunehmen.

Übrigens sind die Tipps zur Stress-Argumentation in diesem Buch so weit gefasst, dass *alle* für den Erfolg wichtigen Einstellungen, Fähigkeiten, Gesprächsstile und Strategien integriert sind.

2 Besonders wichtig für Frauen: mentale Blockaden aufbrechen

In den folgenden Abschnitten finden Sie Empfehlungen zu den Fragen, die weiblichen Führungs- und Fachkräften in unseren Seminaren und Coachings besonders am Herzen liegen: Wie überwinde ich mentale Blockaden? Wie halte ich kritische Einwände emotional auf Distanz? Wie verschaffe ich mir Respekt? Wie komme ich beim Argumentieren auf den Punkt? Wie präsentiere ich meine Botschaften mit mehr Nachdruck? Wie finde ich Verbündete für meine Argumentation? Wie mache ich meine eigenen Erfolge sichtbar?

Überwinden Sie Selbstzweifel durch Selbstvertrauen

Empirische Studien[9] bestätigen unsere Erfahrungen in Kommunikationstrainings, dass Frauen häufiger Selbst- und Kompetenzzweifel haben als Männer. Diese Zweifeln an der eigenen Person drücken sich in negativen Glaubenssätze aus wie: „Ich habe Angst, abgelehnt zu werden"; „Ich wirke unsicher und inkompetent."; „Ich traue mir das nicht zu."; „Ich sage besser nichts, sonst blamiere ich mich vor der Gruppe." Mentale Blockaden dieser und ähnlicher Art sind auch beim beruflichen Aufstieg von Frauen nicht selten die Ursache für Misserfolg.

Um Ängste zu überwinden und eine starke innere Haltung aufzubauen, haben sich die folgenden Wege bewährt: Wer Vertrauen in das eigene Können und in die eigene Persönlichkeit mitbringt, wird sich im verbalen Schlagabtausch eher wohlfühlen und den Auftritt als Chance und nicht als Bedrohung wahrnehmen.

Der Schlüssel liegt im Selbstvertrauen

Das beste Mittel gegen mentale Blockaden ist Selbstvertrauen. Die Teile des Gehirns, die bei Angst „heißlaufen", werden – so drückt es der Hirnforscher Gerald Hüther aus (2008) – durch Selbstvertrauen „heruntergekühlt". Selbstvertrauen hemmt Übererregung, Selbstzweifel und Angst: Je mehr Selbstakzeptanz Sie aufbauen, umso sicherer werden Sie sich bei Ihren Auftritten und bei der Abwehr unfairer Angriffe fühlen.

Selbstvertrauen beginnt mit positiven Glaubenssätzen

Ein erster Schritt zu mehr Selbstvertrauen besteht darin, die erwähnten negativen Gedanken durch positive Denkmuster zu ersetzen (siehe auch Kapitel 3). Suchen Sie sich ein bis zwei positive Glaubenssätze heraus, die zu Ihrem Lernbedarf und zu Ihrer Persönlichkeit passen,

---

9 Siehe zum Beispiel Barbara Schneider (2012), die in diesem Zusammenhang das Forschungsvorhaben der Universitäten Hamburg und Leipzig zum Thema „Aufstiegskompetenz von Frauen: Entwicklungspotentiale und Hindernisse" zitiert. Zwischenergebnisse wurden auf der Mixed Leadership Conference in Hamburg (2011) vorgestellt.

etwa: „Ich freue mich auf den verbalen Schlagabtausch.“; „Ich setze auf perfekte Vorbereitung und genieße entspannt meinen Auftritt.“; „Ab jetzt ergreife ich das Wort, wenn ich Wichtiges zu sagen habe.“

Achten Sie darauf, dass Sie sich mit den gewählten Glaubenssätzen identifizieren können. Es geht nicht darum, sich Stärken einzureden, die man nicht hat. Das Ziel ist vielmehr, sich die eigenen Stärken bewusst zu machen. Vor einem Meeting, einer Besprechung oder einem Vortrag – also vor Situationen, in denen Verbalattacken möglich sind – rufen Sie sich diese Sätze dann in Erinnerung. Am besten ist es, Sie sagen sich Ihren Glaubenssatz – wenn möglich – einige Male mit lauter Stimme vor. Durch diese positive Selbst-Programmierung erhöhen Sie die Erfolgszuversicht und Verteidigungsfähigkeit bei Verbalattacken.

Mit Begeisterung zu neuen Erfahrungen

Allgemein fördern positive Glaubenssätze unsere Bereitschaft, neue Erfahrungen im verbalen Schlagabtausch zu machen. Wir wissen aus der modernen Hirnforschung: Von alten erfolglosen Prägungen lösen wir uns erst dann, wenn wir erleben, dass die Anwendung neuer (argumentativer) Handlungsmuster in der Praxis funktioniert. Bei Erfolg werden diese neuen Erfahrungen im Hirn „eingebrannt“. Und dies umso mehr, je größer die Begeisterung dabei ist und je häufiger man diese neuen Erfahrungen macht.

Das gelingt nicht in den eigenen vier Wänden, wo Sie sich geborgen fühlen. Dazu müssen Sie hinaus in die kontroversen Auseinandersetzungen des Alltags. Ihr Wille und Ihr Mut sind gefordert, wenn Sie zum Beispiel trainieren wollen, Kritik nicht persönlich zu nehmen. Selbstvertrauen wächst nur, wenn Sie Ihre Souveränität und die Wirksamkeit der neuen Strategien auf die Probe stellen. Suchen Sie jede Gelegenheit, um mit unterschiedlichen Menschen zu argumentieren – egal, ob in beruflichen Gesprächen, Verhandlungen und Meetings oder in privaten Gesprächen, Diskussionen am Stammtisch, in Vereinen oder in Bürgerinitiativen. Probieren Sie sich in verschiedenen Rollen und Aufgaben aus. Jedes Erfolgserlebnis stärkt Ihr Selbstbewusstsein und mindert Selbstzweifel.

Eigene Initiativen und neue Erfahrungen sind deshalb so wichtig, weil männliche Führungskräfte in der Regel einen Erfahrungsvorsprung in der Stress-Argumentation haben. Deshalb kennen sie die Rituale im verbalen Schlagabtausch und die gruppendynamischen Prozesse in Meetings wie auch innerhalb des Führungsteams und können die Risiken eigener Wortbeiträge und Interventionen besser abschätzen. Erschwerend hinzu kommen zwei Bedingungen für Frauen: Sie haben vielfach in männerdominierten Gremien schwierige Überzeugungsarbeit zu leisten und verfügen als Einzelkämpferinnen häufig nicht über ein wettbewerbsfähiges Netzwerk.

Ergänzende Tipps für mehr Selbstvertrauen
Wenn Sie zu großen Selbstzweifeln neigen, ist es besonders wichtig, an einer positiven Meinung von sich selbst zu arbeiten. Machen Sie sich bewusst, wo Ihre Stärken liegen und belohnen Sie sich bei persönlichen Erfolgen:

- Suchen Sie nach Ermutigern in der eigenen Vita. – Nehmen Sie ein Blatt Papier zur Hand oder öffnen Sie eine leere Mindmap in Ihrem (Tablet-)PC. Nehmen Sie sich einige Minuten Zeit, um alles aufzuschreiben, worauf Sie stolz sind, wo Ihre Stärken liegen und worauf Sie bauen können, wenn Sie vor einer neuen Herausforderung stehen (siehe Kapitel 1).
- Selbstbewusste Frauen wissen, welchen Anteil sie persönlich an einem erfolgreichen Projekt haben. Je selbstkritischer sie auftreten, umso eher wird man äußere Umstände oder die Leistung anderer Personen für den Erfolg verantwortlich machen. Stehen Sie zu Ihrem Anteil am Erfolg und freuen Sie sich über Ihre Leistung.
- Belohnen Sie sich für eigene Erfolge, zum Beispiel durch inneres positives Sprechen („Das war ein toller Auftritt."; „Über das positive Feedback zu meiner Präsentation habe ich mich sehr gefreut."; „Ich habe den Beifall des Publikums sehr genossen.") wie auch durch andere Selbstbelohnungen: Essen gehen, Massage, Konzert besuchen, Ausstellung besuchen, Wellness-Wochenende, Kurzurlaub, etwas Besonderes kaufen, Tanzen gehen usw.

Lernen Sie aus Fehlern und Rückschlägen
Frauen nehmen Misserfolge und Rückschläge häufig sehr persönlich. Läuft etwas nicht wunschgemäß, wenden sie sich deprimiert ab, resignieren und geben ihre Ambitionen auf. Vor allem zu Beginn ihrer beruflichen Laufbahn sind Frauen anfällig für einen Karriereknick und für wachsende Selbstzweifel, insbesondere wenn sie nicht gelernt haben, Fehler psychologisch richtig einzuordnen und daraus geeignete Konsequenzen zu ziehen.

Ob Sie in einem Streitgespräch auf Granit beißen, ob Sie in einer Verhandlung einem ausgebufften Manipulator auf den Leim gehen, ob Sie bei einer Präsentation eine schlechte Tagesform haben: Gehen Sie mit Misserfolgen und Rückschlägen wertschätzend um. Fehler gehören zum menschlichen Handeln und sind unvermeidbar auf dem Weg zum Erfolg. Machen Sie Ihr Selbstvertrauen daher niemals von einzelnen Erfolgen oder Misserfolgen abhängig. Sie bleiben auch dann ein wertvoller und zu Höherem befähigter Mensch, wenn Sie bei einem Auftritt nicht Ihre beste Leistung bringen oder mit bestimmten Konterstrategien nicht durchkommen.

Wichtig ist, dass Sie aus Misserfolgen lernen und den gleichen Fehler nicht zwei Mal machen. Nutzen Sie bei der Aufarbeitung eines Misserfolgs das Gespräch mit vertrauten Menschen. Diese können Ihnen spiegeln, ob Sie die Auswirkungen des Rückschlags realistisch einschätzen, was Sie daraus für die Zukunft lernen können und welches die nächsten Schritte sind, die Sie jetzt weiterbringen. Machen Sie sich bewusst: Die erfolgreichsten Redner und Führungspersönlichkeiten haben am meisten aus Ihren Misserfolgen und Fehlern gelernt.

Trainieren Sie vor diesem Hintergrund Ihre Stress-Resistenz und entwickeln Sie eine mutige, zupackende Grundhaltung für neue Aufgaben und Entwicklungsmöglichkeiten. Erfolgreiche Frauen sehen in neuen Herausforderungen und Auftritten primär Aufstiegs- und Lernchancen. Weniger erfolgreiche lenken die eigene Wahrnehmung in erster Linie auf Bedrohungen und Gefahren. Sie grübeln lange darüber nach, was schlimmstenfalls passieren kann. Setzen Sie im Zweifel auf Handeln, denn die meisten Angebote im Leben kommen nur ein Mal.

Emotionale Distanz macht stark

Neigen Sie dazu, kritische Kommentare sehr persönlich zu nehmen? Dann laufen Sie Gefahr, die Kontrolle zu verlieren oder sich mundtot machen zu lassen. Sie können Überreaktionen vermeiden, indem Sie Kritik und Einwände emotional auf Distanz halten. Eine Voraussetzung haben Sie gerade kennengelernt: Selbstvertrauen! Darüber hinaus stehen zwei ergänzende Mittel zur Verfügung, um das Heft in der Hand zu behalten: (1) Veränderung der Wahrnehmungsperspektive und (2) durch Brückensätze deeskalieren.

Veränderung der Wahrnehmungsperspektive

Bei dieser Option geht es darum, nicht „blind" auf Reizthemen oder kritische Einwände anzuspringen. Dies fällt Ihnen leichter, wenn Sie Ihre Wahrnehmungsperspektive verändern und den Angriff positiv umbewerten. Bei diesem „Reframing" lassen Sie sich von dem Grundsatz leiten: „Ich bestimme, wer mich ärgern darf."

Hier zwei Wege für den gedanklichen Perspektivenwechsel:

1. Sie können den Einwand oder den unfairen Angriff als Trainingschance für sich interpretieren. Der Angreifer gibt Ihnen durch seine Intervention Gelegenheit, Techniken zur Deeskalation auszuprobieren und dadurch Fortschritte zu machen. Dieses Denkmuster können Sie durch einen entsprechenden Glaubenssatz verstärken, etwa: „Ich bleibe souverän und gelassen und freue mich auf die Chance, unfaire Angriffe abzuwehren." oder: „Ich bewerte kritische Einwände positiv und bleibe dadurch gelassen." Der Effekt: Durch diese Umbewertung behalten Sie die Situation unter Kontrolle. Ihr Kopf bleibt klar und kühl.
2. Beziehen Sie die Kritik nicht reflexartig auf Ihre Person. Ihr Gegenüber kritisiert ja nicht Sie, sondern das Sachthema, um das es geht. Der Glaubenssatz „Nicht *ich* werde abgelehnt oder kritisiert, sondern die Sache." hilft Ihnen, gelassen zu bleiben. Ersetzen Sie also das negative Skript „Der Angreifer kritisiert mich als Mensch." durch den positiven inneren Dialog: „Ich freue mich über Einwände, die sich auf die Sache beziehen." oder: „Ich nehme Einwände und Kritik gelassen. Denn jedes Thema hat Pro und Contra."

Wenn aber tatsächlich Sie persönlich attackiert werden, stehen Ihnen die Techniken zur Deeskalation (siehe Kapitel 4) sowie schlagfertige Konter (siehe Kapitel 6) zur Verfügung.

Durch Brückensätze deeskalieren

Mit Brückensätzen (Definition auf Seite 77ff.) können Sie den Argumentationsprozess in Ihrem Sinne lenken. Einige Redewendungen dieser Art sollten Sie in Ihrem dialektischen Repertoire haben, um Kritik und dominante Diskutanten auf Distanz zu halten.

Formulierungsbeispiel zur Abwehr von Killerphrasen:

Als Leiterin der Personalentwicklung stellen Sie dem Führungskreis das neue Weiterbildungskonzept vor. Plötzlich attackiert Sie der dominante Vertriebschef: „Völlig praxisfern, Ihr sogenanntes Weiterbildungskonzept. Ich ziehe da nicht mit!"

Um ein unproduktives Streitgespräch zu vermeiden, ignorieren Sie den unfairen Unterton der Killerphrase und lenken die Energie des Kritikers auf das Sachthema. Hierzu stellen Sie am besten eine Rückfrage: „Herr Schneider, mit dem Thema Praxisnähe sprechen Sie einen ganz entscheidenden Punkt an (Brückensatz). An welcher Stelle erscheint Ihnen das Konzept praxisfern?" Oder lenken Sie nach einem Brückensatz auf ein wichtiges Gegenargument: „Ihre Aussage erstaunt mich (Brückensatz). Denn wir haben bei der Entwicklung des Weiterbildungskonzepts großen Wert auf Praxisnähe gelegt. Im Einzelnen ..." oder: „Ihre Aussage zeigt mir, dass Sie im Hinblick auf den Praxisbezug Bedenken haben (Brückensatz). Ich erläutere Ihnen gern, wodurch wir den Praxisbezug gesichert haben ...!"

Praxistipp
Ich rate Ihnen, die Anwendung von Brückensätzen in unterschiedlichen beruflichen wie privaten Situationen einzuüben. Dadurch signalisieren Sie Ihrem Gehirn, dass diese neue Lenkungstechnik für Ihre Argumentation von Bedeutung ist. Je unterschiedlicher die Situationen, in denen Sie das Neue mit Erfolg anwenden und wiederholen, umso größer die Wahrscheinlichkeit, dass sich das neue Verhalten festigt. Sie können sich Brückensätze dadurch aneignen, dass Sie

- das 4. Kapitel und das Selbstlernprogramm in diesem Buch sowie das korrespondierende Hörbuch „Argumentieren unter Stress" durcharbeiten,
- Brückensätze in der täglichen Kommunikation gezielt einsetzen und
- mit Lernpartnern, Trainern oder einem Coach die neuen Verhaltensmuster angstfrei einüben und Realsituationen im Rollenspiel simulieren – mit oder ohne Video-Kontrolle.

Wenn Sie erleben, dass Sie sich mit Hilfe geeigneter Strategien gegen Kritiker, nervige Zeitgenossen, bösartige Taktiken usw. besser behaupten und Kritik emotional auf Distanz halten, kommt dies Ihrem Selbstvertrauen zugute. Es aktiviert im Gehirn das Belohnungssystem. Damit signalisiert Ihnen Ihr Gehirn: Mit der Konterstrategie liegst du richtig. Und dafür wirst du mit positiven Gefühlen belohnt.

Mit Durchsetzungsfähigkeit punkten

Im beruflichen Alltag ist ein gewisses Maß an Durchsetzungsfähigkeit und Entschlossenheit unverzichtbar, um zu überzeugen und Entscheidungen umzusetzen. Jens Weidner (2011) spricht in diesem Zusammenhang von positiven Aggressionen. Wohlbedacht eingesetzt, geben sie uns Energie, Courage und Rückgrat. Wer entschlossen Nein sagen, die eigenen Interessen mit Nachdruck vertreten und Angriffe souverän kontern kann, erlangt Respekt und gerät nicht in eine unterlegene Position. Wer höhere Karriereziele anstrebt, ist gut beraten, das Thema „Durchsetzungsfähigkeit und Stressrhetorik" ganz oben auf die Agenda der persönlichen Lernziele zu setzen.

Dies ist auch deswegen wichtig, weil Männer anders sozialisiert sind: Für sie sind dialektische Machtspiele an der Tagesordnung, um in Rede- und Gegenrede den Rang und den Status in der Hierarchie zu klären. Erst wenn Rangordnung und Territorium geklärt sind, geht es zur Sache. Als Frau sollten Sie diese „Hidden Agenda" kennen und ihr Verhalten an diesen Spielregeln orientieren. Sie können dieses Ritual auch augenzwinkernd registrieren und auf eine Intervention verzichten.

Männer setzen häufig auf offensive Argumentation: Sie unterbrechen, bringen Killerphrasen, verunsichern durch Fangfragen und spielen bei Bedarf die gesamte Klaviatur der Manipulation und Kampfdialektik, um sich durchzusetzen und recht zu bekommen. Lassen sie sich in Verhandlungen von einem Nein, einem kritischen Einwand oder einer Killerphrase nicht den Schneid abkaufen. Im Gegenteil. Bei einem Nein oder einem Angriff fängt die Überzeugungsarbeit erst an. Daher interpretieren es Männer in den meisten Fällen als Zeichen von Schwäche, wenn Frauen früh nachgeben, statt die offensive Argumentation zu suchen.

Frauen mit Führungsambitionen sind gut beraten, ihrer Umgebung zu zeigen: Sie sind in der Lage, Ihre Meinung überzeugend zu vertreten und im Umgang mit schwierigen Gesprächspartnern und brisanten Themen gelassen und standfest zu bleiben. Bei der täglichen Überzeugungsarbeit geht es nicht darum, beliebt zu sein, sondern sich als Führungskraft Respekt zu verschaffen. Wenn Sie Dinge bewegen und konsequent Strategien umsetzen wollen, sind Attribute wie „Sie ist nett und hilfsbereit" unpassend. Wenn Sie Ja sagen zu einer Führungsrolle, hat das naturgemäß zur Folge, dass Sie sich mit konsequenten Entscheidungen auch einmal unbeliebt machen. Angela Merkel oder Ursula von der Leyen haben sich bis an die Spitze hochgearbeitet, indem sie neben Fachkompetenz und Urteilskraft auch Konfliktbereitschaft und Durchsetzungsfähigkeit entwickelt haben.

Weitere Merkpunkte zur Förderung Ihrer Durchsetzungsfähigkeit:
- Orientieren Sie sich in der Kommunikation vorrangig an der Qualität der Argumente und weniger daran, ob Ihnen Ihr Gegenüber sympathisch ist. Gerade wenn Sie Männer führen, sollten Sie nicht auf den Sympathiewert schielen. Wenn Sie Ihren Gesprächspartner in einer harten Auseinandersetzung dauernd anlächeln, gerät das Gespräch leicht in eine emotionale Schieflage; Ihre personale Autorität als Chefin kann auf der Strecke bleiben. Bewährt hat sich folgendes Motto, das der Beziehungs- und Sachebene gleichermaßen Rechnung trägt: Verbinde eine wertschätzende, partnerschaftliche Grundhaltung mit Konsequenz in der Sache.
- In Diskussionen und Besprechungen haben Sie die Chance, sich durch positive Aktivität Respekt zu verschaffen und Ihren Status zu festigen oder zu erhöhen. Aus der Sicht der anderen Teilnehmer punkten Sie, wenn Sie sich lebhaft beteiligen, engagiert, sachbezogen und schlagfertig argumentieren, unaufdringlichen Charme einsetzen und Team- und Kompromissfähigkeit zeigen. Vermeiden Sie die folgenden Fallstricke, weil Sie Ihre Kompetenz und Autorität schwächen können:

(1) Zu schnelle Bewertungen: Es ist in den meisten Situationen taktisch klüger, sich zunächst ein Bild davon zu machen, wie sich der Meinungstrend entwickelt. Sobald dieser erkennbar ist, können Sie mit weniger Risiko eine eigene Bewertung einbringen. Dies gilt vor allem für Themen, in denen Sie wenig Fachkompetenz mitbringen.

(2) Schuldzuweisungen: Es wirkt souveräner, Nein zu sagen zu vergangenheitsorientierten Schwarze-Peter-Spielen. Machen Sie sich stark dafür, über Lösungen zu diskutieren. Formulierungsbeispiel: „Herr Maier, ich denke, es bringt wenig, wenn wir hier gegenseitige Schuldzuweisungen vornehmen. Lassen Sie uns die

heutige Besprechung dazu nutzen, eine Problemlösung zu erarbeiten. Mein Vorschlag geht in die folgende Richtung ..."

(3) Unfaire Attacken wie etwa persönliche Angriffe, pauschale Unterstellungen, Killerphrasen, Unterbrechungen: Es ist mit erheblichen Risiken für Ihre Reputation und die emotionale Beziehung zum Angegriffenen verbunden, wenn Sie auf Kampfdialektik setzen. In der Regel lohnt es sich nicht, das Selbstwertgefühl eines Kollegen oder einer Kollegin anzugreifen. Besser fahren Sie mit einer Strategie, die hart in der Sache ist, aber auf einer partnerschaftlichen Ebene bleibt („Eisenfaust im Samthandschuh"). Gerade wenn andere zuhören, ist es ratsam, auf eine gesichtswahrende Strategie zu setzen.

- Warten Sie nicht, bis Sie vom Moderator oder einem anderen Teilnehmer aufgefordert werden, Ihre Einschätzung einzubringen oder Fragen zu beantworten, die in Ihre Zuständigkeit fallen. Sie werden einen stärkeren Eindruck hinterlassen, wenn Sie sich immer wieder um das Wort bemühen, als wenn Sie nur auf Fragen anderer reagieren. Einen eigenen Wortbeitrag können Sie durch Blickkontakt und Handzeichen vorbereiten; Sie können aber auch freundlich und bestimmt bei einem Stichwort Ihres Gegenübers einhaken und das Wort ergreifen. Je nach Risikoneigung können Sie dabei Interventionstechniken mit mäßigem oder erhöhtem Risiko nutzen (Details dazu auf Seite 168f.).
- Auch die übrigen in diesem Kapitel erläuterten Soft Skills sind bedeutsam, um Ihre Durchsetzungsfähigkeit weiterzuentwickeln, beispielsweise die Argumentation mit klaren Botschaften, der Aufbau eines beruflichen Netzwerks und starke Auftrittskompetenz.

Praxistipp
Trainieren Sie mit videogestützten Rollenspielen, wie Sie auf Einwände und Kritik reagieren. Arbeiten Sie daran, sich Unsicherheitssignale wie Unruhe und starkes Blinzeln der Augen, hochgezogene Schultern oder eingefrorenes Lächeln abzugewöhnen und Ihre Stimmlage gerade in Stress-Situationen unter Kontrolle zu halten (zur Stimme siehe auch Seite 260ff.).

Auf den Punkt kommen überzeugt

Schlüssige inhaltliche Botschaften sind die Basis sowohl für die argumentative Selbstverteidigung wie auch für die offensive Argumentation. Daher ist eine sorgfältige Vorbereitung auf die Sachthemen unverzichtbar. Sie präparieren sich am besten, wenn Sie zu jedem relevanten Thema eine Kernbotschaft erarbeiten.

Trainieren Sie Ihre Fähigkeit, Kernbotschaften kurz, prägnant und einprägsam zu formulieren. Bei dieser Komplexitätsreduktion geht es darum, ein Thema bewusst zu vereinfachen und in etwa einer halben Minute auf den Punkt zu bringen. Hierbei helfen Ihnen Fünfsätze, also gedankliche Strukturpläne (siehe Kapitel 7). Die Arbeit mit solchen Argumentationsmodulen bringt Ihnen doppelten Nutzen: Sie fühlen sich sicher und wissen, auf welche inhaltliche Position Sie sich zurückziehen können.

Um schnell auf den Punkt zu kommen, sollten Sie zwei Fettnäpfchen vermeiden: überlange Wortbeiträge und abschwächende Formulierungen:

- Überlange Wortbeiträge wirken negativ
  Machen Sie sich stets bewusst: Es stärkt nicht, sondern es schwächt Ihre Überzeugungskraft, wenn Sie vier oder fünf Argumente auf einmal vortragen. Der Zusatznutzen wird kleiner, je länger Sie reden. Ab einem bestimmten Punkt wird jedes neue Argument sogar kontraproduktiv. Die negative Wirkung ist dreifach:

  (1) Sie überfordern die Aufnahmefähigkeit der Zuhörer. Wenn Sie beim fünften Argument angekommen sind, hat Ihr Gegenüber die Argumente 1 und 2 schon vergessen.
  (2) Eine weitere Gefahr: Sie bauen mehr Angriffsflächen auf, je länger Sie sprechen. Je mehr Sätze Sie produzieren, umso größer ist die Gefahr, dass eine Achillesferse dabei ist.
  (3) Bei langen Beiträgen sinkt zudem Ihr Sympathiewert. Diese Erfahrung macht jeder in Diskussionsrunden. Ab einer kritischen Marke reagieren die Zuhörer mit Gedanken wie: „Komm zum Punkt!"; „Was ist der Nutzen Deiner Ausführungen?"; „Die geht mir mit ihrem Gelaber auf den Geist!"

- Abschwächende Formulierungen mindern Ihre Kompetenz
  Frauen schwächen Ihre Aussagen häufig ab, indem sie fragend, zögerlich und im Konjunktiv formulieren sowie Füllworte und Weichmacher benutzen. Dies erklärt sich durch falsche Bescheidenheit, die erwähnten Selbstzweifel oder die unterschwellige Abwertung

der eigenen Leistung und der eigenen Person. Typische Formulierungen sind: „Ich bin mir nicht sicher, ob ...“; „Ich bin eigentlich der Meinung, dass ...“; „Also, wenn Sie mich fragen ...“; „Es fiel mir nur so ein ...“; „Ich habe versucht ...“; „Vielleicht wäre es eine Möglichkeit ...“ Diese Sätze mindern die Wichtigkeit und die Kraft Ihrer Argumente und bieten Ihrem oft männlichen Gesprächspartner Angriffsflächen für Kritik.

Kommen die unten erwähnten körpersprachlichen und stimmlichen Unsicherheitssignale hinzu, wird Ihr Wortbeitrag mit hoher Wahrscheinlichkeit als nicht zu Ende gedacht wahrgenommen und nicht weiterverfolgt werden. All dies geht auf Kosten Ihres Status.

Arbeiten Sie daran, kurze Sätze zu bilden und aktive Formulierungen zu verwenden. Kommen Sie mit Hilfe der Fünfsatztechnik auf den Punkt. Verzichten Sie auf Fremdworte, Abkürzungen sowie abschwächende Formulierungen.

Mit starker Haltung und fester Stimme

In jeder Kommunikationssituation personalisieren Sie Ihre Botschaften. Durch Ihr Auftreten, Ihre Körpersprache, Ihre Stimme und Ihren Argumentationsstil zeigen Sie Ihrem Gegenüber, ob Sie sich selbstbewusst und stark (im Hochstatus[10]) oder unsicher und unterlegen (im Tiefstatus) fühlen. Diese informationsbegleitenden Botschaften beeinflussen Ihre Überzeugungswirkung mindestens so stark wie die vorgetragenen Inhalte.

Wer in verbalen Auseinandersetzungen Unterlegenheits- und Opfersignale aussendet, wird in den Tiefstatus gedrängt und provoziert geradezu Macht- und Angriffsrituale. Es gibt ein weiteres Argument für eine starke Körperhaltung: Wir können nicht nur durch Gedanken den Körper beeinflussen (wie beim Autogenen Training). Auch umgekehrt gilt: Wenn Sie eine starke Körperhaltung einnehmen, werden Sie sich in einem Meeting sicherer und selbstbewusster fühlen.

---

10 Die Begriffe „Hoch- und Tiefstatus" stammen aus der Theaterarbeit (siehe z.B. Keith Johnstone 1993; Stefan Spies 2010), wo sie die Beziehungsqualität zwischen Personen auf der Bühne analysieren und steuern. Im Hochstatus dominieren Sie andere, im Tiefstatus werden Sie dominiert. Wer im Hochstatus agiert, hat die Kontrolle. Der Tiefstatus dagegen versetzt Sie in eine passive, unterlegene Rolle.

Was eine starke Ausstrahlung begünstigt:

- Aufrechte Haltung: Kopf hoch nehmen, Schultern loslassen, Wirbelsäule aufrichten, ein wenig Spannung in den Bauchmuskeln.
- Freundlicher, interessierter Gesichtsausdruck: Nehmen Sie sich unmittelbar vor Ihrem Auftritt eine Minute Zeit, um sich positiv einzustimmen und sich warm zu sprechen (siehe Seite 66ff.).
- Ruhiger Blickkontakt: Grundsätzlich sollten Sie beim Sprechen allen Teilnehmern in ruhigem Wechsel Blickkontakt anbieten. Dabei ist es ratsam, vorrangig die Entscheider (insbesondere die Nummer 1) und Schlüsselpersonen anzuschauen und nicht die Zuhörer mit dem freundlichsten Gesicht.
- Unterstützende Gestik: Betonen Sie wichtige Inhalte durch gestische Impulse. Ihre Zuhörer nehmen Sie souveräner wahr, wenn Sie raumgreifendere Gesten einsetzen und Ihre Hände dabei ruhig bewegen.
- Bei Vorträgen und Präsentationen ist es wichtig, dass Sie einen sicheren Stand mit dem Schwerpunkt über beiden Beinen haben. Bauchmuskeln ebenfalls leicht anspannen. Halten Sie die Hände angewinkelt in Hüfthöhe (eine Handbreit unter dem Bauchnabel). Das wirkt aktiv und handlungsbereit. Details dazu finden Sie im Kapitel 3 „Selbstbewusst auftreten".
- Achten Sie auf einen stimmigen Gesamteindruck: Dazu gehören neben Körpersprache und Stimme Ihre Kleidung, Schmuck, Uhr, Make-up, Accessoires und Ihr Parfum sowie wahrnehmbare Statussymbole.

Tipp:
Vermeiden Sie es, dauernd zu lächeln, zu nicken oder den Kopf seitlich zu neigen, weil dies Unterlegenheit signalisieren kann.

Was Ihre stimmliche Wirkung fördert
Wenn Sie sich beim Argumentieren gestresst, nervös oder „getroffen" fühlen, zeigt sich das auch in Ihrer Stimme: Die Körperspannung insgesamt nimmt zu und somit auch die Spannung der Stimmbänder. Diese „Überspannung" hat zur Folge, dass Ihre Stimmlage nach oben rutscht, dass Sie schneller, monotoner und undeutlicher sprechen und sich Versprecher, Füllworte, Verlegenheitslaute (Äh-Sagen) und Stotterer häufen.

Diese Überanspannung überträgt sich auf den Angreifer und die Zuhörer. Sie spüren, dass Sie sich gestresst und verunsichert fühlen; offensichtlich ist es gelungen, Sie aus dem Gleichgewicht zu bringen. Da Frauen in der Regel eine höhere Stimme haben als Männer, müssen Sie aufpassen, dass ihre Stimme – vor allem wenn sie mit Nachdruck sprechen oder unter Stress argumentieren – nicht zu schrill wird.

Was Ihrer Stimme und Ihrem Sprechverhalten zugutekommt:

- Sprechen Sie sich vor Ihren Auftritten warm.
- Sprechen Sie vor allem wichtige Aussagen etwas langsamer und gut artikuliert.
- Machen Sie Sprechpausen und senken Sie bei einer Aussage gegen Ende des Satzes die Stimme.
- Nutzen Sie rhetorische Verstärker (siehe Kapitel 3), um Kernbotschaften hervorzuheben.
- Freude am Auftritt und regelmäßige Entspannungs- und Atemübungen fördern die Resonanz und Kraft Ihrer Stimme.

Tipp:
Machen Sie regelmäßig Stimmübungen in Eigenregie oder unter Anleitung eines Sprecherziehers. Anregungen dazu finden Sie im Selbstlernprogramm auf Seite 281ff.

Von der Einzelkämpferin zur Netzwerkerin

Frauen unterschätzen häufig die Bedeutung beruflicher Netzwerke für die eigene Überzeugungsarbeit im Unternehmen. Wenn Sie etwa in männerdominierten Meetings Ihre Vorstellungen durchbringen wollen, ist dies allein durch die Kraft Ihrer Argumentation selten möglich. Ohne Führungskräfte und Kollegen, die Ihr Vorhaben unterstützen, ist Ihr Überzeugungsversuch häufig zum Scheitern verurteilt. Dies gilt vor allem für Runden, an denen statusgleiche und statushöhere Führungskräfte teilnehmen. Hier reichen exzellentes Fachwissen und gute Argumente allein nicht aus.

Sie bringen sich taktisch in eine bessere Position, wenn Sie wissen, wie das emotionale Beziehungsgeflecht im Team aussieht. Das versetzt Sie in die Lage, sich statushöhere Schlüsselpersonen, Kollegen, Experten mit hoher Reputation und informelle Führer als Fürsprecher auszusuchen.

Darüber hinaus helfen Ihnen die folgenden Fragen, Ihre Argumentationstaktik an den Besonderheiten der Meeting-Teilnehmer auszurichten:

- Wer sympathisiert, wer konkurriert mit wem?
- Welche Bündnisse und Fraktionen gibt es?
- Was kann ich über Persönlichkeit, Führungsstil und Kommunikationsverhalten der Teilnehmer in Erfahrung bringen?
- Wer gilt als besonders schwierig und warum?
- Wie denken die Schlüsselpersonen (vermutlich) über meine Ideen, Vorschläge und Argumente?
- Wer wird mich unterstützen?
- Von welcher Seite kommen vermutlich Einwände und Angriffe?
- An welchem Vorwissen der Teilnehmer kann ich anknüpfen?

Eine gute Vernetzung mit Schlüsselpersonen und Führungskräften kommt der Vorbereitung Ihrer Argumente zugute: Sie können mit wenig Aufwand an Spitzenwissen und neue Ideen zur Qualitätsverbesserung Ihrer Argumente kommen. Durch offenes Feedback können Sie Schwachstellen in Ihrem Konzept früh erkennen und ausmerzen. Darüber hinaus bietet sich durch vorgeschaltete Kontakte die Chance, Informationen darüber zu erhalten, welche Einstellung und welche Fragen die Teilnehmer zu Ihrem Vorschlag haben. Prüfen Sie vor besonders wichtigen Auftritten die Möglichkeit, den Rat eines externen Vertrauten einzuholen, der ohne Betriebsblindheit an die Themen herangeht und Ihnen ein Feedback zur persönlichen Wirkung geben kann.

Wenn Sie neu in ein Unternehmen einsteigen, sollten Sie viel Zeit investieren, um vertrauensvolle Kontakte aufzubauen, insbesondere zu Managern und erfahrenen Kollegen und Kolleginnen. Diese kennen die Führungsmannschaft, die Unternehmenskultur und den Markt seit Jahren. Von ihnen erfahren Sie aus erster Hand, wer zu welchem „Bündnis" gehört, welche charakterlichen Besonderheiten die Akteure mitbringen und wer in verbalen Auseinandersetzungen als besonders stressig, nervig und unberechenbar gilt. Darüber hinaus sollten Sie in Ihrem Netzwerk Mitglieder haben, die Sie bei den unternehmensrelevanten Themen jenseits Ihres Arbeitsplatzes auf dem Laufenden halten, etwa bei Produktentwicklungen, Veränderungsprozessen, Personalfragen, neuen Technologien oder Entwicklungen am Markt und beim Wettbewerb.

Nicht Informationen, sondern die Menschen, von denen wir diese bekommen, sind der Schlüssel zum Erfolg – so Lee Iacocca (1997). Überlassen Sie daher die Entwicklung Ihres persönlichen Netzwerks nicht dem Zufall. Nutzen Sie Grundregeln und Know-how zu professionellem Networking (siehe z.b. Groth 2010; Liebermeister 2012; Scherer 2006), um die emotionalen Beziehungen in Ihrem Sinne aufzubauen und schrittweise weiterzuentwickeln.

Spezielle Dos und Don'ts für den Aufbau Ihres Netzwerks
- Frauen neigen dazu, sich lieber mit Kolleginnen und Kollegen zu vernetzen, die ihnen sympathisch sind. Wichtiger ist aber, dass Sie auch Kontakte zu den Schlüsselpersonen, Know-how-Trägern und Führungskräften aufbauen und pflegen, die wichtige Positionen bekleiden und die in der formellen Hierarchie eine entscheidende Rolle spielen.
- Schaffen Sie Gelegenheiten, um mit interessanten Personen ins Gespräch zu kommen: ein Kaffee mit der Seminar-Managerin, ein Mittagessen mit dem Vertriebschef, ein Frühstück mit einem IT-Spezialisten usw. Die Zeit, die Sie zu Anfang in Smalltalk und in informelle Treffen investieren, zahlt sich in späteren Phasen Ihrer Laufbahn aus. Ein geeigneter „Aufhänger" erleichtert es, ins Gespräch zu kommen. Legen Sie sich vorher für alle Fälle einige offene Fragen zurecht: „Wie ist die Zusammenarbeit mit meiner Vorgängerin gelaufen?"; „Ich brauche für ein spezielles Thema mal Ihren Rat."; „Wer im Unternehmen kann mir in Sachen XYZ helfen?"; „Darf ich mich kurz vorstellen? Ich heiße Susanne Maier und leite seit ... die Service-Abteilung. Was ist Ihnen besonders wichtig ...?"
- Für den Erfolg Ihrer Netzwerkbildung ist neben Ihrer Kontaktfähigkeit Ihre innere Haltung entscheidend: Wenn Sie freundlich und freudig auf andere zugehen, überträgt sich diese Einstellung auf den Gesprächspartner. Wichtig ist zudem, dass Sie die Basic Skills für kleine Gespräche beherrschen. Die in Kapitel 9 dargestellten Kleintechniken wie auch Ihre Smalltalk-Kompetenz helfen Ihnen, die kleinen Gespräche in Gang zu halten und gekonnt zu beenden. Dabei ist die Wahl geeigneter Gesprächsthemen nicht ganz unwichtig. Anregungen dafür finden Sie in der erwähnten Allensbach-Studie: Demnach gehören zum gemeinsamen Interessenspektrum von Mann und Frau Neuigkeiten aus dem Bekannten- und Freundeskreis, Freizeit und Urlaub, Essen und Trinken, Fernsehsendungen sowie Pläne für die Zukunft. Was geschlechtertypische Themen angeht, reden Männer lieber über Sport, Autos, Technik, Politik,

Wirtschaft und Geld, während sich die Gespräche von Frauen eher um Gesundheitsfragen, Kinder, zwischenmenschliche Beziehungen und Mode drehen. Ähnlich wie bei den oben zitierten Gesprächsstilen sind dies allgemeine Zuschreibungen, die sich auf einzelne Führungs- und Fachkräfte nicht eins zu eins übertragen lassen. Das individuelle Interessenspektrum finden Sie am besten heraus durch Analyse des Gegenübers, Informationen aus seinem Umfeld sowie durch Fragetechnik und Zuhören im Gespräch.

- Achten Sie bei der Zusammensetzung Ihres Netzwerks auf „Diversity". Entwickeln und halten Sie engmaschige Kontakte zu Männern *und* Frauen, Deutschen *und* Zuwanderern, jungen und älteren Kollegen, Mitarbeitern aus dem kaufmännischen *und* technischen Bereich usw. Dazu sollten auch Menschen Ihres Vertrauens gehören – vielleicht eine Freundin, ein Mentor, eine Führungskraft, eine Kollegin oder ein Coach. Mit ihnen können Sie über Aufstiegschancen, Förderungsmaßnahmen sowie über Misserfolge und Rückschläge sprechen und ehrliches und offenes Feedback erhalten.

Beachten Sie beim Aufbau und bei der Pflege Ihres Netzwerks den Grundsatz der Gegenseitigkeit. Eine gute Beziehung ist keine Einbahnstraße. Sie setzt vielmehr ein Geben und Nehmen voraus – sowohl auf der emotionalen Ebene wie auch beim wechselseitigen Informationsaustausch.

Selbstmarketing: Bescheidenheit zahlt sich nicht aus

Ersetzen Sie Selbstkritik durch Selbstmarketing: Stellen Sie eigene Erfolge und die Leistungen Ihres Teams nicht unter den Scheffel. Es geht darum, positiv aufzufallen. Frauen schneiden im Vergleich zu Männern erwiesenermaßen schlechter ab, wenn es um die Fähigkeit geht, die eigenen Leistungen gegenüber Vorgesetzten, Kollegen und der Öffentlichkeit positiv darzustellen. Bei der Förderung der Reputation ist es wichtig, Aufmerksamkeit zu wecken und sich vom Mainstream abzuheben.

Wenn Sie als Einzelkämpferin exzellente Arbeit leisten, bleibt diese ohne Selbstmarketing und Netzwerke weitgehend unsichtbar – jedenfalls für die Top-Führungskräfte und andere Schlüsselpersonen außerhalb Ihres Tätigkeitsbereichs. Aktives Networking eröffnet Ihnen die Chance, unternehmensweit auf sich und Ihre Erfolgsgeschichten und Qualifikationen aufmerksam zu machen und auch bei den externen

Anspruchsgruppen und in der Öffentlichkeit wahrgenommen zu werden.

Das ist allerdings leichter gesagt als getan. Erwarten Sie keine schnellen Erfolge. Selbstmarketing wird sich erst mittel- und langfristig auszahlen. Setzen Sie dabei den Schwerpunkt so, dass Sie sich treu bleiben und einen Mittelweg zwischen falscher Bescheidenheit und übertriebener Selbstinszenierung finden. Lassen Sie sich durch negative Glaubenssätze wie „Die anderen könnten denken, ich hätte es nötig!" oder „Ich werde es auch ohne Selbstmarketing schaffen, weil ich gut bin." nicht abschrecken.

Wenn Sie erfolgreiches Selbstmarketing betreiben wollen, sind drei Fragen zu beantworten:

1. Wofür stehe ich?
Was sind meine Alleinstellungsmerkmale? Was sind Leuchtturmprojekte, auf die ich stolz bin? Was sind meine beruflichen Erfolgsgeschichten; was ist mir gut gelungen? Was ist mein Expertinnenstatus? Was kann ich besser als andere? Da sich Selbstmarketing stets an bestimmte Zielgruppen oder Personen wendet, sollten Sie sich fragen, welchen Nutzen Sie mit Ihren Erfolgen und Leistungen Ihrem Gegenüber bieten. Ihr Adressat wird sich zu Recht fragen: Was habe ich davon, dass sie mir ihr Erfolgsprojekt präsentiert? Erarbeiten Sie also kurze, imageförderliche und nutzenorientierte Botschaften.

2. Bin ich selbst von meinen Erfolgen und Leistungen überzeugt?
Wichtig ist, dass Sie Ihre eigenen Erfolge und Leistungen nicht abwerten, sondern selbst davon überzeugt sind, gute und sehr gute Arbeit geleistet zu haben. Und diese gilt es dann, anderen – mit Begeisterung und Selbstüberzeugung – zu präsentieren. Am besten ist es, Sie überlegen sich ein oder zwei Glaubenssätze, die diese positive Grundhaltung zum Ausdruck bringen. Beispiele: „Ich bin Expertin für interkulturelles Training, und meine Kompetenz ist für viele interessant!"; „Das Publikum hat meinen Vortrag zu sozialen Medien mit Begeisterung aufgenommen. Ich bin überzeugt, dass jeder von meinem Know-how profitieren kann."; „Das exzellente Feedback auf meine Vorträge zum Thema ‚Die Marke Ich' verstärkt meine Überzeugung, dass dies ein Schlüsselthema für jede Führungskraft ist."

3. Welche Wege und Methoden des Selbstmarketing kommen infrage? Persönliche Gespräche sind der einfachste Weg, um den richtigen Multiplikatoren die eigenen Erfolge, Leistungen und Qualifikationen nahezubringen. Dies können Sie als sogenannte freie Information in die Gespräche integrieren. Bei freier Information geht es darum, bestimmte Botschaften in das Gespräch oder die Präsentation einfließen zu lassen, ohne dass nach ihnen gefragt wurde. Beispiel: Ein Zuhörer fragt, wie Sie die kulturellen Besonderheiten anderer Länder in Ihren interkulturellen Seminaren berücksichtigen. Sie antworten: „2011 habe ich selbst ein interkulturelles Projekt in Shanghai betreut (freie Information). An diesem Beispiel erläutere ich Ihnen gern, wie wir die Besonderheiten des chinesischen Kulturkreises in unser Seminarkonzept integriert haben."

Sie können freie (Selbstmarketing-)Informationen unterschwellig in allen Kommunikationssituationen, also in Gesprächen, Meetings und Präsentationen bis hin zu externen Podiumsdiskussionen und Vorträgen ansprechen.

Es gibt über die Mundpropaganda hinaus weitere Methoden des Selbstmarketings. Zu den direkten Maßnahmen gehören interne wie externe Präsentationen vor wichtigen Gruppen, eigene Artikel oder Interviews in Magazinen, Zeitungen oder Zeitschriften oder die Mitwirkung in gesellschaftlich wichtigen Gruppen (Vereine, Parteien, Verbände, Medien, Kirchen, Gewerkschaften, Bürgerinitiativen usw.). Indirekte Methoden des Selbstmarketings sind zum Beispiel die Präsenz in den Sozialen Medien (XING, Facebook, Blogs, Homepage, Twitter, YouTube usw.), eine Mentorentätigkeit für Nachwuchskräfte oder Führungs- und Fachkräfte, die gut über Sie sprechen und Sie weiterempfehlen.

14 Tipps für die Stress-Argumentation von Frauen auf einen Blick

1. Überwinden Sie Ängste und Selbstzweifel durch Selbstvertrauen.
2. Machen Sie mit Begeisterung neue Erfahrungen im verbalen Schlagabtausch.
3. Misserfolge und Rückschläge sind unvermeidbar auf dem Weg zum Erfolg.
4. Halten Sie Kritiker durch Perspektivenwechsel und Brückensätze auf Distanz.
5. Trainieren Sie Ihre Durchsetzungsfähigkeit und argumentieren Sie auf Augenhöhe.
6. Verbinden Sie eine partnerschaftliche Grundhaltung mit Konsequenz in der Sache.
7. Achten Sie stärker auf die Qualität der Argumente als auf den Sympathiewert Ihres Gegenübers.
8. Mischen Sie mit in Diskussionsrunden. Nutzen Sie Interventionstechniken, um zu Wort zu kommen.
9. Kommen Sie schnell auf den Punkt – mit klaren und kurzen Kernbotschaften.
10. Vermeiden Sie abschwächende Floskeln und einen zögerlich-fragenden Argumentationsstil.
11. Treten Sie im Hochstatus auf: aufrechte Haltung, gewinnende Ausstrahlung, raumgreifende Körpersprache, kontrollierte und laute Stimme. Setzen Sie Ihren Charme gezielt ein.
12. Deeskalieren Sie unfaire Angriffe und kritische Einwände durch Brückensätze.
13. Bauen Sie gezielt Ihr persönliches Netzwerk auf.
14. Ersetzen Sie Selbstkritik durch Selbstmarketing. Präsentieren Sie den richtigen Multiplikatoren Ihre Erfolge und Leistungen!

Transfer- und Trainingsteil

16 Wie nutze ich den Alltag zur Optimierung meines Argumentationsverhaltens?

Die Themen dieses Kapitels:

Das Training dialektischer Fähigkeiten ist nur sinnvoll, wenn es auf Verbesserungen im Verhaltensbereich zielt. Die Perspektive ist durch den Titel dieses Buches vorgegeben: Es kommt darauf an, Stress-Situationen beim Argumentieren besser in den Griff zu bekommen, unfaire Angriffe wirkungsvoll zu neutralisieren und auf Ihren beruflichen und privaten „Bühnen" überzeugend, kompetent und gelassen zu agieren.

Beim Lesen dieses Buches haben Sie sicherlich eine Reihe nützlicher Erkenntnisse und Tipps gefunden, die Sie in Ihrer Praxis umsetzen wollen. Nun stehen Sie vor der Frage, wie Sie am besten vorgehen, um das Neue mit Erfolgsaussicht anzuwenden. Einen Teil der Praxishilfen werden Sie bei Bedarf relativ leicht umsetzen können. Dies gilt vor allem für Empfehlungen, die sich auf die Vorbereitung von Gesprächen, Diskussionen oder Verhandlungen beziehen. Schwieriger ist es, das Argumentations*verhalten* nachhaltig zu verbessern, zu einer gelassenen und sicheren Grundhaltung zu kommen und die relevanten Empfehlungen zur Abwehr von unfairen Taktiken und zur Verbesserung der Schlagfertigkeit umzusetzen. Hierbei unterstützen Sie die Ausführungen dieses Kapitels.

Zunächst ist es notwendig, die eigenen Stärken und Verbesserungspotentiale zu erkennen. Daran anschließend lernen Sie die wichtigsten Ansatzpunkte kennen, um Ihr Argumentationsverhalten *zielgerichtet und nachhaltig* zu verbessern.

1 Eigene Stärken und Verbesserungspotentiale erkennen

Bei der Bestandsaufnahme Ihres aktuellen Argumentationsverhaltens können Sie sich an den Inhalten dieses Buches orientieren. Anhand des modularen Bausteinsystems auf Seite 12 können Sie beispielsweise bestimmte für Sie relevante Kapitel durcharbeiten und diejenigen Anregungen und Techniken herausschreiben, die zu Ihrer Persönlichkeit, zu Ihrem konkreten Bedarf und zu Ihren Anwendungssituationen besonders gut passen. Ein kleiner Anwendungsplan (siehe Seite 275ff.) leistet dabei gute Dienste. Sie können sich dabei von drei Fragen leiten lassen:

1. Wo gerate ich beim Argumentieren unter Stress? In welchen Situationen, bei welchen Themen, mit welchen Gesprächs- und Diskussionspartnern?
2. Welche Ängste (inneren Dialoge) sind es, die mich möglicherweise blockieren und die mir meine Gelassenheit nehmen?
3. Wo konkret sehe ich bei mir Verbesserungspotential?
   - allgemein (Bausteine 1 bis 9),
   - speziell (Bausteine 10 bis 14).

Vergessen Sie bei der Selbstanalyse nicht Ihre kommunikativen Stärken. Im Hinblick auf das eigene Selbstwertgefühl und Selbstvertrauen ist es wichtig, dass Sie sich Ihre besonderen Potentiale bewusst machen, die Sie beim Sprechen, Argumentieren und Diskutieren in die Waagschale werfen können. Hierzu gehören beispielsweise auch Punkte wie Kontaktfähigkeit, Fachkompetenz, eine mikrofontaugliche Stimme, Zuhören können, Optimismus, glaubwürdiges und seriöses Auftreten. Machen Sie sich in diesem Zusammenhang auch klar, auf welche Erfolge Sie besonders stolz sind. Erfolgserlebnisse können im beruflichen Bereich zum Beispiel darin bestehen, dass Sie

- ein Entscheidungsgremium von der Notwendigkeit einer Neuerung überzeugt haben,
- einem Vorstandsmitglied Feedback gegeben haben,
- sich in einer bestimmten Diskussionsrunde gegen zwei dominante Spartendirektoren gut geschlagen haben,
- sich in einem Bewerbungsgespräch gegen zahlreiche Mitbewerber durchgesetzt haben,
- in einer Preisverhandlung mehr herausgeholt haben als ursprünglich geplant,

- nach einem Stress-Interview im Fernsehen von Ihrem Vorgesetzten und Kollegen großes Lob bekommen haben,
- bei einem Kongress von allen Rednern den größten Applaus erhielten,
- eine Präsentation vor einer sehr kritischen Gruppe mit Bravour gemeistert haben.

Wenn Sie Ihre persönlichen Stärken und Verbesserungspotentiale einigermaßen realistisch erkennen wollen, benötigen Sie Informationen darüber, wie Sie auf andere wirken. Diese Frage kann man nicht mit einer Selbstanalyse beantworten. Vielmehr ist es notwendig, das Selbstbild (Wie nehme ich mich selbst wahr?) mit dem Fremdbild zu vergleichen (Wie nehmen mich die anderen wahr?). Meine Erfahrungen in Seminaren und Coachings zeigen immer wieder, dass die Selbsteinschätzung meistens schlechter ausfällt als die Einschätzung von anderen.

Unverzichtbar ist daher eine offene und ehrliche Rückmeldung (= Feedback) der Umwelt. Die Schlüsselfrage: Wie werden Ihr Auftreten sowie Ihr dialektisches und rhetorisches Verhalten von anderen wahrgenommen und bewertet?

Diese zwischenmenschlichen Zusammenhänge und die Funktion des Feedback lassen sich anschaulich mit Hilfe des „Johari-Fensters" (siehe Abbildung 13) erläutern. Die Psychologen Joseph Luft und Harry Ingham haben dieses Fenster konzipiert, daher das Kunstwort *Johari*.

Johari-Fenster

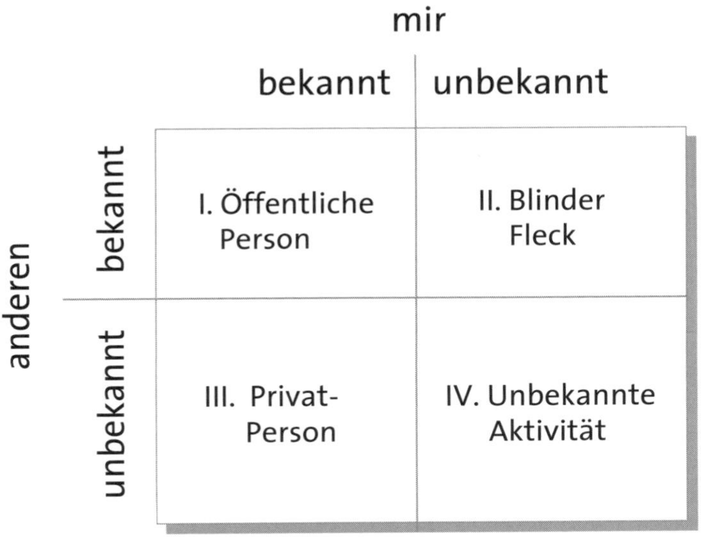

Abbildung 13: Johari-Fenster

Die vier Bereiche im Einzelnen:

Bereich I: Öffentliche Person
Dies ist der Bereich Ihrer Person, der Ihnen selbst *und* den anderen bekannt ist. Beispiel: Nach der ersten Präsentation bei einem Neukunden ist dieser Bereich noch klein. Wenn Sie über Monate oder Jahre mit Hilfe zahlreicher Kontakte eine vertrauensvolle Beziehung zum Kunden aufgebaut haben, wird dieser Bereich relativ groß sein. Sie haben dann einen großen Teil Ihrer Person für ihn öffentlich gemacht.

Bereich II: Blinder Fleck
Dieses Feld beinhaltet Verhaltensweisen, die für andere sichtbar, Ihnen selbst jedoch nicht bewusst sind. Wenn Sie in Rede und Gegenrede sind, zeigen Sie in der Regel auch Verhaltensmuster, die Ihnen unbekannt sind, von Ihren Zuhörern jedoch wahrgenommen werden.

Dies können sowohl negativ bewertete Verhaltensmuster sein wie Verlegenheitsgesten, zu schnelles Sprechen, „Äh-Sagen" oder Dominanzgebärden als auch positiv bewertete Verhaltensmuster. So können Sie zum Beispiel sehr viel kompetenter und sicherer wirken, als Sie selbst vermuten.

Feedbackgespräche bieten Ihnen die Möglichkeit, den eigenen „Blinden Fleck" zu verkleinern. Bitten Sie Menschen Ihres Vertrauens, Ihnen ehrlich und offen zu sagen, wie sie Ihr Verhalten erleben. Dieses Feedback ist im Zusammenspiel mit einer Videokontrolle eine wertvolle Hilfe, um zu einer realistischen Selbsteinschätzung zu gelangen.

Wer kann Ihnen ehrlich und offen Feedback geben:

• Partner, Freunde, Bekannte
• Kollegen, Vorgesetzte, Mitarbeiter, Sekretärin
• Trainer und Teilnehmer in Seminaren
• Berater und Coach
• Teilnehmer von Veranstaltungen, die Sie selbst durchführen

Bereich III: Privatperson
Dies ist derjenige Teil Ihrer Persönlichkeit, der Ihnen bekannt ist, den Sie aber teilweise vor anderen verbergen. Dies kann eine „Fassade" sein, die Sie anderen zeigen; dies kann eine Rolle sein, die Sie anderen vorspielen. So werden Sie beim Argumentieren vermutlich darauf achten, Wissenslücken, Produktmängel oder Redehemmungen zu verbergen.

Bereich IV: Unbekannte Aktivität
Dies ist zum einen das Feld des „Unterbewussten", das zum Beispiel verdrängte Ereignisse oder Handlungen der eigenen Lebensgeschichte beinhalten kann. Zum anderen gehören dazu auch latente Begabungen und Fähigkeiten, die noch nicht in Erscheinung getreten sind. Diese Facetten Ihrer Person sind weder Ihnen noch anderen bekannt.

2 Praxistipps zur Verhaltensverbesserung im Alltag

Ausgehend von der oben beschriebenen Bestandsaufnahme eigener Stärken und Verbesserungspotentiale geht es nun darum, konkrete Aktionen zu planen, um persönliche Stärken auszubauen und Schwachstellen zu überwinden. Wichtig ist hier, dass Sie sich erreichbare

Lernziele setzen, die Erfolgserlebnisse ermöglichen, denn sie sind unverzichtbar, weil sie die Motivation verstärken, das Neue weiterzuverfolgen. Sie schaffen günstige Voraussetzungen zur nachhaltigen Verbesserung Ihres Argumentationsverhaltens, wenn Sie

- einen Anwendungsplan erstellen,
- das Neue im Alltag üben und anwenden,
- mit Erinnerungsstützen arbeiten,
- durch indirektes Feedback und am Modell lernen und
- bei Bedarf kleine Übungen in den Alltag integrieren.

Zusätzlich steht Ihnen der Trainingsteil im Anhang dieses Buches zur Verfügung, um bestimmte dialektische Fähigkeiten zu üben. Sie finden das Trainingsprogramm übrigens auch im E-Book „Argumentieren unter Stress" sowie ein spezielles – für den auditiven Lernkanal entwickeltes – Übungsprogramm in dem gleichnamigen Hörbuch. Die verschiedenen Medien bieten Ihnen in der Kombination die besten Möglichkeiten für den erfolgreichen Transfer.

Anwendungsplan erstellen

Alles, was niedergeschrieben wird, erfährt eine Wertbetonung und prägt sich besser ein. Notieren Sie daher Ihre Lernziele und Vorsätze in einem Anwendungs- oder Aktionsplan.

Beschränken Sie sich auf wenige Vorsätze und Trainingsziele und achten Sie darauf, dass die zuerst ausgewählten Trainingsziele (vermutlich) eine hohe Erfolgswahrscheinlichkeit haben. Wenn Sie ein Teilziel erreicht haben, aktualisieren Sie Ihren Anwendungsplan, indem Sie neue Lernziele formulieren. Setzen Sie sich dabei konkrete Termine: Bis wann will ich das Ziel erreicht haben und wie kontrolliere ich den Erfolg?

Beispiele:
- „Ich werde innerhalb des nächsten Monats trainieren, meine Kernbotschaften knapp, klar und einprägsam zu formulieren – in allen Kommunikationssituationen. Zugrunde lege ich dabei die Kriterien des 7. Kapitels ‚Fünfsatztechnik'."
- „Ich werde daran arbeiten, eine positive und gelassene Einstellung aufzubauen. Zwei Glaubenssätze werde ich stets beherzigen: *Ich setze auf Handeln und Aktivität.* und: *Wer nicht kämpft, hat schon verloren.* In-

nerhalb des nächsten halben Jahres mache ich mir diese Glaubenssätze mit Hilfe kleiner Merkhilfen regelmäßig bewusst."

- „Ich werde am Stammtischabend und bei politischen Diskussionen – wo häufig gefrotzelt und gestichelt wird – drei Schlagfertigkeitstechniken ausprobieren: Erstens ..., zweitens ..., drittens ..."
- „Ich werde in schwierigen Diskussionsrunden stärker auf meine Körpersprache achten und Sicherheitssignale XYZ aussenden. Ich werde hierzu die Übersicht auf Seite 60f. ausdrucken."
- „Ich schreibe mir bis Ende der nächsten Woche zehn Brückensätze auf, die ich mir für alle Fälle einprägen werde."
- „Ich fertige bis zum Monatsende eine kurze Zusammenfassung der Kapitel 4 bis 6 ,Unfaire Angriffe abwehren', ,Manipulation und Psychotricks' sowie ,Die zehn wichtigsten Schlagfertigkeitstechniken' an, die ich mir bei der Vorbereitung auf stressige Verhandlungen und Diskussionen durchlese."
- „Ich werde mir die Technik ,Blocken, Überbrücken, Kreuzen' aneignen, damit ich in Stress-Interviews meine Kernbotschaften besser platzieren kann. Die Technik trainiere ich jeweils am Dienstagabend im Rollenspiel mit meinem Kollegen Müller."

Das Neue im Alltag üben und anwenden

„Begabungen können sich nur zeigen, wenn man sie auf die Probe gestellt hat" – so Johann Wolfgang von Goethe vor etwa 200 Jahren. Dieser pädagogische Grundsatz ist nach wie vor gültig. Suchen Sie daher Gelegenheiten, um das Neue anzuwenden, zu wiederholen und zu üben: Jede Diskussion, jedes Gespräch, jede Präsentation ist geeignet, die eigene Rhetorik und Dialektik weiterzuentwickeln und aus Fehlern zu lernen. Freuen Sie sich über Stress-Situationen und besonders schwierige Zeitgenossen: Denn sie bieten Ihnen die Chance, Neues zu erproben. Lassen Sie sich dabei nicht durch negative innere Dialoge oder Redehemmungen blockieren. Setzen Sie im Zweifel auf Handeln, denn Handeln besiegt Angst und bringt neue Erfahrungswerte (siehe auch Kapitel 1).

Ergreifen Sie die erstmögliche Chance, Ihren Vorsatz umzusetzen. Vorsätze teilen Ihrem Gehirn ein neues „Verhaltensmuster" mit – allerdings nicht, wenn sie gefasst werden, sondern wenn sie Auswirkungen im Alltag haben. Ohne Erfolgserlebnisse wird es nicht gelingen, die erwünschten Verhaltensweisen aufzubauen und auf Dauer zu festigen. Aus der modernen Hirnforschung wissen wir, dass sich unser Gehirn erst dadurch von alten erfolglosen Prägungen löst, dass wir mit Begeisterung neue Erfahrungen beim Argumentieren machen. Bei Erfolg wird diese neue Erfahrung im Hirn „eingebrannt". Und dies umso mehr, je größer Ihre Begeisterung dabei ist und je häufiger Sie diese neuen Argumentationstechniken einsetzen.

Mit Erinnerungsstützen arbeiten

Damit Sie Ihr Vorhaben nicht vergessen, ist es ratsam, schriftliche oder symbolische Merkhilfen zu nutzen. Dies können zum Beispiel Merkzettelchen oder Klebepunkte sein, die Sie dort anbringen, wo Sie häufig hinschauen, also zum Beispiel

- in die Brieftasche,
- auf den Schreibtisch,
- in die Schreib- und Konferenzmappe
- ins Zeitplanbuch,
- ins Autocockpit.

Eine weitere Möglichkeit, der Vergessenskurve ein Schnippchen zu schlagen, besteht darin, ein „persönliches Projekt" zum Thema Dialektik/Argumentation zu definieren und sich mit Outlook, einer vergleichbaren Software oder einer App einmal pro Tag an den Anwendungsplan erinnern zu lassen. Viele Seminarteilnehmer nutzen inzwischen ihr mobiles Endgerät, ihren Tablet-PC oder ihr Netbook, um ihre Trainingsziele stets dabeizuhaben und kreative Einfälle etwa zum Thema Brückensätze, Argumentationsmodule, schlagfertige Konter- oder „Einwandtechniken" direkt eingeben zu können. Reisen in der Bahn oder im Flugzeug eignen sich hervorragend, um sich Ihre neuen Wortschöpfungen einzuprägen und die Trainingsziele zu wiederholen. Probieren Sie es aus!

Prüfen Sie auch die Möglichkeit, mit einem Lernpartner oder einem Coach, Ihr Lernprojekt „Stress-Argumentation" anzugehen und dadurch für zusätzliche Motivation zu sorgen.

Sie könnten sich regelmäßig treffen und

- über Fortschritte und Erfolgserlebnisse bei der Anwendung sprechen,
- allgemeine Schwierigkeiten beim Transfer und Maßnahmen zu ihrer Überwindung erörtern,
- den individuellen Anwendungsplan aktualisieren.

Auch das auf Seite 39f. dargestellte Mentaltraining ist geeignet, ein erwünschtes Verhalten oder bestimmte Vorsätze zu internalisieren und dadurch den Anwendungserfolg zu begünstigen.

Lernen durch indirektes Feedback und Lernen am Modell

Feedback kann direkt und/oder indirekt gegeben werden. Indirektes Feedback erhalten Sie immer, wenn Sie mit anderen im Dialog stehen, so in jedem Gespräch, in jeder Diskussion – beruflich wie privat: Ihre Gesprächs- und Diskussionspartner reagieren stets auf das, was Sie sagen. Achten Sie daher auf Mimik, Gestik und die übrigen körpersprachlichen Signale der anderen. Diese zeigen Ihnen, inwieweit Aufmerksamkeit, Zustimmung oder Ablehnung und Widerspruch gegeben sind. Nutzen Sie die Lernquelle „Feedback" vor allem auch dann, wenn Sie beispielsweise eine veränderte Argumentationsstrategie oder eine bestimmte schlagfertige Reaktion ausprobieren.

Beobachten Sie in alltäglichen, kommunikativen Situationen, wie Ihre Umgebung auf Angriffe und Einwände reagiert. Sicherlich finden Sie bei Führungs- und Fachkräften Ihres Hauses oder auch bei Kollegen und Freunden jemanden, der außerordentlich kreativ und schlagfertig auf Verbalangriffe reagieren kann. Schreiben Sie sich originelle Entgegnungen auf, bevor Sie die schlagfertige Replik wieder vergessen haben.

Kleine Übungen in den Alltag integrieren

Es gibt eine Reihe bewährter rhetorischer und dialektischer Übungen, die Sie bei Bedarf in Ihren Alltag fest einplanen können. Die im Trainingsprogramm (siehe Kapitel 17) dargestellten Übungsvarianten helfen Ihnen, Ihre rhetorischen Fähigkeiten zu fördern, dialektische Techniken zu trainieren und sprachliche Unarten (Äh-Sagen usw.) zu beseitigen.

3 Seminare nutzen

Die Teilnahme an Seminaren bietet – hohe pädagogische und inhaltliche Qualitätsstandards vorausgesetzt – eine Reihe zusätzlicher Chancen: Das Dialektik-Know-how wird komprimiert und didaktisch aufbereitet vermittelt. Sie erhalten Gelegenheit, unter fachlicher Anleitung beispielsweise schwierige Gespräche, Diskussionen oder Stress-

Interviews zu simulieren, Neues zu erproben, Erfahrungen mit anderen Teilnehmern auszutauschen und durch Feedbackgespräche und Videokontrolle Ihren „Blinden Fleck" zu verkleinern.

Vor der Teilnahme an Seminaren ist es ratsam, die Qualität der Angebote anhand folgender Kriterien zu überprüfen.

Gütekriterien für Seminare

- Prüfen Sie Image, Programmschwerpunkte und Erfahrungen des Anbieters.
- Fragen Sie nach Qualifikation, Referenzen und berufspraktischen Erfahrungen des Trainers.
- Entsprechen Zielgruppe und Lerninhalte Ihren Voraussetzungen und Erwartungen?
- Ist das Seminar praxisbezogen gestaltet und ist ausreichend Gelegenheit gegeben, Überzeugungs- und Stress-Situationen Ihres beruflichen Alltags zu simulieren?
- Bewegt sich die Teilnehmerzahl in einem vertretbaren Rahmen (nicht mehr als zwölf bei einem Zwei- oder Dreitagestraining; optimal sieben Teilnehmer)?
- Kommen vorwiegend aktivierende Lernmethoden zum Einsatz, also Übungen, Simulationen, Diskussion, Gruppenarbeit, Erfahrungsaustausch, Fallstudien, Lehrgespräche usw.?
- Die verwendeten Methoden dürfen nicht im Widerspruch zu wissenschaftlichen Erkenntnissen stehen. Vorsicht bei maßlosen Lernziel-Versprechungen und Erfolgsgarantie in zwei Tagen!
- Werden Transferhilfen angeboten, um die erfolgreiche Anwendung der vermittelten und trainierten Inhalte zu fördern? Dazu gehören:
  - persönliche Transferpläne, die im Seminar erarbeitet werden,
  - DVDs mit den eigenen Übungen zum Mitnehmen,
  - ein Transferbrief, der die Quintessenz des Trainings zusammenfasst.

Sprechen Sie die Weiterbildungs- und Personalentwicklungsexperten in Ihrem Unternehmen an. Dort sind in der Regel Wissen und Marktkenntnis vorhanden, um eine optimale Seminarempfehlung zu geben. Als Führungs- und Fachkraft kleinerer Unternehmen finden Sie entsprechende Ansprechpartner in den Kammern, Weiterbildungsakademien, Wirtschafts- und Berufsverbänden und den übrigen Einrichtungen zur Führungskräfteweiterbildung. Empfehlungen eines vertrauenswürdigen Experten sind hilfreich, um im Internet gezielt und zeitsparend professionelle Verhaltenstrainings zu korrespondierenden Themen dieses Buches zu finden.

17 Trainingsprogramm und Checklisten

Übersicht

1. Übung: Standpunkt formulieren mit Hilfe der Fünfsatztechnik

Die folgenden Übungsangebote bieten Ihnen die Chance, Ihren Standpunkt oder Ihre Meinung knapp, klar und strukturiert zu formulieren. Dabei können Sie die Fünfsatztechnik aus Kapitel 7 nutzen. Als Hilfsmittel benötigen Sie ein Aufzeichnungsgerät und eine Uhr.

Ziel	Sie trainieren Ihre Fähigkeit, Ihren Standpunkt mit Hilfe der Fünfsatztechnik zielgerichtet und strukturiert zu formulieren.
Themenangebot	Eine Liste mit 100 Themen finden Sie auf Seite 286f.
Vorgehen	1. Wählen Sie aus der Themenliste auf Seite 286f. ein allgemeines oder ein Pro-Contra-Thema aus.
	2. Erarbeiten Sie zu diesem Thema ein Stichwortkonzept. Sie können dabei wie unten dargelegt vorgehen, sich also der Fünfsatztechnik bedienen (Siehe Kapitel 7).
	3. Prägen Sie sich das Stichwortkonzept ein.
	4. Sprechen Sie dann Ihren Standpunkt in ein Aufzeichnungsgerät. Stoppen Sie dabei die Zeit.
	5. Fragen Sie sich bei der Analyse, was gelungen ist und was Sie hätten besser machen können, und zwar hinsichtlich Stimme/Sprechtechnik sowie Inhalt/Struktur:

Stimme/Sprechtechnik	Inhalt/Struktur
– Flüssigkeit des Sprechens	– Gliederung (klarer Aufbau)
– Pausentechnik	– Qualität der Argumente
– Modulation	– Anschauliche Beispiele
– Äh-Sagen und Stereotypen	– Einstieg und Zielsatz

Bei der Planung Ihrer Argumentation beginnen Sie in der umgekehrten Reihenfolge, also:

Erster Planungsschritt: Zwecksatz
Was ist mein Anliegen an die Zuhörer/Gesprächspartner? Was will ich von den Zuhörern? Was sollen sie tun? Worüber sollen sie entscheiden?

Zweiter Planungsschritt: Begründung
Welche Fakten, Zahlen und Argumente habe ich, um meinen Zwecksatz zu unterstützen? Welche Beispiele habe ich zur Veranschaulichung?

Dritter Planungsschritt: Situativer Einstieg
Welche Einleitung ist geeignet, um Aufmerksamkeit für das Thema
zu wecken? Wie kann ich die Bedeutung des Themas für die Zuhörer
herausstellen?

Arbeitsblatt zur „Standpunktformel"	
1. Standpunkt	
2. Argumente (Begründung)	1) 2)
3. Beispiele	zu 1) zu 2)
4. Fazit	
5. Zielsatz/Appell	

Arbeitsblatt zum „Dialektischen Fünfsatz"	
1. Einstieg	
2. Argumente pro	1) 2)
3. Argumente contra	1) 2)
4. Fazit/Eigener Standpunkt	
5. Zielsatz/Appell	

Arbeitsblatt zur „Problemlösungsformel"	
1. Einstieg (Warum rede ich?)	
2. Wie ist die Situation? (Wo sind aktuell Defizite, Probleme und Schwierigkeiten?)	
3. Was soll erreicht werden? (Ziel bestimmen)	
4. Wie kann das erreicht werden? (Lösungsvorschlag)	
5. Was soll geschehen? Was erwarte ich vom Gegenüber? (Appell/Zwecksatz)	

Allgemeine Themen

1.	Arabischer Frühling	33.	Lebenslanges Lernen
2.	Assessment-Center	34.	Machtrituale im Beruf
3.	Autostau	35.	Managergehälter
4.	Beamtentum	36.	Meditation
5.	Bill Gates	37.	Motivation der Schullehrer
6.	Bodybuilding	38.	Mülltrennen
7.	Burn-out	39.	New York
8.	Bürgerrente	40.	Optimale Startchancen für Kinder
9.	Charisma	41.	Pisa-Studie
10.	Coaching	42.	PowerPoint-Präsentationen
11.	Corporate Identity	43.	Pressefreiheit
12.	Cross-Cultural-Management	44.	Pünktlichkeit der Bahn
13.	Demografischer Wandel	45.	Qualität in der Weiterbildung
14.	Dress-Code im Beruf	46.	Rating-Agenturen
15.	E-Learning	47.	Rhetorik und Karriere
16.	Elektrosmog	48.	Schachspielen
17.	Energiepolitik	49.	Schauspielen im Beruf
18.	Eurokrise	50.	Shopping
19.	Europäische Union	51.	Soziale Medien
20.	Fernsehkonsum	52.	Spitzentechnik
21.	Fitnesstraining	53.	Steuerehrlichkeit
22.	Frauenquote	54.	Stress
23.	Fremdsprachen-Kompetenz	55.	Teamentwicklung
24.	Fußball im Fernsehen	56.	Unternehmensberater
25.	Gesundheitssystem	57.	Urlaub
26.	Gewalt in der Schule	58.	Videokonferenz
27.	Hartz-Studie	59.	Vorurteile im Beruf
28.	Image der Banker	60.	Was motiviert Mitarbeiter?
29.	Kernenergie	61.	Weiterbildung
30.	Körpersprache	62.	Wissensgesellschaft
31.	Kreativität der Mitarbeiter fördern	63.	Zeitfresser „Besprechungen"
32.	Lampenfieber	64.	Zukunftsgerichtetes Marketing

Pro/Contra-Themen

65.	Apple	83.	Lehrer als Beamte?
66.	Castortransport	84.	Managergehälter
67.	Die Pille danach	85.	Manipulation
68.	Bologna Prozess	86.	Pkw-Maut
69.	Duzen am Arbeitsplatz	87.	Private Hochschulen
70.	Entwicklungshilfe	88.	Rauchen
71.	Eurokrise	89.	Todesstrafe
72.	Formel 1	90.	Schönheitsoperationen
73.	Frauenquote	91.	Solidaritätszuschlag
74.	Freigabe leichter Drogen	92.	Tempo 30 in Innenstädten
75.	Führerschein mit 17 Jahren	93.	Tempolimit Autobahn
76.	Genfood	94.	Tierschutz
77.	Gibt es Fairplay in der Arbeitswelt?	95.	Türkei in die EU
78.	Internetzugang für Kinder	96.	Verkehrsfreie Innenstädte
79.	Klimawandel	97.	Weltraumfahrt
80.	Klonbaby	98.	Werbeverbot für Zigaretten
81.	Ladenschluss	99.	Windenergie
82.	Latein in der Schule	100.	Zukunft der Bundeswehr

2. Übung: Stegreif-Sprechen zu einem vorgegebenen Thema

In allen Anwendungssituationen der Dialektik (Kapitel 10 bis 14) können Sie aufgefordert werden, aus dem Stegreif Ihre Meinung zu sagen. Wenn Sie regelmäßig üben, fällt Ihnen dies leichter.

Ziel	Sie trainieren Ihre Fähigkeit, zu einem beliebigen Thema ohne Vorbereitung zu sprechen.
Themenangebote	Eine Liste mit 100 Themen finden Sie auf Seite 286f.. Es erleichtert das Handling, wenn Sie diese Liste kopieren.
Ablauf der Übung	1. Zur Aufnahme und Kontrolle Ihrer Stegreif-Beiträge benötigen Sie ein Aufzeichnungsgerät und eine Uhr mit Sekundenzeiger.
	2. Wählen Sie als zeitliche Vorgabe für die Übung zunächst 30 Sekunden. Sie können die Dauer später auf eine Minute ausdehnen.
	3. Da die Themen auf der Liste aufsteigend nummeriert sind, ist es leicht, ein Thema für Ihre Stegreif-Übung zu finden. Sie denken sich einfach eine Zahl zwischen 1 und 100 aus und schauen in der Liste, welches Thema Ihrer Zahl entspricht. Wenn Sie beispielsweise die Zahl 10 ausgewählt haben, lautet Ihr Stegreif-Thema „Coaching".
	4. Schalten Sie Ihr Aufzeichnungsgerät ein und beginnen Sie sofort zu sprechen. Hinweis: Lassen Sie sich von den Praxistipps unten auf der Seite inspirieren, um beim Stegreif-Sprechen Stoff zu finden und nicht hängen zu bleiben.
	5. Fragen Sie sich bei der Analyse, was gelungen ist und was Sie hätten besser machen können hinsichtlich Stimme/Sprechtechnik sowie Inhalt/Struktur:

Stimme/Sprechtechnik	Inhalt/Struktur
– Flüssigkeit des Sprechens	– Einstieg und Schluss
– Sprechpausen	– Inhalte im Hauptteil
– Modulation	– Anschauliche Beispiele
– Äh-Sagen und Stereotype	– Verlegenheitspausen

6. Wiederholen Sie die Übung mehrfach mit immer neuen Themen.

Praxistipps, die je nach Thema das Stegreif-Sprechen erleichtern

- Beginnen Sie konkret und lebensnah (mit einem anschaulichen Beispiel, persönlicher Erfahrung o.Ä.).
- Sie können zu Anfang auf die verschiedenen Aspekte des Themas hinweisen.
- Sie können zu Anfang spontane Assoziationen zum Thema bringen.
- Bei vielen Themen können Sie ETHOS (siehe Seite 53f.) zur Spektrumanalyse nutzen.
- Die W-Fragen helfen, beim Spontansprechen Stoff zu finden: Was? Wer? Wo? Wann? Wie? Womit? Warum/Wozu?
- Nutzenargumentation: Was hat der Zuhörer vom Thema?
- „Fünfsätze", um Ihre Meinung zu einem kontroversen Thema zu entwickeln.

3. Übung: Stegreif-Sprechen anhand mehrerer Stichworte

Bei dieser Übung liegt der Fokus noch stärker als bei der zweiten Übung auf Ihrer Kreativität. Die Herausforderung: Sie haben mehrere Stichworte in einen sinnvollen Gedankengang zu bringen.

Ziel	Sie trainieren Ihre Fähigkeit, aus dem Stegreif (unvorbereitet) zu einem vorgegebenen Thema zu sprechen. Bei dieser Übung haben Sie vier zufällig zusammengestellte Stichworte in einen sachlogischen Zusammenhang zu bringen. Zu jedem Stichwort ist mindestens ein Satz zu formulieren.
Themenangebote	Auf Seite 292 finden Sie ein Raster mit Stichworten. Kopieren Sie dieses Blatt und vergrößern Sie es. Zerschneiden Sie dann das Blatt entlang der Linien in gleich große Zettel.
Ablauf der Übung	1. Mischen Sie die Zettel (bedruckte Seite nach unten) und ziehen Sie aus dem Stapel vier Zettel.
	2. Decken Sie nun die vier Zettel so auf, dass sie nebeneinander liegen und gut zu lesen sind.
	3. Sehen Sie sich das erste Stichwort an und beginnen Sie sofort zu sprechen. Aufzeichnungsgerät einschalten! Überlegen Sie, während Sie sprechen, wie Sie zum nächsten Stichwort überleiten können. Danach leiten Sie zum dritten Stichwort über usw.
	4. Überprüfen Sie das Ergebnis Ihres Stegreifbeitrags anhand der Aufzeichnung. Beantworten Sie zwei Fragen: – Was ist mir besonders gut gelungen? – Was sollte ich besser machen?
	5. Wiederholen Sie die Übung immer wieder mit neuen Stichworten. Durch regelmäßiges Training werden Sie Ihre Fähigkeit zum Stegreifsprechen schrittweise verbessern.

Praxistipp

- Kleine Karteikärtchen eignen sich sehr gut, um die Zettel durch selbst erstellte Zettel zu ergänzen.
- Je nach Interessen und Anspruchsniveau können Sie die Stichwortkärtchen auch mit Themen aus Politik, Wirtschaft, Technik, Wissenschaft und Medien anreichern.
- Es macht mehr Spaß und erleichtert das Training, wenn Sie die Übung mit einem Lernpartner durchführen. Wenn ein Partner die Übung durchführt, hilft ihm der andere, die Zettelchen auszuwählen, das Aufzeichnungsgerät zu bedienen und bei der Auswertung Feedback zu geben.

Literaturhinweis: W. Fricke (2000)

Stichwortmatrix

BUCH	BORIS BECKER	NEW YORK	LIEBE	MOND
MITTAG	TIGER	RHEIN	BETT	MERCEDES
WALZER	PECH	TATORT	WIND	HERZ
JOGGING	JAPAN	UHR	FERNSEHER	MADONNA
WEIHNACHTEN	PARTY	FUSSBALL	KANAREN	RÄTSEL
APFEL	LONDON	GOLF	SCHULE	WASCH-MASCHINE
MILLION	ELEFANT	FORMEL 1	ABITUR	HANDY
DOM	FRISÖR	FOTO	TELEFON	PISA

4. Übung: Wiedergabe eines Textes

Wesentliche Punkte knapp, klar und verständlich darzulegen ist eine Schlüsselfähigkeit, die Sie in den meisten Kommunikationssituationen benötigen. Diese Übung hilft Ihnen, Ihre Kernbotschaften auf den Punkt zu bringen.

Ziel	Sie trainieren Ihre Fähigkeit, die Quintessenz eines vorgegebenen Textes zu reproduzieren („Reproduzierendes Sprechdenken").
Themenangebote	Infrage kommen zum Beispiel: – Meldungen, Artikel aus Zeitungen und Zeitschriften – Artikel aus der Presseschau – Texte aus dem Internet – für Fortgeschrittene: Kapitel eines Buches; Vortragstexte anderer Personen; anspruchsvolle Artikel aus F.A.Z., Herald Tribune, Handelsblatt, The Economist, Wirtschaftswoche, VDI-Nachrichten o.a.
Ablauf der Übung	1. Wählen Sie einen Text aus, den Sie reproduzieren wollen. Beginnen Sie mit kurzen Meldungen aus der Tagespresse (nicht länger als 15 bis 20 Zeilen). 2. Lesen Sie den Text ein- oder zweimal durch und notieren Sie markante Stichworte (Sinnträger). 3. Geben Sie dann anhand dieser Stichworte die Quintessenz des ursprünglichen Textes klar und verständlich wieder. Aufzeichnungsgerät einschalten! 4. Überprüfen Sie anhand des Mitschnitts und des Ausgangstextes, inwieweit Sie den Kerngehalt zutreffend wiedergegeben haben. Beantworten Sie zwei Fragen – Was ist mir besonders gut gelungen? – Was sollte ich besser machen? Analysieren Sie beim Anhören des Mitschnitts auch Ihre Stimme und Sprechtechnik. 5. Wiederholen Sie den Vorgang, bis Sie mit dem Ergebnis zufrieden sind.

Praxistipp

- Wenn Sie zu dem ausgewählten Text bereits Vorwissen haben, können Sie sich darauf beschränken, den Beitrag ein- oder zweimal laut zu lesen und ihn dann ohne Stichworte wiederzugeben.
- Leicht modifiziert bietet diese Übung die Chance, sich wichtige Kernbotschaften („Wissensmodule") nachhaltig einzuprägen. Etwa vor einem wichtigen Gespräch, einem TV-Interview oder einer Pressekonferenz (siehe hierzu Kapitel 13).

5. Übung: Unfaire Angriffe abwehren

Zu Ihrer schnellen Orientierung hier eine Zusammenstellung der wichtigsten Empfehlungen, um mit unfairen Spielarten und unfairen Gesprächspartnern besser zurechtzukommen. Zunächst können Sie anhand konkreter Angriffe testen, inwieweit Sie wirkungsvolle Reaktionen verfügbar haben.

A Allgemeine Praxistipps auf einen Blick

- Bleiben Sie ruhig und gelassen. Dies fällt leichter, wenn Sie Ihren „virtuellen Schutzschild" (siehe Seite 40f.) aufbauen und den aggressiven Akt Ihres Gegenübers als „infantilen Regress" umdeuten. Ihr innerer Dialog könnte lauten: „In meinem Angreifer kommt das Kind zum Vorschein. Ich helfe ihm durch meine Reaktion, sich wieder erwachsenengerecht zu verhalten und sich an den Regeln des Fair Play zu orientieren."
- Nutzen Sie das Argumentations-AIKIDO, indem Sie die Energie des Angreifers von Ihrer Person weg- und auf die Sache hinlenken. Stellen Sie die Sache, die Regeln des Fair Play und die jeweilige Zielsetzung in den Mittelpunkt (siehe Seite 76ff.).
- Vermeiden Sie blinde Reizreaktionen, das heißt: Springen Sie nicht zu schnell auf emotionale Angriffe und Reizthemen an. Nutzen Sie Brückensätze (siehe Seite 77ff.) als psychologische Puffer, um den unfairen Angriff zu entschärfen und zur Sache umzulenken.
- Tragen Sie einen Fundus an 5 bis 7 Brückensätzen zusammen, die zu Ihrer Persönlichkeit und zu Ihrem Kommunikationsstil passen. Lassen Sie sich dabei von den Formulierungsvarianten aus Kapitel 4, den folgenden Übungsbeispielen und den Formulierungsbeispielen auf Seite 319ff. inspirieren. Trainieren Sie die Anwendung dieser Brückensätze im Alltag.
- In vielen Situationen reicht auch ein kleiner Hinweis auf die unsachliche Taktik, um die Diskussion wieder in produktive Bahnen zu lenken: „Herr Schneider, mit gegenseitigen Schuldzuweisungen kommen wir nicht weiter. Lassen Sie uns besprechen, wie wir jetzt das Problem lösen können. Mein Vorschlag ..."

- Achten Sie darauf, dass Sie den unfairen Angriff stoppen und gleichzeitig den Dialog aufrechterhalten. Verzichten Sie daher auf harte, eskalierend wirkende Schlagfertigkeitstechniken und zeigen Sie dem Angreifer (auch wenn es schwerfällt), dass Sie ihn ernst nehmen und dass sein Beitrag zur Problemlösung wichtig ist.
- Bei Killerphrasen und pauschalen Vorwürfen ist es ratsam, den Angreifer stets um Konkretisierung zu bitten. Die unmittelbare Rückfrage ist das einfachste Mittel, um Beweismittel für bloße Behauptungen in Erfahrung zu bringen.

Testen Sie Ihre Reaktion auf unfaire Angriffe

Stellen Sie sich vor, Sie werden in der täglichen Argumentation mit den folgenden zwölf Angriffen konfrontiert. Formulieren Sie dazu ein bis zwei wirkungsvolle Antworten, die den unfairen Angriff stoppen und den Dialog aufrechterhalten. Bei Bedarf können Sie noch einmal Kapitel 4 durchblättern. Bedenken Sie, dass es zu jedem Angriff eine Fülle von Reaktionsmöglichkeiten gibt. Kommentierte Lösungsvorschläge finden Sie auf Seite 304ff.

1. Angriff Ihre Reaktion?	„Ich halte Ihren Vorschlag für Schwachsinn. Sie wollen sich doch nur auf Kosten anderer Abteilungen profilieren."
2. Angriff Ihre Reaktion?	„Als Jungdynamiker frisch von der Hochschule fehlt Ihnen doch jede Erfahrung. Daher würde ich mich an Ihrer Stelle zurückhalten."
3. Angriff Ihre Reaktion?	„Sie sollten hier keine Märchen erzählen."
4. Angriff Ihre Reaktion?	„Was machen wir, wenn sich die Neuerung in einem Jahr als Flop herausstellt."

5. Angriff **Ihre Reaktion?**	„Das glauben Sie doch selbst nicht, was Sie da sagen."
6. Angriff **Ihre Reaktion?**	„Vor einem Jahr haben Sie doch eine ganz andere Meinung vertreten als heute."
7. Angriff **Ihre Reaktion?**	„Als Konzernsprecher müssen Sie so argumentieren. Als Mensch stehen Sie doch selbst nicht hinter dieser Maßnahme."
8. Angriff **Ihre Reaktion?**	„Der Service ist in Ihrem Unternehmen doch absolut mangelhaft. Es ist ein schlechter Witz, wenn Sie von Kundenorientierung sprechen."
9. Angriff **Ihre Reaktion?**	„Pures Wunschdenken, Ihre sogenannte Prognose. Die Zahlen sind an den Haaren herbeigezogen und haben nichts mit der Realität zu tun. Ich kenne doch den Markt seit 15 Jahren."
10. Angriff **Ihre Reaktion?**	Ihr Gegenüber fällt Ihnen ständig ins Wort.
11. Verdeckter Angriff **Ihre Reaktion?**	„Marketingexperten aus der Wissenschaft bescheinigen uns ein mustergültiges CRM-Konzept." (Aussage ist „fingiert")
12. Angriff **Ihre Reaktion?**	„Das stimmt ganz einfach nicht. Warum sagen Sie die Unwahrheit?"

6. Übung: Zehn Schlagfertigkeitstechniken trainieren

Hier haben Sie Möglichkeit, die in Kapitel 6 dargestellten speziellen Schlagfertigkeitstechniken zu üben. Bedenken Sie, dass es zu den einzelnen Angriffen eine Fülle möglicher schlagfertiger Reaktionen gibt. Wenn Ihnen unter der jeweiligen Schlagfertigkeitstechnik keine Reaktion einfällt, sollten Sie mindestens eine andere Antwort verfügbar haben. Lösungsvorschläge finden Sie auf Seite 310ff.

1. Rückfragetechnik	
Angriff	a) „Ihr Fachchinesisch hat doch niemand verstanden."
	b) „Sie wollen doch wohl nicht im Ernst behaupten, dass Ihre Strategie wettbewerbsfähig ist."
	c) „Ihre PowerPoint-Folien wirken auf mich wie ein langweiliger Einheitsbrei."
Ihre Reaktion?	a)
	b)
	c)

2. Übersetzungstechnik	
Angriff	a) „Der Teamgeist in Ihrer Truppe stimmt doch vorn und hinten nicht."
	b) „Sie sind doch gar nicht in der Lage, sich bei Ihren Vorgesetzten Gehör zu verschaffen."
	c) „Ihnen fehlt die Kontinuität. Bei Ihrem letzten Arbeitgeber haben Sie es doch nur drei Monate ausgehalten."
Ihre Reaktion?	a)
	b)
	c)

3. Angriffe umdefinieren

Angriff

a) „Sie sind durch und durch autoritär.“

b) „Nun werden Sie mal nicht weinerlich, Frau Müller.“

c) „Sie scheinen doch sehr betriebsblind zu sein.“

Ihre Reaktion?

a)

b)

c)

4. Gerade-weil-Technik

Angriff

a) „Sie tragen immer diesen Freizeitlook.“

b) „Als neuer Mitarbeiter sind Sie meiner Meinung nach zu unerfahren, um dieses wichtige Projekt zu leiten.“

c) „Sie vergeuden mit Ihrem Smalltalk-Gequatsche sehr viel Zeit beim Kunden.“

Ihre Reaktion?

a)

b)

c)

5. Negativ-Aussagen auf positive Aspekte lenken

Angriff

a) „Auf den Märkten, die ich verantworte, lässt sich das Produkt in dieser Form nicht verkaufen.“

b) „Bei unseren Spitzenpreisen haben wir doch keine Chance bei den Neukunden.“

c) „Die Hotline ist in Ihrem Unternehmen absolut mangelhaft. Da fehlt es sowohl an Fachkompetenz als auch an Freundlichkeit.“

Ihre Reaktion?

a)

b)

c)

6. Unterstellung in der Frage zurechtrücken

Angriff	a) „In Ihrer Abteilung sind die meisten Mitarbeiter sehr unzufrieden. Ist das auf Führungsfehler oder auf Arbeitsbelastung zurückzuführen?" b) „Ihre hohen Preise haben ja wohl vor allem mit dem Wasserkopf in Ihrer Verwaltung zu tun. Wie wollen Sie Ihre hohen Overheads reduzieren?"
Ihre Reaktion?	a) b)

7. Begründete Ablehnung von Fragen

Angriff	a) „Bezahlen Sie die Renovierungsarbeiten an Ihrem Hause immer noch mit Schwarzgeld – also am Finanzamt vorbei?" b) „Sie sollten sich auf Kundengespräche besser vorbereiten." c) „Sie sind wohl in den Schminktopf gefallen – so wie Sie aussehen."
Ihre Reaktion?	a) b) c)

8. Umlenken auf die Verfassung des Angreifers

Angriff	a) „Du hast Dich ja wieder aufgemacht wie eine Eingeborene mit Kriegsbemalung." b) „Selten habe ich so ein dummes Zeug gehört." c) „Sie ticken wohl nicht sauber."
Ihre Reaktion?	a) b) c)

9. Retourkutsche	
Angriff	a) „Sie sind ein Vollidiot."
	b) „Sie sehen aber schlecht aus, Frau Schneider. Ihnen würde eine Wellness-Kur in Bayern auch mal wieder gut tun – meinen Sie nicht?"
	c) „Sie waren auch schon mal schlanker."
Ihre Reaktion?	a)
	b)
	c)

10. Verwirrungstaktik und Nonsens-Antworten	
Angriff	a) „Du bist ja ganz schön eingebildet. Aber Einbildung ist ja auch eine Bildung."
	b) „Einparken will eben geübt sein."
	c) „Sie Traumtänzer!"
	d) „Sie leben doch total hinter dem Mond!"
Ihre Reaktion?	a)
	b)
	c)
	d)

7. Übung: Umgang mit sachlichen Einwänden

Hier haben Sie die Möglichkeit, auf sachliche Einwände zu antworten, die ein Kunde im Rahmen einer Neuakquisition vorbringt. Beachten Sie auch hier, dass vielfältige Reaktionen möglich sind. Sie finden Details zur Einwandtechnik in Kapitel 8 und Lösungsvorschläge zu den folgenden Einwänden auf Seite 316f.

1. Einwand **Ihre Reaktion?**	„Wir sind mit unserem jetzigen Lieferanten sehr zufrieden."
2. Einwand **Ihre Reaktion?**	„Ich muss noch einmal darüber nachdenken."
3. Einwand **Ihre Reaktion?**	„Ihre Preisvorstellungen sind viel zu hoch."
4. Einwand **Ihre Reaktion?**	„Ihr Service entspricht nicht unseren Erwartungen."

5. Einwand **Ihre Reaktion?**	„Ich habe im Moment keine Zeit."
6. Einwand **Ihre Reaktion?**	„Der Antrieb Ihres Motors ist doch nicht auf dem neuesten Stand."
7. Einwand **Ihre Reaktion?**	„Die neue Technologie würde einen immensen Schulungsbedarf nach sich ziehen und dafür haben wir einfach keine Zeit."
8. Einwand **Ihre Reaktion?**	„Wenn Sie uns 15 Prozent Rabatt einräumen, erhalten Sie den Auftrag!"

Lösungsvorschläge zur 5. Übung:
Unfaire Angriffe abwehren (von Seite 295)

Die vorgeschlagenen Reaktionen sind durchgängig darauf gerichtet, die Energie des Aggressors von Ihrer Person hin zur Sache zu lenken. Leitend ist also die Maxime: Stoppen Sie den Angriff und halten Sie gleichzeitig den Dialog aufrecht. Diese Taktik der Deeskalation ist in der beruflichen Kommunikation im Regelfall der beste und souveränste Weg.

1. Angriff	„Ich halte Ihren Vorschlag für Schwachsinn. Sie wollen sich doch nur auf Kosten anderer Abteilungen profilieren." *(persönlicher Angriff)*

Reaktionsmöglichkeiten:

a) „Herr Schmidt, Ihr Einwand zeigt mir, dass Sie meinen Vorschlag mit Skepsis sehen (Brückensatz). Wo konkret liegen Ihre Bedenken?"

b) „Herr Schumann, ich kann nicht erkennen, was Ihr Beitrag mit fairer Argumentation zu tun hat (Brückensatz). Unser Vorschlag steht in Einklang mit der Unternehmensstrategie. Im Einzelnen ..."

Kommentar: Durch einen Brückensatz blockieren und die Energie des Angreifers auf die Sache lenken a) durch Rückfrage oder b) durch eigene Argumentation.

2. Angriff	„Als Jungdynamiker frisch von der Hochschule fehlt Ihnen doch jede Erfahrung. Daher würde ich mich an Ihrer Stelle zurückhalten." *(persönlicher Angriff)*

Reaktionsmöglichkeiten:

a) „Ich halte es für eine große Stärke, unvoreingenommen an die Dinge heranzugehen (Brückensatz). Bei Innovationen kommt es doch vor allem auf die Verbindung jugendlicher Kreativität mit den Erfahrungen der Älteren an."

b) „Herr Schumann, für mich zählt die Qualität der Sachargumente. Was haben Sie also in der Sache einzuwenden?"

Kommentar: Abwehrstrategie wie bei Reaktion auf den 1. Angriff.

3. Angriff	„Sie sollten hier keine Märchen erzählen." *(persönlicher Angriff)*

Reaktionsmöglichkeiten:

a) „Ich bin mir unsicher, ob Sie an einem wirklichen Dialog interessiert sind (Brückensatz). Welche Bedenken haben Sie konkret einzuwenden?"

b) „Sie müssen sich in einer schwachen Position befinden, wenn Sie zu solchen Formulierungen greifen (Brückensatz). Ich will das Problem noch einmal präzisieren."

Kommentar: Abwehrstrategie wie bei Reaktion auf 1. Angriff.

4. Angriff	„Was machen wir, wenn sich die Neuerung in einem Jahr als Flop herausstellt?" *(hypothetische Frage)*

Reaktionsmöglichkeiten:

a) „Das ist ein sehr pessimistisches Szenario, das Ihrer Frage zugrunde liegt. Wir gehen in unseren Prognosen von den Zahlen des Sachverständigenrates und der anerkannten Konjunkturforschungsinstitute aus. Im Einzelnen ..."

b) „Welche Gesichtspunkte bringen Sie dazu, dass die Neuerung scheitern könnte?"

Kommentar: Nicht blind auf die hypothetische Frage anspringen. Prämisse in der Frage prüfen und Hintergrundinformationen vermitteln.

5. Angriff	„Das glauben Sie doch selbst nicht, was Sie da sagen." *(Bestreiten der Kompetenz/Verunsichern)*

Reaktionsmöglichkeiten:

a) „Da muss ich Sie enttäuschen (Brückensatz). Ich bin voll und ganz der Überzeugung, dass dies der richtige Weg ist. Meine Hauptargumente ..."

b) „Ihre Reaktion zeigt mir, dass Sie meine Argumente mit gewissen Vorbehalten sehen (Brückensatz). Was haben Sie konkret einzuwenden?"

Kommentar: Abwehrstrategie wie bei dem 1. Angriff. Als Brückensatz fungiert im Fall a) eine Ich-Botschaft und im Fall b) eine abschwächende, deeskalierende Redewendung.

6. Angriff	„Vor einem Jahr haben Sie doch eine ganz andere Meinung vertreten als heute." *(Bestreiten der Kompetenz/Verunsichern)*

Reaktionsmöglichkeiten:

a) „Das ist richtig, Herr Schneider. Ich sehe es allerdings als Vorteil an, die Meinung zu überdenken, wenn sich die Rahmenbedingungen objektiv ändern und neue Erkenntnisse hinzukommen."

b) „Es sind vor allem die veränderten konjunkturellen Rahmenbedingungen, die meine Meinungsbildung beeinflusst haben. Im Einzelnen ..."

Kommentar: Hintergrundinformationen vermitteln und die eigenen Lernfähigkeit betonen.

7. Angriff	„Als Konzernsprecher müssen Sie so argumentieren. Als Mensch stehen Sie doch selbst nicht hinter dieser Maßnahme." *(Unterstellung unlauterer Motive/Anzweifeln der Glaubwürdigkeit)*

Reaktionsmöglichkeiten:

a) „Da muss ich Sie enttäuschen (Brückensatz). Ich bin überzeugt, dass dies der richtige Weg ist. Zwei Argumente sind dabei entscheidend."

b) „Ihre Unterstellung weise ich zurück. Es sind vor allem zwei Argumente, die mich und hoffentlich auch Sie überzeugen."

Kommentar: Durch Brückensatz blockieren. Dann zum Sachthema zurück und Hintergrundinformationen bringen. Je nach Situation können Sie a) weich (mit einer Ich-Botschaft) oder b) härter (Unterstellung deutlich zurückweisen) reagieren.

8. Angriff	„Der Service ist in Ihrem Unternehmen doch absolut mangel-haft. Es ist ein schlechter Witz, wenn Sie von Kundenorientie-rung sprechen." *(Killerphrase/pauschale Unterstellung)*

Reaktionsmöglichkeiten:

a) „Das stimmt so nicht (Brückensatz). Richtig ist, dass unser Servicekonzept den Kunden in den Mittelpunkt stellt. Drei Beispiele mögen dies veranschaulichen ..."

b) „Zum Glück sind das nicht die Tatsachen (Brückensatz). Ich nutze gern die Gelegenheit, den Kundennutzen unseres Servicekonzepts zu verdeutlichen."

c) „Das mag Ihre subjektive Wahrnehmung sein (Brückensatz). Die Fakten sehen zum Glück anders aus."

d) „Mit einer so pauschalen Aussage kann ich wenig anfangen (Brückensatz). Was ha-ben Sie konkret zu bemängeln?/Welche Erfahrungen haben Sie konkret gemacht?"

Kommentar: Pauschale Behauptungen sollte man relativieren, indem man Hintergrund-informationen bringt. Sie können auch nach einem Brückensatz eine Rückfrage stellen (Reaktion d).

9. Angriff	„Pures Wunschdenken, Ihre sogenannte Prognose. Die Zahlen sind an den Haaren herbeigezogen und haben mit der Wirklichkeit nichts zu tun. Ich kenne doch den Markt seit 15 Jahren." *(Killerphrase)*

Reaktionsmöglichkeiten:

a) „Herr Dr. Müller, wo haben Sie denn als Marktkenner die größten Bedenken?"

b) „In welcher Hinsicht erscheinen Ihnen die Zahlen nicht tragfähig?"

c) „Sie bezweifeln das Zahlengerüst unserer Prognose. Ich sage gern etwas zu den Prämissen, auf die wir uns stützen ..."

Kommentar: In der Regel ist auch hier die Rückfrage die beste Methode, um fehlende Beweismittel oder Fakten in Erfahrung zu bringen (Varianten a und b). Wenn Ihre Zahlen oder Beweismittel pauschal abgewertet werden, können Sie auch – wie in Variante c – Hintergrundinformationen bringen.

10. Angriff	Ihr Gegenüber fällt Ihnen ständig ins Wort.
	(Unterbrechung ohne sachlichen Grund)

Reaktionsmöglichkeiten:

a) „Darf ich bitte ausreden, Herr Müller?"

b) „Bitte geben Sie mir Gelegenheit, meine Gedanken zu Ende zu bringen."

c) „Lassen Sie mich bitte ausreden. Ich habe Sie auch nicht unterbrochen."

Kommentar: Sie verteidigen freundlich und bestimmt Ihr Wort, weil Sie sonst in eine unterlegene Position geraten.

11. Verdeckter Angriff	„Marketingexperten aus der Wissenschaft bescheinigen uns ein mustergültiges CRM-Konzept."
	(Angreifer argumentiert mit „fingierten" Behauptungen/ Zahlen)

Reaktionsmöglichkeiten:

a) „Das hört sich gut an (Brückensatz). Zwei Fragen dazu: Welche Aspekte haben die Marketingexperten als lobenswert herausgestellt und um welche Experten handelt es sich?"

b) „Ich kann die von Ihnen zitierte Einschätzung erst bewerten, wenn ich sie kenne (Brückensatz). Wenn Sie mir die Untersuchung zur Verfügung stellen, sage ich gern meine Meinung dazu."

oder überhören:

c) „Das mag sein (Brückensatz). Darf ich noch einmal auf die beiden Schwachstellen zurückkommen, die aus der Sicht meines Teams das vorliegende CRM-Konzept kennzeichnen."

Kommentar: Das beste Mittel zeigen die Reaktionen a und b: Sie stellen nach einem Brückensatz präzisierende Fragen. In der Reaktion c schenken Sie der bloßen Behauptung Ihres Gegenüber keine Beachtung. Sie lenken die Argumentation auf die Punkte, die Ihnen wichtig sind.

| 12. Angriff | „Das stimmt ganz einfach nicht. Warum sagen Sie die Unwahrheit?" |
| | *(persönlicher Angriff/Verunsicherung)* |

Reaktionsmöglichkeiten:

a) „Ihre Frage erstaunt mich sehr (Brückensatz). Offenbar sind die Fakten noch nicht rübergekommen. Die Untersuchung basiert auf XY."

b) „Ich weiß wirklich nicht, wie Sie zu dieser Einschätzung kommen (Brückensatz). Die Beweismittel meiner Argumentation stehen mit den Fakten in Einklang. Ich will Ihnen das gern noch einmal erläutern …"

c) „Ich finde es nicht fair, wenn Sie mir solche Vorhaltungen machen (Brückensatz). Ich möchte noch einmal verdeutlichen, dass wir seriöses und nachprüfbares Zahlenmaterial zugrunde gelegt haben. Im Einzelnen …"

d) „Wie kommen Sie zu dieser Aussage?"

Kommentar: Nicht verunsichern lassen, sondern ruhig und gelassen Ihre Argumente erneut darlegen. Sie können auch die dialektische Methode – Variante c) – beim Namen nennen und dann die Aufmerksamkeit des Angreifers auf die Sache lenken oder einfach eine Rückfrage stellen.

Lösungsvorschläge zur 6. Übung: Zehn Schlagfertigkeitstechniken trainieren (von Seite 298ff.)

Hier finden Sie Vorschläge, wie Sie mit Hilfe der jeweiligen Schlagfertigkeitstechnik den betreffenden unfairen Angriff kontern können.

1. Rückfragetechnik	
Sie stellen dem Angreifer sofort eine Rückfrage, um zum Beispiel pauschale Feststellungen oder abstrakte Begriffe konkretisieren zu lassen. Rückfragen wirken stets schlagfertig!	
Angriff	a) „Ihr Fachchinesisch hat doch niemand verstanden."
Reaktion	a) „Was konkret haben Sie nicht verstanden?" „Das erstaunt mich. Haben Sie sich mit den übrigen Zuhörern mal rückgekoppelt?"
Angriff	b) „Sie wollen doch wohl nicht im Ernst behaupten, dass Ihre Strategie kundenorientiert ist."
Reaktion	b) „Was verstehen Sie unter ‚kundenorientiert'?"
Angriff	c) „Ihre PowerPoint-Folien wirken auf mich wie ein langweiliger Einheitsbrei."
Reaktion	c) „Was konkret fanden Sie langweilig?" „Wie hätte ich Ihrer Meinung nach die Präsentation kurzweiliger und interessanter gestalten können?"

2. Übersetzungstechnik

Hierbei lenken (übersetzen) Sie einen verletzenden Angriff in eine Richtung, die Ihnen entgegenkommt.

Angriff	a) „Der Teamgeist stimmt in Ihrer Truppe doch vorn und hinten nicht."
Reaktion	a) „Da muss ich Sie enttäuschen. Zusammenhalt und Teamfähigkeit sind exzellent. Das bestätigen uns alle unvoreingenommenen Kollegen."
Angriff	b) „Sie sind doch gar nicht in der Lage, sich bei Ihren Vorgesetzten Gehör zu verschaffen."
Reaktion	b) „Ich weiß wirklich nicht, wie Sie zu einer solchen Einschätzung kommen. Bei wichtigen Themen ist das offene Gespräch zwischen uns eine Selbstverständlichkeit. Denken Sie etwa an Umstrukturierungen oder Budgetfragen."
Angriff	c) „Ihnen fehlt es an Kontinuität. Bei Ihrem letzten Arbeitgeber haben Sie es doch nur drei Monate ausgehalten."
Reaktion	c) „Aus heutiger Sicht bin ich sehr glücklich, mich nach drei Monaten neu orientiert zu haben. Mit Fug und Recht kann ich sagen, dass das heutige Aufgabenprofil zu 100 Prozent zu meinen Fähigkeiten passt."

3. Angriffe umdefinieren

Hierbei füllen Sie Worte oder Aussagen des Angreifers mit neuen Inhalten.

Angriff	a) „Sie sind durch und durch autoritär."
Umdefinition	a) „Wenn Sie mit dem Wort ‚autoritär' eine Führungskraft kennzeichnen, die in der Lage ist, auch schwierige Entscheidungen konsequent und verantwortungsbewusst durchzusetzen, dann haben Sie recht."
Angriff	b) „Nun werden Sie mal nicht weinerlich, Frau Müller."
Umdefinition	b) „Wenn Sie mit ‚weinerlich' sagen wollen, dass ich Einfühlungsvermögen und hohe soziale Kompetenz besitze, dann freue ich mich über Ihre Feststellung."
Angriff	c) „Sie scheinen doch sehr betriebsblind zu sein."
Umdefinition	c) „Wenn Sie damit sagen wollen, dass ich mich vor mein Team stelle und die wichtigen Argumente meiner Abteilung hier einbringe, dann stimme ich Ihnen vollkommen zu."

4. Gerade-weil-Technik

Sie drehen hierbei die Aussage Ihres Gegenübers um und ergänzen oder erweitern sie je nach Situation.

Angriff	a) „Sie tragen immer diesen Freizeitlook.“
Reaktion	a) „Das mag sein. Aber gerade weil ich so gekleidet bin, habe ich sofort einen guten Draht zu den Kunden aus der Werbebranche.“
Angriff	b) „Als neuer Mitarbeiter sind Sie meiner Meinung nach zu unerfahren, um dieses wichtige Projekt zu leiten.“
Reaktion	b) „Das sehe ich anders. Gerade weil ich erst seit Kurzem im Unternehmen bin, gehe ich vorurteilsfrei und ohne Scheuklappen an diese Aufgabe heran.“
Angriff	c) „Sie vergeuden mit Ihrem Smalltalk-Gequatsche sehr viel Zeit beim Kunden.“
Reaktion	c) „Auf den ersten Blick mag Smalltalk überflüssig erscheinen. Aber gerade weil ich auf Smalltalk großen Wert lege, ist die Beziehung zu meinen Kunden ausgezeichnet. Und Vertrauen zum Kunden ist meines Erachtens ein wichtiger Wettbewerbsvorteil.“

5. Negativ-Aussagen auf positive Aspekte lenken

Sie lenken bei dieser Technik negative Aussagen eines Kritikers auf positive Aspekte.

Angriff	a) „Auf den Märkten, die ich verantworte, lässt sich das Produkt in dieser Form nicht verkaufen.“
Reaktion	a) „Was müsste getan werden, damit die Produkteinführung auch in Ihrem Bereich ein großer Erfolg wird?“
Angriff	b) „Bei unseren Spitzenpreisen haben wir doch keine Chance bei Neukunden.“
Reaktion	b) „Was müssten wir tun, um unsere Preise beim Kunden doch durchsetzen zu können?“
Angriff	c) „Die Hotline ist in Ihrem Unternehmen absolut mangelhaft. Da fehlt es sowohl an Kompetenz als auch an Freundlichkeit.“
Reaktion	c) „Ich weiß nicht, wie Sie zu Ihrer Einschätzung kommen. Durch eine verbesserte Personalselektion, durch ‚Training on the Job‘ und die Auswertung von Telefonanalysen haben wir erreicht, dass 90 Prozent unserer Kunden die Hotline mit ‚sehr gut‘ bis ‚gut‘ bewerten.“

6. Unterstellung in der Frage zurechtrücken

Sie korrigieren die unbewiesene Behauptung/Unterstellung, die Ihr Gegenüber mit seiner Frage verknüpft hat.

Angriff	a) „In Ihrer Abteilung sind die meisten Mitarbeiter sehr unzufrieden. Ist das auf Führungsfehler oder auf Arbeitsbelastung zurückzuführen?"
Reaktion	a) „Ich weiß wirklich nicht, wie Sie zu dieser Einschätzung kommen. Mein Team ist hoch motiviert und zeichnet sich durch großen Teamgeist aus." „Ihre Feststellung hat zum Glück mit der Wirklichkeit nichts zu tun. Meine Mitarbeiter sind hoch motiviert und ich bin stolz auf das exzellente Arbeitsklima."
Angriff	b) „Ihre hohen Preise haben ja wohl vor allem mit dem Wasserkopf in Ihrer Verwaltung zu tun. Wie wollen Sie Ihre hohen Overheads reduzieren?"
Reaktion	b) „Ihre Feststellung im ersten Teil Ihrer Frage trifft so nicht zu. Vor drei Jahren hatten wir eine strategische Neuorientierung, bei der rigoros Overhead-Kosten abgebaut wurden. In dem Bereich sind wir heute besonders gut aufgestellt."

7. Begründete Ablehnung von Fragen und Angriffen

Sie lehnen die Beantwortung einer unfairen Frage mit einer knappen Begründung ab.

Angriff	a) „Bezahlen Sie die Renovierungsarbeiten an Ihrem Hause immer noch mit Schwarzgeld – also am Finanzamt vorbei?"
Reaktion	a) „Ihre Frage ist unverschämt, deshalb antworte ich nicht darauf." „Ihre Frage erstaunt mich. Vermutlich wollen Sie von eigenen Verhaltensdefiziten ablenken."
Angriff	b) „Sie sollten sich auf Kundengespräche besser vorbereiten."
Reaktion	b) „Herr Dr. Schumann, ich denke, Sie können meinen Arbeitsstil nicht beurteilen. Daher werde ich auf Ihre Bemerkung nicht weiter eingehen. Welche Punkte sind Ihnen denn bei Ihren Vorbereitungen besonders wichtig?"
Angriff	c) „Sie sind wohl in den Schminktopf gefallen – so wie Sie aussehen."
Reaktion	c) „Unsachliche Angriffe kommentiere ich prinzipiell nicht."

8. Umlenken auf die Verfassung des Angreifers

Sie schreiben die Verbalattacke des Angreifers ausschließlich seiner emotionalen Verfassung zu.

Angriff	a) „Du hast Dich ja wieder aufgemacht wie eine Eingeborene mit Kriegsbemalung."
Reaktion	a) „Du hast offenbar einen anderen Geschmack als ich."
Angriff	b) „Selten habe ich so ein dummes Zeug gehört."
Reaktion	b) „Sie haben offenbar etwas anderes erwartet?" „Ihre Aussage zeigt mir, dass Sie Bedenken haben. Welche Informationen fehlen Ihnen noch?"
Angriff	c) „Sie ticken wohl nicht sauber."
Reaktion	c) „Sie sind offenbar sehr verärgert. Wo liegt das Problem?" „Sie wirken sehr erregt. Worum geht es Ihnen in der Sache?" „Sie müssen sich in einer schwachen Position befinden, wenn Sie zu solchen Redewendungen greifen." „Was glauben Sie: Hat sich mit Ihrer Bemerkung Ihr Image nun verbessert oder verschlechtert?"

9. Retourkutsche

Bei dieser „harten" Schlagfertigkeitsvariante soll der Angreifer am eigenen Leib spüren, wie eine Beleidigung, Stichelei oder ein unfairer Angriff wirkt. Vorsicht: Diese harte Reaktion wirkt im Regelfall eskalierend.

Angriff	a) „Sie sind ein Vollidiot."
Reaktion	a) „Herr Meier, ich möchte nicht mit gleicher Münze heimzahlen und Ihnen vorwerfen, dass Sie einen geringen IQ haben oder dass Sie die Grundrechnungsarten nicht beherrschen. Zum Thema zurück ..."
Angriff	b) „Sie sehen aber schlecht aus, Frau Schneider. Ihnen würde eine Wellness-Kur in Bayern auch mal wieder gut tun – meinen Sie nicht?"
Reaktion	b) „Sind Sie sicher, Herr Schumann, dass Ihre Sehschärfe o.k. ist? Ich rate Ihnen dringend, mal einen Augenarzt aufzusuchen."
Angriff	c) „Sie waren auch schon mal schlanker."
Reaktion	c) „Ich vermute, Herr Schumann, Sie wollen heute von Ihrem spärlichen Kopfhaar ablenken."

10. Verwirrungstaktik und Nonsens-Antworten

Hierbei überraschen Sie den Angreifer mit einer Reaktion, die überhaupt nicht zu der erwarteten Antwort passt, zum Beispiel durch ein unpassendes Sprichwort oder ein x-beliebiges Thema.

Angriff	a) „Du bist ja ganz schön eingebildet. Aber Einbildung ist ja auch eine Bildung."
Reaktion	a) „Na ja, wie das Sprichwort so schön sagt: Wasser hat keine Balken." (Das unpassende Sprichwort)
Angriff	b) „Einparken will eben geübt sein."
Reaktion	b) „Sie kennen doch den Sinnspruch: Viele Köche verderben den Brei."
Angriff	c) „Sie Traumtänzer!"
Abwehr	c) „Wer ist Turniertänzer?"
Angriff	d) „Sie leben doch total hinter dem Mond!"
Abwehr	d) „Hinter dem Mond – ist da Leben nachgewiesen?"

Lösungsvorschläge zur 7. Übung: Umgang mit sachlichen Einwänden (von Seite 302)

---

1. Einwand: „Wir sind mir unserem jetzigen Lieferanten sehr zufrieden."

Reaktionsmöglichkeiten

„Das freut mich für Sie. Was halten Sie von einem zweiten Standbein?"

„Ist da nicht eine leistungsfähige Alternative sinnvoll?"

„Unter welchen Bedingungen würden Sie uns eine Chance geben?"

„Auf welche Kriterien legen Sie bei der Wahl eines Lieferanten besonderen Wert?"

---

2. Einwand: „Ich muss noch einmal darüber nachdenken."

Reaktionsmöglichkeiten

„Das kann ich gut nachvollziehen. Wann darf ich Sie wieder anrufen?"

„Welche Fragen sind denn noch offen?"

„Das verstehe ich. Gibt es noch eine Chance, heute zu einem Ergebnis zu kommen?"

---

3. Einwand: „Ihre Preisvorstellungen sind viel zu hoch."

Reaktionsmöglichkeiten

„Auf den ersten Blick mag das so aussehen. Der Preis entspricht der hohen Qualität unserer Leistungen."

„Was meinen Sie konkret damit?"

„Im Hinblick auf welche Leistung zu hoch?"

„Im Vergleich wozu?"

„Womit vergleichen Sie unser Angebot?"

---

4. Einwand: „Ihr Service entspricht nicht unseren Erwartungen."

Reaktionsmöglichkeiten

„Was meinen Sie konkret damit?"

„Wo haben Sie Erwartungen, die über unsere Servicequalität hinausgehen?"

---

5. Einwand: „Ich habe im Moment keine Zeit."

Reaktionsmöglichkeiten

„Das verstehe ich. Lassen Sie uns gemeinsam einen neuen Termin finden."

„Was schlagen Sie vor, wie wir weiter vorgehen sollten?"

6. Einwand: „Der Antrieb Ihres Motors ist doch nicht auf dem neuesten Stand."

Reaktionsmöglichkeiten

„Das erstaunt mich. Wie kommen Sie zu dieser Einschätzung?"

„Das erstaunt mich. Denn der Lehrstuhl für Antriebstechnik von der Technischen Hochschule in Aachen bescheinigt uns, dass …"

„Ich weiß nicht, auf welche Informationen Sie sich stützen. Alle Fachleute haben uns bescheinigt, dass unser Motorantrieb ein Spitzenprodukt ist. Im Einzelnen …"

7. Einwand: „Die neue Technologie würde einen immensen Schulungsbedarf nach sich ziehen. Und dafür haben wir momentan einfach keine Zeit."

Reaktionsmöglichkeiten

„Ich verstehe Ihre Besorgnis. Anhand von Referenzprojekten kann ich Ihnen versichern, dass sich der Schulungsbedarf in Grenzen hält."

„In der Einführungsphase ist in der Tat ein Training erforderlich. Dies führen wir on the Job durch, sodass kein Leerlauf entsteht. Daran anknüpfend können Sie dann die Vorzüge der neuen Technologie zur Kostenreduktion und Qualitätsverbesserung nutzen. Im Einzelnen …"

8. Einwand: „Wenn Sie uns 15 Prozent Rabatt einräumen, erhalten Sie den Auftrag!"

Reaktionsmöglichkeiten

„Unser Preis ist fair kalkuliert. Darf ich noch einmal die besonderen Qualitätsmerkmale verdeutlichen."

„Warum möchten Sie einen Rabatt von 15 Prozent?"

„Warum meinen Sie, dass ich Ihnen diesen Nachlass gewähren kann?"

„Da wir den Preis seriös kalkuliert haben, ist die Frage, wie wir die Leistungen in Ihrem Sinn reduzieren können."

Lösungsvorschläge für die 8-Quadrate-Aufgabe (von Seite 192)

Die 8-Quadrate-Aufgabe

Aufgabe: Teilen Sie ein Quadrat in vier kongruente (form- und inhaltsgleiche) Segmente auf. Suchen Sie viele alternative Lösungen.

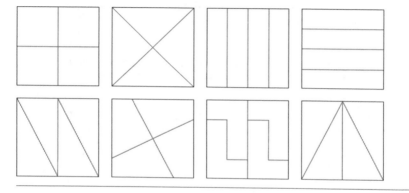

Formulierungsbeispiele für Brückensätze

Ich-Botschaften
- „Ihre Frage erstaunt mich."
- „Das überrascht mich sehr."
- „Ihr Vorwurf macht mich sehr betroffen."
- „Ich kann Ihre Frage nicht einordnen."
- „Ich bin sehr enttäuscht."
- „Ihre letzte Aussage irritiert mich."
- „Ich fühle mich durch Ihre Attacke sehr verletzt."
- „Ich fühle mich zu Unrecht angegriffen."
- „Ich mache mir Sorgen."
- „Es stört mich, wenn ich meine Gedanken nicht zu Ende bringen kann."
- „Ich erlebe es als ärgerlich, wenn mir wichtige Informationen vorenthalten werden."

Bedingt zustimmen
- „Glücklicherweise handelt es sich dabei um Einzelfälle."
- „Sie sprechen negative Erfahrungen an. Dabei wird häufig übersehen, was wir schon erreicht haben ..."
- „Im Prinzip stimme ich Ihnen zu. Was Ihren Punkt B angeht, kommen wir zu anderen Ergebnissen ..."
- „Ich stimme Ihnen zu. Jedoch gibt es einen weiteren Aspekt, der zu beachten ist."

Lenken auf die eigene Kernbotschaft
- „Ihr Einwand zeigt mir, dass der Grundgedanke des Konzepts noch nicht deutlich geworden ist ..."
- „Ich erläutere Ihnen gern, welche Aspekte für diese Lösung sprechen ..."
- „Das mag auf den ersten Blick so aussehen; wenn man jedoch genauer hinschaut ..."
- „Dieser Eindruck kann durchaus entstehen, wenn man die Verbesserungen ausblendet ..."
- „Sie sprechen mit Ihrer Frage einen entscheidenden Punkt an ..."

- „Neben den angesprochenen Risiken gibt es eine ganze Reihe von Chancen ...“
- „Offenbar ist der Nutzen noch nicht rübergekommen ...“
- „Das ist ein Teilaspekt. Zum Gesamtbild gehört jedoch auch ...“
- „Ihre Bewertung deckt sich nicht mit meinen Erfahrungen. Die Fakten sehen so aus ...“

Bei unfairen Angriffen

- „Das ist eine recht pauschale Feststellung. Ich darf Ihnen die Vorteile des Konzepts noch einmal verdeutlichen ...“
- „Das mag Ihre Meinung sein. Richtig ist, dass wir in puncto XY besser dastehen als in der Vergangenheit.“
- „Schade, dass es noch nicht gelungen ist, Sie zu überzeugen ...“
- „Sie erwarten doch nicht, dass ich auf Ihren Beitrag eingehe.“
- „Das ist ja allerhand, was Sie mir da an den Kopf werfen.“
- „Ich halte es für wenig hilfreich, auf diesem Niveau fortzufahren.“
- „Sie bewerten meine Aussagen in abschätziger Weise. Mir ist nicht klar geworden, welche Bedenken Sie in der Sache haben.“
- „Ich erlebe Ihre letzte Aussage als Angriff auf meine Person:“
- „Ihre Reaktion zeigt mir, dass Sie meine Argumente mit gewissen Vorbehalten sehen.“
- „Ihre Aussage lässt noch nicht erkennen, wo Ihre Bedenken liegen.“
- „Es fällt mir leichter zu antworten, wenn Sie mir sagen, welche Einwände Sie in der Sache haben.“
- „Ich würde es sehr begrüßen, wenn wir wieder sachlich miteinander sprechen würden.“
- „Bitte haben Sie Verständnis, dass ich auf den unsachlichen Teil Ihrer Bemerkung nicht eingehe. An welchen Punkten haben Sie Bedenken?“

Bei Beleidigungen und cholerischen Attacken

- „Beleidigungen bringen uns nicht weiter. Bitte lassen Sie das.“
- „Auf dieser Ebene kommen wir nicht weiter. Lassen Sie uns schauen, wie wir in der Sache weiterkommen.“
- „Entschuldigung, geht es auch eine Phonstärke leiser? Ich habe Probleme, mich auf das Thema zu konzentrieren.“
- „Wenn Sie emotional abgerüstet haben, können wir unser Gespräch gern fortsetzen.“
- Ihre Lautstärke ist keine gute Voraussetzung für ein gutes Gespräch. Ich schlage daher vor, wir beenden hier das Gespräch ...“

- „Ich finde es nicht fair, wenn Sie meine Argumente als Unsinn bezeichnen. Was haben Sie in der Sache einzuwenden?"
- „Ich merke, Sie sind sehr erregt. Greifen Sie mich persönlich an oder reden Sie zur Sache."

Rückfrage (insbesondere bei Killerphrasen)
- „Ihr Einwand zeigt mir, dass Sie meinem Vorschlag skeptisch gegenüberstehen. Was stört Sie daran?"
- „Ich bin mir nicht sicher, ob ich Sie richtig verstanden habe, würden Sie bitte ..."
- „Würden Sie Ihre Aussage bitte konkretisieren, damit ich gezielt darauf antworten kann?"
- „Was genau meinen Sie damit?"
- „Worauf bezieht sich Ihre Behauptung?"
- „Was würden Sie an meiner Stelle tun?"
- „Was stört Sie an meinem Vorschlag?"
- „Was schlagen Sie stattdessen vor?"
- „Warum ist Ihnen dieses Kriterium so wichtig?"
- „Was wäre, wenn Sie sich in einem Pilotseminar selbst überzeugen würden?"
- „Habe ich Sie richtig verstanden, wenn ...?" (kontrollierter Dialog)
- „Darf ich wissen, welche Informationen Sie noch gern hätten?"

Differenzierung
- „Zu dem Thema gibt es eine Fülle von Untersuchungen."
- „Wie bei jeder Neuerung gibt es auch hier Pro und Contra."
- „Das ist ein Aspekt, den Sie ansprechen. Es gibt noch zwei weitere Gesichtspunkte, die in der Situation XY zu beachten sind ..."
- „Ihr Einwand bringt mich auf die Idee, den Aspekt XYZ mit in die Überlegungen einzubeziehen. Was halten Sie davon?"

Verständnis signalisieren
- „Ich kann Ihren Standpunkt (gut) nachvollziehen."
- „Ich würde in Ihrer Situation genauso denken."
- „Ihren Ärger kann ich gut verstehen."
- „Ich verstehe gut, dass Sie auf den Preis achten."
- „Ich habe volles Verständnis für Ihr Anliegen ..."

Gesprächspartner aufwerten
- „Interessant, was Sie da sagen."
- „Als Fachmann können Sie mir vielleicht raten, wie ..."

- „Ich freue mich, dass Sie diesen Punkt ansprechen."
- „Herr Kaufmann, das ist ein sehr wichtiger Punkt."
- „Ich stimme Ihnen zu und ..."

Auf Zeit spielen
- „Zunächst eine Vorbemerkung ..."
- „Zunächst möchte ich klarstellen ..."
- „Darf ich Ihre Frage in einen größeren Kontext stellen ...?"
- „Würden Sie Ihre Aussagen bitte konkretisieren, damit ich gezielt darauf antworten kann."

Redewendungen, um „freie" Information unterzubringen
- „Erlauben Sie mir zunächst den Hinweis auf drei Neuerungen ..."
- „Eine kurze Vorbemerkung zu Ihrer Frage ..."
- „Darf ich noch einen Gedanken anfügen ...?"
- „Häufig wird übersehen, was wir schon erreicht haben ..."

Fazit

Sie schaffen die besten Voraussetzungen für die Vervollkommnung dialektischer Fähigkeiten, wenn Sie gelassen, sicher und vorbereitet in argumentative Stress-Situationen gehen. Da Stress ein subjektives Erleben darstellt, ist es ratsam, zunächst an einer gelassenen Einstellung und an der Bewältigung zugrunde liegender Ängste zu arbeiten. Eine positive, erfolgsmotivierte Haltung trägt maßgeblich dazu bei, dass Sie Ihrem Gegenüber stark und überzeugend erscheinen und dass Sie mit ihm auf Augenhöhe argumentieren. Weil Auftreten, Körpersprache und Stimme maßgeblich Ihre Wirkung auf andere bestimmen, lohnt es sich, auch in diesem Lernbereich nach Verbesserungsmöglichkeiten zu suchen. Kapitel 3 bietet Ihnen hierzu Orientierungshilfen.

Eine präsente und gelassene Grundhaltung mindert das erlebte Stress-Niveau und erleichtert es Ihnen dadurch, unfaire Angriffe abzuwehren und manipulative Spielarten und Psychotricks zu neutralisieren. Bewegt sich der Stress nahe der Panikgrenze, ist unser Gehirn nicht in der Lage, überlegt zu agieren und wirkungsvolle dialektische Abwehrstrategien einzusetzen. Welche Techniken und Reaktionsmöglichkeiten infrage kommen, um unsachliche Taktiken in den Griff zu bekommen, wurde in den Kapiteln 4 bis 6 dargestellt. Suchen Sie sich aus den angebotenen Praxisempfehlungen diejenigen heraus, die zu Ihnen und zu Ihrer Situation passen. Dies gilt auch für Schlagfertigkeitsstrategien, die darauf zielen, schnell, treffend und originell zu kontern. Im beruflichen Bereich ist es besser, auf harte Schlagfertigkeitstechniken zu verzichten und dadurch den Dialog aufrechtzuerhalten. Es soll noch einmal an das Motto erinnert werden: auf den Sieg zu verzichten, um zu gewinnen. Wenn Sie nämlich andere klein machen und besiegen, ist dies ein Pyrrhussieg. Sie verlieren hierbei – und zwar Vertrauen und Sympathie Ihrer Mitmenschen und Kollegen.

Suchen Sie in allen Lebensbereichen engagiert nach Möglichkeiten, Ihre dialektischen Fähigkeiten weiterzuentwickeln. Setzen Sie auf Initiative und Engagement, auch und gerade in Stress-Situationen. Setzen Sie alles daran, Ihre Souveränität nicht einzubüßen und das Heft des Handelns in Ihre Hand zu bekommen. Überwinden Sie Passivität und

Ängstlichkeit und akzeptieren Sie Fehler. Sie sind unvermeidbar auf dem Weg zum Erfolg. Wichtig ist nur, dass Sie Misserfolge als Lernquelle betrachten und Fehler nicht zwei Mal machen.

Ob Sie dialektisches Know-how aus einem Buch, einem Seminar oder aus Gesprächen mit Fachleuten beziehen: Beachten Sie bei der Weiterentwicklung Ihrer Überzeugungsfähigkeiten stets, dass Sie sich treu bleiben. Suchen Sie sich aus den angebotenen Anregungen und Techniken diejenigen Empfehlungen heraus, die zu Ihrer beruflichen Situation, zu Ihren Karrierezielen und zu Ihrer Persönlichkeit passen. Im Zweifel ist man gut beraten, dem besseren Sachargument zum Durchbruch zu verhelfen.

In diesem Sinne wünsche ich Ihnen viel Erfolg bei der Vervollkommnung Ihrer dialektischen Fähigkeiten!

Ihr
Dr. Albert Thiele

Falls Sie Informationen zu Seminaren oder Coachings wünschen oder weiterführende Fragen haben: **www.albertthiele.de**

Literatur

Anton, K.-H.: Mit List und Tücke argumentieren. Techniken der boshaften Rhetorik. Wiesbaden 2012.

Berckhan, B.: Judo mit Worten. Wie Sie gelassen Kontra geben. München 2010.

Birkenbihl, V. F.: Rhetorik. Redetraining für jeden Anlass: Besser reden, verhandeln, diskutieren. München 2010.

Bohne, M.: Klopfen gegen Lampenfieber. Reinbek bei Hamburg 2008.

Cargenie, D.: Besser miteinander reden: Das richtige Wort zur richtigen Zeit – die Kunst, sich überzeugend mitzuteilen. München 2011.

Cialdini, R. B.: Die Psychologie des Überzeugens. Mannheim 2010.

Csikszentmihalyi, M.: Das flow-Erlebnis. Jenseits von Angst und Langeweile. Stuttgart 2010.

Dyckhoff, K.; Westerhausen, T.: Stimme: Das Geheimnis von Charisma. Trainingsbuch mit Audio-CD. Regensburg 2010.

Edmüller, A.; Wilhelm, T.; Radecki, M.: Manipulationstechniken abwehren. Freiburg 2012.

Elkin, A.: Stress-Management für Dummies. Aus dem Amerikanischen übersetzt von M. Thomas. Bonn 2011.

Festinger, L.: A Theory of Cognitive Dissonance. Stanford (Cal.) 1957.

Fey, G.: Gelassenheit siegt! Mit Fragen, Vorwürfen, Angriffen souverän umgehen. Düsseldorf 2010.

Fisher, R.; Ury, W.: Das Harvard-Konzept. Sachgerecht verhandeln – erfolgreich verhandeln. Frankfurt a.M. 2009.

Förster, H.-P. (Hrsg.): Floskelscanner mit CD-ROM. Frankfurt a.M. 2007.

Fricke, W.: Frei reden. Das praxisorientierte Trainingsprogramm. Frankfurt a.M. 2000.

Geißner, H.: Rhetorik und politische Bildung. Frankfurt a.M. 1993.

Gericke, C.: Rhetorik. Die Kunst zu überzeugen und sich durchzusetzen. Berlin 2009.

Goleman, D.: Emotionale Intelligenz. München 2011.

Groth, A.: Führungsstark in alle Richtungen. 360-Grad-Leadership für das mittlere Management. Frankfurt a. M. 2010.

Herrmann, M. u. a.: Schlüsselkompetenz Argumentation. Paderborn 2011.

Hierhold, E.: Sicher präsentieren – wirksamer vortragen. Wien 2005.

Hölker, R. M.: Wege in die Entspannung und gesunder Schlaf. Audio-CD – Atementspannung, Muskelentspannung, Visualisierung. Köln 2007.

Hüther, G.: Bedienungsanleitung für ein menschliches Gehirn. Göttingen 2008.

Hüther, G.: Was wir sind und was wir sein könnten. Ein neurobiologischer Muntermacher. Frankfurt a.M. 2011.

Iacocca, L.;Novak, W.: Eine amerikanische Karriere. Berlin 1997.

Illner, M. (Hrsg.): Frauen an der Macht. 21 einflussreiche Frauen berichten aus der Wirklichkeit. München 2005.

Johnstone, K.: Improvisation und Theater. Spontanität, Improvisation und Theatersport, Berlin 1993.

Kriebel, W.-H.: Crashkurs Medienauftritt. Überzeugen in Interviews mit Gegenwind. Wien, Frankfurt a.M. 2000.

Küstenmacher, W. T.; Seiwert, L.: Simplify your Life. Frankfurt a.M., New York 2008.

Lay, R.: Dialektik für Manager. Berlin 2003.

Liebermeister, B.: Effizientes Networking. Wie Sie aus einem Kontakt eine werthaltige Geschäftsbeziehung entwickeln. Frankfurt a.M. 2012.

Linneweh, K.: Balance statt Burn-out: Der erfolgreiche Umgang mit Stress und Belastungssituationen. München 2010.

Mai, J.: Die Karrierebibel. München 2008.

Malik, F.: Gefährliche Managementwörter. Und warum man sie vermeiden sollte. Frankfurt a.M. 2005.

Molcho, S.: Körpersprache im Beruf. München 2001.

Molcho, S.: Alles über Körpersprache. München 2002.

Neuberger, O.: Das Mitarbeitergespräch: Praktische Grundlagen für erfolgreiche Führungsarbeit. Leonberg 2004.

Nöllke, M.: Schlagfertigkeit: Das Trainingsbuch. Freiburg 2009.

Pöhm, M.: Das NonPlusUltra der Schlagfertigkeit. München 2002.

Rentzsch, H.-P.: Kundenorientiert verkaufen im Technischen Vertrieb. Erfolgreiches Beziehungsmanagement im Business-to-Business. Wiesbaden 2012.

Reiter, M.: Klardeutsch. Neuro-Rhetorik nicht nur für Manager. München 2010.

Reusch, F.: Der kleine Hey. Die Kunst des Sprechens. Mainz 2003.

Rizk-Antonious, R.: Qualitätswahrnehmung aus Kundensicht. Wiesbaden 2002.

Rohner, E.: Taschenbuch Rhetorik. Kommunizieren und verstehen. Heidelberg 2000.

Rossie, M.: Sprechertraining. Texte präsentieren in Radio, Fernsehen und vor Publikum. Berlin 2009.

Sarnoff, D.: Auftreten ohne Lampenfieber. Frankfurt a.M., New York 1992.

Saul, S.: Führen durch Kommunikation. Mitarbeitergespräche strukturiert, motivierend, zukunftsorientiert. Weinheim, Basel 2012.

Scherer, H.: Wie man Bill Clinton nach Deutschland holt. Networking für Fortgeschrittene. Frankfurt a.M., New York 2006.

Schneider, B.: Frauen auf Augenhöhe. Was sie nach oben bringt und was nicht. Offenbach 2012.

Schopenhauer, A.: Die Kunst, Recht zu behalten. München 2012.

Schranner, M.: Der Verhandlungsführer. Strategien und Taktiken, die zum Erfolg führen. 5. Aufl. 2010.

Schulz v. Thun, F.: Miteinander reden: Störungen und Klärungen. Reinbek bei Hamburg 2012.

Schulz-Bruhdoel, N.; Bechtel, M.: Medienarbeit 2.0. Cross-Media-Lösungen. Das Praxisbuch für PR und Journalismus von morgen. Frankfurt a.M. 2009.

Seifert, J. W.: Visualisieren, Präsentieren, Moderieren. Offenbach 2011.

Selye, H.: Stress beherrscht unser Leben. München 1991.

von Senger, H.: 36 Strategeme für Manager. München 2006.

Spies, S.: Authentische Körpersprache. Hamburg 2010.

Tannen, D.: Du kannst mich einfach nicht verstehen. Warum Männer und Frauen aneinander vorbeireden. München 2004.

Textor, A. M.: Sag es treffender. Essen 2002.

Thiele, A.: Die Kunst zu überzeugen. Faire und unfaire Dialektik. 7. Aufl. Berlin, Heidelberg, New York 2006.

Thiele, A.: Wie Manager überzeugen. Ein Coaching für Ihre externe Kommunikation. Frankfurt a.M. 2005.

Thiele, A.: Präsentieren ohne Stress. Wie Sie Lampenfieber in Auftrittsfreude verwandeln. Frankfurt a.M. 2010.

Thiele, A.: Argumentieren unter Stress. Audio-CDs Frankfurt a.M. 2012.

Thiele, A.: Sag es stärker. Das Trainingsprogramm für den verbalen Schlagabtausch. Frankfurt a.M. 2012.

Topf, C.; Gawrich, R.: Das Führungsbuch für erfolgreiche Frauen. München 2010.

Wachtel, S.: Sprechen und Moderieren in Hörfunk und Fernsehen. Mit CD-ROM. Konstanz 2009.

Watzlawick, P.: Anleitung zum Unglücklichsein. München 2009.

Weidenmann, B.: Gesprächs- und Vortragstechnik. Weinheim, Basel 2006.

Weidner, J.: Die Peperoni-Strategie: So nutzen Sie Ihr Aggressionspotenzial konstruktiv. 2. überarb. Aufl. Frankfurt a.M. 2011.

Wilhelm, T.; Edmüller, A.: Überzeugen. Die besten Strategien. München 2003.

Will, H.: Mini-Handbuch Vortrag und Präsentation: Für Ihren nächsten Auftritt vor Publikum. Weinheim, Basel 2011.

Zittlau, D.: Schlagfertig kontern. Ein Übungsbuch. München 2011.

Abbildungsverzeichnis

Stichwortverzeichnis

Der Autor

Dr. Albert Thiele ist Trainer und Coach für Führungskräfte aller Ebenen und Funktionsbereiche. Er ist Geschäftsführer der Unternehmensberatung Advanced Training und gilt als einer der besten Präsentations- und Dialektiktrainer Deutschlands. Advanced Training gehört seit über 25 Jahren zu den führenden Anbietern in den Bereichen: Dialektik (= die Kunst des Argumentierens), Rhetorik (= Redekunst), Medientraining und Präsentationstechniken.

Mit den Seminarthemen korrespondieren die Publikationen von Dr. Thiele. Dazu gehören u.a. die Titel: Wie Manager überzeugen – Ein Coaching für Ihre externe Kommunikation (2005); Präsentieren ohne Stress – Wie Sie Lampenfieber in Auftrittsfreude verwandeln (2010); Argumentieren unter Stress – Hörbuch (2012) sowie Sag es stärker – Das Trainingsprogramm für den verbalen Schlagabtausch. (2012). Im Bereich Medientrainings arbeitet Dr. Thiele mit erfahrenen Fernsehmoderatoren und Journalisten zusammen, zum Beispiel Helmut Rehmsen und Ulrich Kienzle. Vorstände, Geschäftsführer und Sprecher aus Wirtschaft und Politik werden seit 15 Jahren fit gemacht für Auftritte vor der Kamera und großen Auditorien.

Zu den Kunden gehören u.a. Deutsche Bahn, Deutsche Lufthansa, Haniel, RWE, ThyssenKrupp, Deutsche Telekom, BDI, F.A.Z.-Institut, Bertelsmann Stiftung, Omicron, WHU, Ceramtec, Akademie Deutscher Genossenschaften, Die Akademie, Haus der Technik, Managementcircle.

www.albertthiele.de

E-Mail: Dr.Thiele@t-online.de

Notizen